진리로 경계하라

KB190322

특별히 _____ 님께

이 소중한 책을 드립니다.

진리로 경계하라

〈마지막 때 성도들의 거울과 경계〉

최모세 목사 지음

나침반

주님 맞이하기에 부족함이 없길!

일년 동안 주일 예배 때 강론한 말씀을 주님의 재림이 임박한 이 시대에 꼭 필요하기에 편집하여 출판하게 되었습니다.

"예수께서 대답하여 가라사대 너희가 저녁에 하늘이 붉으면 날이 좋겠다하고, 아침에 하늘이 붉고 흐리면 오늘은 날이 궂겠다하나니 너희가 천기는 분별할 줄 알면서 시대의 표적은 분별할 수 없느냐"(마16:2-3)고 예수님께서 그 당시의 유대인 지도자들을 향하여 책망하셨습니다.

또 "무화과나무의 비유를 배우라 그 가지가 연하여지고 잎사귀를 내면 여름이 가까운 줄을 아나니 이와 같이 너희도 이 모든 일을 보거든 인자가 가까이 곧 문 앞에 이른 줄 알라 내가 진실로 너희에게 말하노니 이 세대가 지나가기 전에 이 일이 다 이루리라"(마24:32-34)고 말씀하셨는데 무화과나무의 비유를 해석하면 약 2000년 가까이 나라가 없던 이스라엘이 독립하면 예수님께서 오신다고 하는 내용입니다.

그리고 "노아의 때와 같이 인자의 임함도 그러하리라 홍수 전에 노아가 방주에 들어가던 날까지 사람들이 먹고 마시고 장가들고 시집가고 있으면서 홍수가 나서 저희를 다 멸하기까지 깨닫지 못하였으니 인자의 임함도 이와 같으리라"(마24:37-39)고 하셨습니다. 특히 홍수가 나서 멸하기까지 깨닫지 못하였다고 하니 얼마나 영적으로 무감각한 상태입니까?

오늘날 불신자들마저도 이구동성으로 말세라고 많이들 말하고 있습니다. 더구나 위 성경 구절을 통해서 봐도 참으로 주님의 재림은 가까이 왔음을 알 수 있습니다.

"진리로 경계하라"라는 이 책은 말세의 마지막 때를 살아가는 모든 분들에게 참으로 유익한 책입니다. 잘 정독 하셔서 부디 깨어있는 자들이 되어 주님 맞이하기에 부족함이 없는 모든 분이 되시기 바랍니다.

전도서 1:9, 3:15에서 "전에 있던 일이 지금도 있고 장래에도 있다"고 했습니다.

마태복음 24:37 "노아의 때와 같이 인자의 임함도 그러하리라"

누가복음 17:28 "또 롯의 때와 같으리니..........."

위 구절을 정리하면 롯의 때 = 노아의 때 = 인자의 때와 같다는 것입니다. 전도서의 말씀처럼 전에 있던 일이 지금도 있고 장래에도 있으리라고 한 말씀대로입니다.

교회 시대에 대한 것도 마찬가지로 이스라엘 민족의 광야 40년 생활을 사도행전 7:38에서 광야교회 생활이라고 했습니다.

광야교회의 신앙상태는 바로 고린도교회 신앙상태이고 또 말세를 만난 오늘날 신앙상태입니다(고전10:1~).

정리하면 광야교회 신앙상태 = 고린도교회 신앙상태 = 오늘날 교회 신앙상태입니다.

이들 교회의 신앙상태는 구속받고 거듭나고 성령 충만 까지는 받았으나 자아 욕심이 온전히 처리되지 못했기에 주님 오실 때 온 영, 혼, 몸이 흠 없이 보전되기를 원하시는 주님의 뜻에 부합되지 않습니다.

그렇기 때문에 주님 맞이하기에 부족함이 없는 신부가 되기 위해서는 자아 욕심을 처리 시키는 해석된 진리의 말씀, 가감하지 않는 계시록까지 무장해야 합니다. 그래야만 자아 욕심이 처리된 거룩한 성도, 즉 알곡(신부)이 될 수가 있습니다.

차례

제1부

말세의 때

1. 말세의 시작의 때

(1) 예수그리스도의 탄생 때

● 히1:1-2 / 1 옛적에 선지자들로 여러 부분과 여러 모양으로 우리 조상들에게 말씀하신 하나님이 2 이 모든 날 마지막에 아들로 우리에게 말씀하셨으니 이 아들을 만유의 후사로 세우시고 또 저로 말미암아 모든 세계를 지으셨느니라

● 히9:26 / 26 그리하면 그가 세상을 창조할 때부터 자주 고난을 받았어야 할 것이로되 이제 자기를 단번에 제사로 드려 죄를 없게 하시려고 세상 끝에 나타나셨느니라

●벧전1:18-21 / 18 너희가 알거니와 너희 조상의 유전한 망령된 행실에서 구속된 것은 은이나 금같이 없어질 것으로 한 것이 아니요 19 오직 흠 없고 점 없는 어린 양 같은 그리스도의 보배로운 피로 한 것이니라 20 그는 창세 전부터 미리 알리신 바 된 자나 이 말세에 너희를 위하여 나타내신 바 되었으니 21 너희는 저를 죽은 자 가운데서 살리시고 영광을 주신 하나님을 그리스도로 말미암아 믿는 자니 너희 믿음과 소망이 하나님께 있게 하셨느니라

●골3:9-11 / 9 너희가 서로 거짓말을 말라 옛사람과 그 행위를 벗어 버리고 10 새 사람을 입었으니 이는 자기를 창조하신 자의 형상을 좇아 지식에까지 새롭게 하심을 받는 자니라 11 거기는 헬라인과 유대인이나 할례당과 무할례당이나 야인이나 스구디아인이나 종이나 자유인이 분별이 있을 수 없나니 오직 그리스도는 만유시요 만유 안에 계시니라

말세란 말은 세상의 마지막을 말합니다. 그리고 이 세상의 마지막과 이 세상 모든 만물을 만유라고 합니다. 골로새서 3장에 보면 「예수님은 만유가 되신 분」입니다. 이 세상에 있는 모든 만물 모든 만상이 되신 분이라는 뜻입니다.

또 "헬라인이나 유대인이나 할례당과 무할례당이나 야인이나 스구디아인이나 종이나 자유인이나 분별이 있을 수 없나니 오직 그리스도는 만유시요 만유 안에 계시니라"고 하셨기 때문에 시간도 예수님이 주관하시고, 예수님 안에 있다는 뜻입니다. 뿐만 아니라 이 세상

에 있는 모든 시간도 바로 예수님 안에 있고 예수님이 주관하십니다. 따라서 예수님은 때의 만유도 되므로 말세의 때도 예수님이 주관하십니다. 그러니까 모든 시간도 되시는 예수님을 알아야 합니다. 물론 하나님과 함께 다 주관하시지요.

구체적으로 말세는 말세의 시작이 있고, 말세의 진행이 있고, 말세의 마지막 때가 있고, 말세의 심판의 때가 있습니다.

이 모든 말세라고 하는 이 시간을 예수님이 주관하고 계시고 예수님의 것이라는 뜻입니다. 그러므로 말세의 시작은 성경에 기록된 대로 예수님이 탄생할 때를 말합니다. (히1:1-2/히9:26/벧전1:18-21).

성경에서는 말세하면 예수님이 이 땅위에 태어날 때부터를 말하는데 그 말세가 바로 말세의 시작이 되는 것입니다.

2. 말세의 진행의 때

(1) 오순절 날 성령이 임한 때 (말세의 진행의 시작)

● 행2:17 / 17 하나님이 가라사대 말세에 내가 내 영으로 모든 육체에게 부어 주리니 너희의 자녀들은 예언할 것이요 너희의 젊은이들은 환상을 보고 너희의 늙은이들은 꿈을 꾸리라

● 욜2:28 / 28 그 후에 내가 내 신을 만민에게 부어 주리니 너희 자녀들이 장래 일을 말할 것이며 너희 늙은이는 꿈을 꾸며 너희 젊은이는 이상을 볼 것이며

● 고전10:11 / 11 저희에게 당한 이런 일이 거울이 되고 또한 말세를 만난 우리의 경계로 기록하였느니라

모든 것은 시작이 있고 진행이 있습니다. 모든 게 그렇지만, 시간도 시작이 있으면 진행이 있단 말이지요. 그래서 이제 말세의 진행의 때는 오순절 날 성령이 임한 때부터가 말세를 향해 진행한 것입니다. 예수님이 이 땅위에 탄생하시고, 그 다음에 30세가 되어 공생애에서 복음을 증거 하시다가 십자가에 죽으시고, 부활 승천하신지 50일 되는 날에 마가의 다락방에 성령을 보내주셨지요.

그래서 성령이 오순절 마가의 다락방에 임할 때부터가 말세의 진행의 때가 시작되는 것입니다.

(2) 늦은 비 성령이 임한 때 (말세 진행의 끝)

● 행2:18 / 18 그 때에 내가 내 영으로 내 남종과 여종들에게 부어 주리니 저희가 예언할 것이요

● 욜2:29 / 29 그 때에 내가 또 내 신으로 남종과 여종에게 부어 줄 것이며

● 약5:7-9 / 7 그러므로 형제들아 주의 강림하시기까지 길이 참으라 보라 농부가 땅에서 나는 귀한 열매를 바라고 길이 참아 이른 비와 늦은 비를 기다리나니 8 너희도 길이 참고 마음을 굳게 하라 주의 강림이 가까우니라 9 형제들아 서로 원망하지 말라 그리하여야 심판을 면하리라 보라 심판자가 문 밖에 서 계시니라

● 고전13:8-11 / 8 사랑은 언제까지든지 떨어지지 아니하나 예언도 폐하고 방언도 그치고 지식도 폐하리라 9 우리가 부분적으로 알고 부분적으로 예언하니 10 온전한 것이 올 때에는 부분적으로 하던 것이 폐하리라 11 내가 어렸을 때에는 말하는 것이 어린아이와 같고 깨닫는 것이 어린아이와 같고 생각하는 것이 어린아이와 같다가 장성한 사람이 되어서는 어린아이의 일을 버렸노라

(추가말씀 : 딤후3:1-9/ 히6:1-3)

위의 성경 구절은 늦은 비 성령이 내리는 때로 말세의 진행의 끝부분이 되는 것입니다.

3. 말세의 마지막 때

(1) 징조의 때

●마24:3-8 / 3 예수께서 감람 산 위에 앉으셨을 때에 제자들이 종용히 와서 가로되 우리에게 이르소서 어느 때에 이런 일이 있겠사오며 또 주의 임하심과 세상 끝에는 무슨 징조가 있사오리이까 4 예수께서 대답하여 가라사대 너희가 사람의 미혹을 받지 않도록 주의하라 5 많은 사람이 내 이름으로 와서 이르되 나는 그리스도라 하여 많은 사람을 미혹케 하리라 6 난리와 난리 소문을 듣겠으나 너희는 삼가 두려워 말라 이런 일이 있어야 하되 끝은 아직 아니니라 7 민족이 민족을, 나라가 나라를 대적하여 일어나겠고 처처에 기근과 지진이 있으리니 8 이 모든 것이 재난의 시작이니라

●마24:32-35 / 32 무화과나무의 비유를 배우라 그 가지가 연하여지고 잎사귀를 내면 여름이 가까운 줄을 아나니 33 이와 같이 너희도 이 모든 일을 보거든 인자가 가까이 곧 문 앞에 이른 줄 알라 34 내가 진실로 너희에게 말하노니 이 세대가 지나가기 전에 이 일이 다 이루리라 35 천지는 없어지겠으나 내 말은 없어지지 아니하리라

(추가말씀 : 눅21:5-9/ 눅21:29-33)

말세의 마지막 때는 첫째 징조의 때가 있습니다. 그것은 앞으로 다가올 7년 환난의 때가 이르게 되는 징조의 때입니다.

징조의 때 다음에는 7년 환난의 때가 있습니다.

(2) 7년 환난의 때

7년 환난은 전 3년 반과 후 3년 반으로 구분합니다. 특히 후 3년 반은 큰 환난의 때라고 합니다.

● 마24:9 / 9 그 때에 사람들이 너희를 환난에 넘겨 주겠으며 너희를 죽이리니 너희가 내 이름을 위하여 모든 민족에게 미움을 받으리라

● 마24:21 / 21 이는 그 때에 큰 환난이 있겠음이라 창세로부터 지금까지 이런 환난이 없었고 후에도 없으리라

● 계2:22 / 22 볼지어다 내가 그를 침상에 던질 터이요 또 그로 더불어 간음하는 자들도 만일 그의 행위를 회개치 아니하면 큰 환난 가운데 던지고

(추가말씀 : 계3:10/ 단12:1/ 단9:27)

4. 말세의 심판 때

●계6:12-17 / 12 내가 보니 여섯째 인을 떼실 때에 큰 지진이 나며 해가 총담같이 검어지고 온 달이 피같이 되며 13 하늘의 별들이 무화과나무가 대풍에 흔들려 선과실이 떨어지는 것같이 땅에 떨어지며 14 하늘은 종이 축이 말리는 것같이 떠나가고 각 산과 섬이 제 자리에서 옮기우매 15 땅의 임금들과 왕족들과 장군들과 부자들과 강한 자들과 각 종과 자주자가 굴과 산 바위 틈에 숨어 16 산과 바위에게 이르되 우리 위에 떨어져 보좌에 앉으신 이의 낯에서와 어린 양의 진노에서 우리를 가리우라 17 그들의 진노의 큰 날이 이르렀으니 누가 능히 서리요 하더라

●계11:15 / 15 일곱째 천사가 나팔을 불매 하늘에 큰 음성들이 나서 가로되 세상 나라가 우리 주와 그 그리스도의 나라가 되어 그가 세세토록 왕 노릇 하시리로다 하니

●계16:17-21 / 17 일곱째가 그 대접을 공기 가운데 쏟으매 큰 음성이 성전에서 보좌로부터 나서 가로되 되었다 하니 18 번개와 음성들과 뇌성이 있고 또 큰 지진이 있어 어찌 큰지 사람이 땅에 있어 옴으로 이같이 큰 지진이 없었더라 19 큰 성이 세 갈래로 갈라지고 만국의 성들도 무너지니 큰 성 바벨론이 하나님 앞에 기억하신 바 되어 그의 맹렬한 진노의 포도주 잔을 받으매 20 각 섬도 없어지고 산악도 간데없더라 21 또 중수가 한 달란트나 되는 큰 우박이 하늘로부터 사람들에게 내리매 사람들이 그 박재로 인하여 하나님을 훼방하니 그 재앙이 심히 큼이러라

(추가말씀 : 계19:11-16/ 마24:14/ 마24:29-31/ 마13:39, 49/ 눅21:34-36/ 벧후

3:10-14)

위 성경 구절의 때는 예수님께서 지상 재림하여 심판하는 때를 말하는 것입니다. 그래서 이 세상이 끝나는 마지막 세상의 때 곧 말세는 이렇게 끝나게 됩니다.

말세의 시작의 때가 되시고 말세의 진행의 때도 되시고 말세의 마지막 때도 되시고 말세의 심판 때도 되신 분은 누구십니까? 말세를 시작하신 분도 예수님, 말세를 계속 주관하시는 분도 예수님, 환난시대가 오고 지상 재림하여 말세 심판때도 예수님 자신이라는 말씀입니다.

이렇게 말세는 예수님으로 시작해서 예수님으로 진행되고 예수님으로 끝나게 됩니다. 이제 구약의 때가 되신 예수님을 살펴보겠습니다.

구약시대를 율법시대, 또 율법의 때라고도 합니다. 그런데 왜 이스라엘 민족에게 구약시대, 율법시대, 율법의 때를 주셨을까요? 그것은 율법을 통해서 예수님을 믿고 영생의 복과 의인의 형통의 복을 받기를 바라셨기 때문입니다. 예수님께로 인도함을 받고 예수님 앞에 나가서 죄를 깨닫고 회개하라는 것입니다. 우리의 죄를 회개해도 예수님 앞에 가서 회개해야 됩니다. 그래야 예수님의 보혈의 피가 우리 죄를 씻어(용서해)주십니다. 죄 씻음은 예수님의 보혈의 피 밖에 없습니다. 그래서 갈라디아서 3장 24절에서「율법을 주신 것은 예수님께로 인도하는 몽학선생으로써 죄를 깨닫게 하려고 주신 것」이라고 말씀하십니다.

> "여호와께서 그에게 상함을 받게 하시기를 원하사 질고를 당하게
> 하셨은즉 그의 영혼을 속건제물로 드리기에 이르면 그가 씨를 보
> 게 되며 그의 날은 길 것이요 또 그의 손으로 여호와께서 기뻐하
> 시는 뜻을 성취하리로다"(이사야 53:10)

반면에 율법을 주신 목적은 자아와 욕심을 처리하라고 주신 것입니다. 자아와 욕심을 처리해 주시려고 예수님께서 십자가에 속죄 제물로, 속건 제물로 죽으신 것입니다.

그리고 누가복음 10장 25절에서 28절에 보면 율법을 주신 것은 새 계명을 지키라고 주신 것입니다. 위로 하나님을 사랑하되 마음을 다하고, 뜻을 다하고, 힘을 다하고, 지혜를 다하고 목숨까지 다해서 사랑하고, 내 이웃은 내 몸과 같이 사랑하라고 하십니다. 그런데 이 사랑의 계명을 우리는 지킬 수가 없어서 예수님이 십자가에서 이 사랑의 계명을 완성하시고 "너희도 이제는 지키라"고 우리에게 은혜를 주셔서 지키게 되는 줄로 깨닫기를 바랍니다. 그렇기 때문에 구약의 때가 되신 분도 바로 예수님입니다.

말세의 때가 되신 분도 예수님이지만 구약의 때가 되신 분도 예수님인데 쉽게 말하면 구약시대를 율법시대라고 하고 율법을 주신 목적도 알고 보면 예수님을 믿어서 영생을 얻으라고 주신 것입니다. 그러므로 구약의 때도 되시는 예수님입니다.

요한복음 5장 39절에서 "모든 성경은 영생을 얻게 하시는 예수님에 대해서 기록한 책"이라고 예수님께서 이 땅에서 복음 사역할 때 친히 말씀을 하셨습니다. 그때는 신약성경은 아직 한 권도 쓰이지 않았고 구약성경만 있을 때입니다. 창세기부터 말라기까지 구약성경 39권만 있을 때입니다. 예수님께서는 "구약성경은 바로 영생을 얻게 하는 나(예수님 자신)에 대해서 기록한 책이다"라고 친히 말씀하셨습니다. 그러니까 구약의 때도 바로 예수님이 되신다는 말씀입니다.

이렇게 구약의 때나 신약의 때를 다 주관하시고 그 때 자체가 되신 예수님을 성경에 기록한 것은 인류역사의 마지막 때가 되신 재림예수께 심판받아 지옥에 가지 말고 신랑으로 맞이하여 영생의 복을 받아 누리라는 목적으로 기록해 놓은 것입니다.

● 계10:7 / 7 일곱째 천사가 소리 내는 날 그 나팔을 불게 될 때에 하나님의 비밀이 그 종 선지자들에게 전하신 복음과 같이 이루리라

위 구절에서 일곱째 천사가 나팔을 불 때 예수님은 재림하십니다. 그러니까 말세에 마지막 때 되신 예수님이 재림하신다는 말씀입니다. 그런데 예수님이 재림하시는 것을 구약의 선지자들이 이미 계시의 은사에 의해서 하나님께로부터 말씀을 받아서 전했다는 말씀입니다. 그러니까 구약의 선지자들도 이미 예수님은 종말의 때가 되신 분인 것을 알고 전했다는 말씀입니다.

신약시대 곧 예수님의 초림 때부터 말세라고 했는데, 그 때 예수님이 초림하신 이후의 주의 종들만이 예수님 재림의 때, 즉 일곱째 천사가 나팔을 불게 될 때에 재림하신다는 것을 아는 게 아니고 구약의 선지자들도 이미 알고 있었고 그것을 이스라엘 백성들에게 전했습니다.

그렇기 때문에 창세기 1장의 6일 창조 사건도 이 땅위에 오셔서 복음을 전하신 예수님에 대해서 기록했다는 말씀입니다. 즉 말세 시작의 예수님에 대해서 첫째 날 빛(창1:3-5)으로 오신 것을 모세가 하나님의 계시의 은사에 의해 기록했다는 말씀입니다. 둘째 날(창1:6-8)은 하늘을 만들었습니다. 궁창! 그것은 십자가 위에서 죽으실 예수님을 말씀한 것입니다. 그 다음은 물속에서 땅이 올라오지요(창1:9-10) 그것은 부활하신 예수님을 말씀하신 것입니다.

그러니까 말세의 시작이 되신 예수님이 창세때 첫 날 빛과 그 다음 둘째 날 하늘, 셋째 날은 땅을 만든 것을 말합니다. 다음 넷째 날(창1:14-19)은 해와 달을 만들었습니다. 그것은 오순절 날 부활 승천하신 예수님께서 성령을 보내준 것을 기록한 것입니다.

오순절 날 성령이 임할 때는 무슨 때입니까?

말세의 진행의 때라고 말씀했습니다. 그런데 창세기에 이렇게 6일 창조사건에서 이미 기록했습니다. 그래서 다섯째 날은 물고기도 만들고 공중에 새들도 만드셨습니다. 그것은 은혜 복음, 영원한 복음에 대하여 말씀하신 것입니다. 그 다음에 여섯째 날은 짐승을 만들고 가축을 만들고 땅에 기는 것을 만들고 그 다음에 사람을 만드셨죠? 그것은 환난시대를 통과하고 신랑 예수를 맞이한다는 말씀인 것입니다. 그래서 일곱째 날에 안식하신 것입니다. 신랑예수를 공중에서 맞이해서 천년세계에 들어가는 복을 누리게 하는 날입니다.

그래서 구약의 때가 되시고 신약의 때가 되신 예수님은 궁극적으로는 마지막 말세 지말의 때가 되십니다.

마지막에 인류역사의 끝을 맺으러 재림하실 예수님을 신랑으로 맞이해서 영생을 얻고 지옥에 가지 말라고 성경에는 예수님을 이렇게 말세의 때로 기록해놓은 것입니다. 그래서 예수님이 초림하자마자 말세라고 말씀하신 것입니다.

창세기 4장 사건은 잘 아시지요?

가인과 아벨 두 형제가 하나님 앞에 제사로 예배드리며 신앙생활을 하는 가운데, 형은 하나님이 원치 않는 신앙생활, 교회생활 예배드리는 생활을 했습니다. 하나님이 받지도 않는 제물을 드렸다는 것은 교회에 와서 예배드리고 교회생활은 열심히 하지만 하나님이 받지도 않는 교회생활, 신앙생활, 예배만 드렸다는 뜻입니다. 가인과 아벨은 예배드리는 교회생활을 했지만 가인은 잘하지 못하고 아벨은 잘하였는데 잘한 아벨을 잘못한 가인이 돌로 쳐서 죽이는 일이 발생했습니다.

어느 시대든 오늘날도 하늘나라에 갈 수 있는 신앙인들의 교회생활, 신앙생활, 예배생활을, 천국에 가지 못할 교회생활, 신앙생활을 하는 사람들이 핍박하고, 괴롭히고, 심지어는 죽이기까지 합니다.

가인과 아벨 사건의 궁극적인 목적은 가인과 같은 하나님이 인정하지 않는 신앙생활, 교회생활, 예배생활을 하게 되면 마지막 말세 지말에 재림 예수님께 심판 받아서 유황 불 못에 들어가게 되고, 반면에 아벨처럼 신앙생활하면 예수님을 신랑으로 맞이하여 영생의 복을 받는다는 것입니다. 그 진리를 이미 창세기 4장에서 아담의 두 아들을 통해서 우리에게 보여주고 있습니다.

창세기 5장 이하에 보면 가인의 후손과 셋의 후손이 나옵니다. 아벨이 죽은 다음에 하나님께서 믿음이 좋은 셋을 주셨습니다. 그런데 가인의 후손인 아담의 7대손 라멕은 인류 역사상 처음으로 일부 다처주의자가 됩니다. 그것은 음녀가 되어 영생을 못 얻는다는 말씀입니다. 재림예수께 음녀 심판을 받아서 지옥 간다는 말씀입니다. 셋의 후손인 아담의 7대손 에녹은 살아서 하늘로 올라가지요? 인류역사 마지막 때 재림하실 신랑 예수님을 공중에서 맞이하여 하늘나라 들어갈 예수그리스도의 신부들을 상징한 말씀입니다.

출애굽기도 보겠습니다. 애굽에서 430년동안 고통받으며 노예생활하고 있는 동족 이스라엘 백성들을 하나님께 소명을 받은 모세가 인도해 나옵니다. 목적지는 젖과 꿀이 흐르는 가나안 땅

곧 천년세계와 하늘나라를 의미한 말씀입니다. 애굽은 이 세상을 말씀한 것입니다

고통 받고 있는 이스라엘 백성들에게 정치적으로 해방을 받으라고 기록한 출애굽기가 아닙니다.

그것은 공산주의자들이 성경을 잘못 해석해서 공산주의를 만들고 못된 짓을 한 것처럼 출애굽사건을 정치적인 해방이라고 잘못된 해방신앙을 만들어 못된 짓을 하는데 출애굽기를 통해서도 우리가 예수님을 잘 믿고 마지막 재림하시는 예수님께 심판받지 않고 신랑으로 맞이해서 천년세계와 하늘나라의 영생의 복을 누리라고 기록해놓은 책이 출애굽기입니다.

그러니까 예수님께서 인류를 구원해 주시려고 인간의 몸을 가지고 이 땅위에 태어나신 그 때부터 말세라고 했고 오순절 날 성령이 임했는데 그 때도 말세라 했고, 또 인류역사 마지막 환난시대라든지 예수님께서 재림할 때 까지도 말세 지말이라고 표현하고 기록해 놓은 것은 세상 끝 말세에 재림하실 예수님을 신랑으로 맞이해서 천년세계와 하늘나라에서 영생의 복과 이 땅에서 의인의 형통의 복을 받아 누리라는 말씀입니다.

제 1부 말세의 때 요약정리

1. 말세의 시작의 때

 (1) 예수그리스도의 탄생의 때 (히1:1-2, 9:26) (벧전1:18-21)

2. 말세의 진행의 때

 (1) 오순절 날 성령이 임한 때 (말세의 진행의 시작): (행2:17) (고전 10:11)

 (2) 늦은 비 성령이 임한 때 (말세 진행의 끝): (행2:18) (약5:7-9)

3. 말세의 마지막 때

 (1) 징조의 때 (마24:3-8, 24:32-35)

 (2) 7년 환난의 때 (마24:9, 24:21)

4. 말세의 심판의 때 (계6:12-17, 11:15)

광야교회 고린도교회 마지막교회 성도들

우리 육체의 모습을 보기위해서 만들어진 게 거울이고, 우리의 영혼의 모습을 보여주기 위해서 하나님이 만들어주신 거울이 바로 성경 66권입니다.

우리가 거울을 보고 얼굴과 여러 가지 몸의 잘못된 부분을 고치는 것처럼 성경은 우리의 속사람, 영의 사람을 온전한 성도가 되도록 비추어지는 거울이고, 그래서 거울에 비추어서 여러 가지 고쳐야 될 것을 고치는 것이 바로 경계라고 합니다.

즉 성경은 성도들의 거울과 또한 경계라는 말입니다. 경계란 말은 보고 고친다는 뜻입니다.

말세교회 성도들의 거울과 경계에 대한 말씀은 광야교회(행 7:38) (광야교회는 광야의 이스라엘 백성들이 40년간 홍해바다 건너서 생활한 그 생활이 바로 광야교회 생활입니다) 생활이 바로 고린도 교회생활이고 거기서 그치지 않고 말세교회 성도들의 생활입니다.

고린도전서 10장1절~12절에 보면 광야교회 생활이 고린도교회 생활이요 또 말세교회 생활이라고 기록돼있습니다. 그런데 여기 말세는 인류역사 마지막 말세란 말입니다. 예수님이 이 땅에 오실 때부터 말세가 시작되어 계속 진행 되어서 말세 끝에는 예수님이 재림해서 끝난다는 말입니다. 그러므로 말세교회는 예수님이 오실 때의 교회를 뜻하는 것입니다. 왜 일까요?

1. 본문에 거울과 경계로 기록했으므로

본문에 "거울과 경계로 기록했으므로"라고 돼있습니다.

● 고전10:6 / 6 그런 일은 우리의 거울이 되어 우리로 하여금 저희가 악을 즐겨한 것같이 즐겨하는 자가 되지 않게 하려 함이니

위 구절의 "우리의 거울이 되어 우리로 하여금 저희가 악을 즐겨한 것 같이 즐겨하는 자"의 해석은 광야 이스라엘 백성들이 40년 동안 그렇게 성령 충만, 은사 충만 하고 모세가 시내산에 올라가서 40일씩 금식까지 하며 율법을 받아서 가르치고, 또 하나님이 만나를 먹여주셨는데도 악만 즐겨한 것입니다.

그와 같이 고린도 교인들도 그랬다는 겁니다. 또 고린도 교인들만 그런 게 아니라 지금 예수님이 재림할 때가 가까운 오늘날 교회도 그렇다는 말씀입니다.

● 고전10:11 / 11 저희에게 당한 이런 일이 거울이 되고 또한 말세를 만난 우리의 경계로 기록하였느니라

말세를 만난 우리의 경계니까 고린도 교인들에게도 해당되지만 오늘날 예수님 재림 때가 가까워 오고 있는 오늘날 교회도 똑같이 지금 그런 짓을 하고있는 교회가 있다는 것입니다. 그러니까 광야 이스라엘 백성들처럼 성령 충만, 은사 충만 받고 말씀은 배우면서도 악을 즐겨하는 것은 욕심 부리는 생활을 말하는 것입니다. 욕심 부리는 생활이 그냥 즐겁다는 말이죠. 그런 생활을 했던 것을 우리가 거울로 삼아서 그렇게 안 해야 되겠구나. 그래서 욕심 부리지 않는 곧 악을 즐겨하지 않고, 선을 즐겨하는 생활을 해야 되겠구나 하는 의미로 고린도전서 10장 1절에서 12절에 기록되어 있습니다.

교회는 설교를 위시해서 여러 가지 성경공부를 하게 되지요. 그것은 무엇 때문에 그런 것인가요? 그것은 성도로서 마땅한 생활이 무엇인지를 배우게 하기 위해서 입니다. 하늘나라에 들어갈 수 있느냐 없느냐의 너무나 중대한 문제이기 때문입니다. 그리고 믿음이 좋으면 이 땅 위에서도 범사가 잘 되고 강건의 복을 그 사람의 분량에 따라서 다 주십니다. 우리가 하늘나라 들어갈 수 있는 그런 믿음이 생기려면 하나님의 말씀이 마음에 들어와야 된다는 말이지요

"그러므로 믿음은 들음에서 나며 들음은 그리스도의 말씀으로 말미암았느니라"(롬10:17)

오직 성경 66권만이 예수그리스도께로 인도하고 영생을 얻게하는 말씀입니다. 그래서 영생을 얻을 수 있도록 설교시간에, 말

씀을 강론해야 합니다.

"바울이 자기의 관례대로 그들에게로 들어가서 세 안식일에 성경을 가지고 강론하며 뜻을 풀어 그리스도가 해를 받고 죽은 자 가운데서 다시 살아나야 할 것을 증언하고 이르되 내가 너희에게 전하는 이 예수가 곧 그리스도라 하니 그 중의 어떤 사람 곧 경건한 헬라인의 큰 무리와 적지 않은 귀부인도 권함을 받고 바울과 실라를 따르나"(행17:2-4)

성경말씀을 영의 양식이라고도 합니다. 영의 양식을 먹어야 저 영의 나라에 갈 수 있습니다. 하늘나라는 영의 나라 아니겠습니까? 하나님은 영이신 분이시고 천사들 또한 영입니다. 예수님께서 하나님의 말씀이 영이라고 했습니다.

"살리는 것은 영이니 육은 무익하니라 내가 너희에게 이른 말은 영이요 생명이라"(요6:63)

2. 해 아래는 새 것이 없으므로

광야교회는 지금부터 몇 년 전 교회입니까? 적어도 3천년 이전일 것입니다. 그때도 이 영생의 말씀을 하나님이 모세를 통해서 그들에게 먹였고, 그때 그들에게도 성령이 역사했다는 말입니다.

성령은 변할까요? 안 변할까요? 성령은 한 분일까요? 두 분일까요? 광야 교회에 역사했던 성령 그 분도 한 분이고 고린도교

회에 역사했던 성령도 한 분입니다. (엡4:4)

그때 그 광야교회의 교회 형편이 고린도 교회의 시대에 와서도 그랬단 말이죠. 고린도 교회는 지금부터 몇 년 전일까요? 약 2천 년 전일입니다. 그것으로 끝나는 게 아니고 예수님 오실 때가 되니 마지막 말세 교회에서도 또 그런 짓을 한다는 것입니다. 그것은 왜 그럴까요?

●전1:9-10 / 9 이미 있던 것이 후에 다시 있겠고 이미 한 일을 후에 다시 할지라 해 아래는 새 것이 없나니 10 무엇을 가리켜 이르기를 보라 이것이 새 것이라 할 것이 있으랴 우리 오래 전 세대에도 이미 있었느니라

위 말씀은 지구상의 인간들을 말하는 겁니다. 해 아래라는 그 말은, 해 아래는 새것이 없다는 말은. 인류 역사가 이 땅위에 생긴 이후에 새 것이 없단 말이죠. "이미 있던 것이 후에 다시 있겠고 이미 한 일을 후에 다시 할지라"라고 기록되어 있기 때문입니다.

3. 이전에 있는 것이 옛적에도 있었고 장래에도 있을 것이므로

●전3:15 / 15 이제 있는 것이 옛적에 있었고 장래에 있을 것도 옛적에 있었나니 하나님은 이미 지난 것을 다시 찾으시느니라

전도서 3장 15절은 전도서 1장 9절~10절 말씀과 같습니다.

광야 교회의 성도들이 악을 즐겼던 그런 일은 고린도교회도 있었고 장래에도 있을 것입니다. 여기서 장래는 바로 오늘날을 뜻합니다. 예수님께서 재림할 때 또 다시 그 일이 있다는 말입니다.

지금 있는 일이 옛적에도 있고 장래에도 있는 이 모든 일들은 배후에서 누가 주장한다는 뜻일까요? 하나님이 찾으신단 말은 하나님이 다 주장하고 있고, 예수 안 믿고 못된 짓 한 것들, 악을 즐기는 것들은 벌 내리고, 지옥에 보낸다는 말씀이죠. 그리고 예수 믿는 자는 영생을 얻게 하십니다. 영혼이 잘 됨같이 범사가 잘 되고, 강건의 복 곧 의인의 형통의 복도 주신다는 뜻입니다. 옛적에도 있고 장래에도 있는 이 지금 있는 일이 모든 인간사를 하나님이 다 알고 계신다는 말입니다. 하나님이 선악 간에 다 보고 계신다는 말입니다.

예를 들면 지난날에 있는 것, 지금도 있는 것 중에 쉽게 말하면 장신구 코걸이죠 코걸이는 언제부터 있었을까요? 지금 있는 게 옛적에도 있고 장래에도 있다고 했으니까. 옛날에도 있었을까요? 맞습니다. 있었습니다. 구체적으로 언제 어디서부터 있었을까요? 성경을 보실까요?

●창24:47 / 47 내가 그에게 묻기를 네가 뉘 딸이뇨 한즉 가로되 밀가가 나홀에게 낳은 브두엘의 딸이라 하기로 내가 고리를 <u>그 코에 꿰고 손목고리를 그 손에 끼우고</u>

● 사3:18-23 / 18 주께서 그 날에 그들의 장식한 발목 고리와 머리의 망사와 반달 장식과 19 귀고리와 팔목 고리와 면박과 20 화관과 발목 사슬과 띠와 향합과 호신부와 21 지환과 코 고리와 22 예복과 겉옷과 목도리와 손주머니와 23 손 거울과 세마포 옷과 머리 수건과 너울을 제하시리니

● 삿8:24 / 24 기드온이 또 그들에게 이르되 내가 너희에게 한 일을 청구하노니 너희는 각기 탈취한 귀고리를 내게 줄찌니라 하니 그 대적은 이스마엘 사람이므로 금귀고리가 있었음이라

● 겔16:10-12 / 10 수놓은 옷을 입히고 물돼지 가죽신을 신기고 가는 베로 띠우고 명주로 덧입히고 11 패물을 채우고 팔 고리를 손목에 끼우고 사슬을 목에 드리우고 12 코고리를 코에 달고 귀고리를 귀에 달고 화려한 면류관을 머리에 씌웠나니

언제부터 코걸이가 있는지 모르셨을 겁니다. 성경 이사야 3장에 보면 코걸이가 나와 있습니다. 이사야 때뿐 아니라 창세기 24장 47절에 코걸이가 나옵니다. 그 때가 언제입니까? 누구한테 끼운 겁니까? 바로 이삭의 신부한테 아브라함의 사랑하는 종이 우물가에서 만나 코에 코걸이를 끼웠습니다.

사사기 8장을 보시죠. 사사기 시대에 귀고리도 벌써 그 때 있었습니다. 그 때 코걸이는 안 나왔지만 있지 않았을까요? 그 전에도 있었으니 말입니다. 그러니까 아마도 그 옛날부터 코걸이를 위시해서, 귀고리, 팔목걸이 할 것 없이 여자들이 좋아하는 장신구가 쭉 있었다는 뜻입니다. 지금만 있는 게 아니었습니다. 이사야서 3장 19절 보면 거기엔 또 얼마나 많이 나와 있을까요? 코

걸이를 위시해서 갖가지 여자들의 장신구가 나와 있습니다.

에스겔서 16장 10절~12절. 그 옛날에 코걸이 귀고리 할 것 없이 옛날에도 있고 지금에도 있다는 겁니다. 지금이니까 있는 것이 아니라는 것이지요. 예수님 재림 때는 말할 것도 없이 더 많을 것입니다. 이렇게 인간사는 지금 있는 일이 과거에는 없었는데 있는 게 아닙니다. 과거에도 있었고 지금도 있고 또 지금으로 끝난 게 아니라 앞으로 인류 역사 마지막 말세, 예수님이 재림하실 때도 별별 못된 일들이 과거에도 있고 현재에도 있고 세상 끝날 까지 있습니다.

4. 무엇이든지 전에 기록한 것은 우리의 교훈을 위한 것이므로

●롬15:4 / 4 무엇이든지 전에 기록한 바는 우리의 교훈을 위하여 기록된 것이니 우리로 하여금 인내로 또는 성경의 안위로 소망을 가지게 함이니라

왜 과거 광야 이스라엘 백성들의 40년 생활을 고린도 교회 생활이라고 할까요? 그리고 예수님이 재림할 때가 가까워오고 있는 때를 말세 교회의 경계와 거울이라고 했을까요? 무엇이든지 전에 기록한 것은 우리의 교훈을 위한 것이기 때문입니다. 그러니까 바울 사도가 이 말씀을 기록할 때는 구약 성경만 있고 신약성경은 아직 완전하게 기록이 되어있지 않았습니다. "무엇이든

지 전에 기록한 바는" 구약성경을 말합니다. 그래서 구약성경에 기록돼있는 모든 말씀은 바울 사도 시대, 곧 신약시대와 또 신약시대의 마지막인 오늘날 이 모든 성도들에게 교훈으로 기록해놨습니다.

구체적으로 설명하면 말세 교회를 위해서도 고린도 교회를 위해서도 광야 교회를 위해서도 하나님께서 기록해 놓았다는 말입니다. 광야 교회 성도들만 위해서 광야 교회에 대해서 기록해 놓은 것이 아니고 그것은 고린도 교인들을 위해서도 기록해 놓고, 심지어 말세 교회 성도들을 위해서도 광야 교회에 대해서 기록해 놨다는 말입니다. 그것은 광야교회 성도들의 신앙생활이 잘못된 것은 우리가 본받지 말고 바로 잘 한 것만 본받으라는 뜻입니다.

●요5:39 / 39 너희가 성경에서 영생을 얻는 줄 생각하고 성경을 상고하거니와 이 성경이 곧 내게 대하여 증거하는 것이로다

요한복음 5장 말씀은 2천여 년 전에 예수님께서 어느 날 예수님을 따르는 제자들에게 하신 말씀입니다.

'너희가 성경에서' 이 말씀은 역시 구약 성경만 있을 때죠. 아직 신약 성경은 한 권도 편찬되지 않은 때입니다.

구약성경을 이스라엘 민족에게 준 목적은 예수님을 믿어서 영생 얻으라고 주신 책입니다. 이 땅위에서 건강의 복 그리고 여러 가지 복을 받으라고도 줬지만 첫째가 영생 얻는 복을 받으라고 주신 책입니다.

●요6:63 / 63 살리는 것은 영이니 육은 무익하니라 내가 너희
에게 이른 말이 영이요 생명이라

　예수님은 하나님의 말씀만 가르치고 증거를 하셨습니다. 그런
예수님이 하신 하나님의 말씀은 영이요 생명이라 그랬습니다.
「영이요 생명이란」 말씀은 영생을 얻게 하는 말씀입니다. 그래서
생명이란 말은 영원히 하늘나라 가서 살게 하는 말씀이라는 뜻
입니다. 예수님의 말씀. 곧 성경 66권의 말씀은 영이요 생명의
말씀입니다. 우리가 영이요 생명인 이 성경말씀, 곧 예수님의 입
으로 나오는 말씀인 하나님의 말씀이 우리 안에 들어와야 우리
가 저 영의 나라인 하늘나라에 들어갈 수 있습니다.
　하늘나라는 간단히 말하면 물질로 되어있지 않는 나라입니다.
그러니까 영으로 되어있는 하늘나라에 영이신 하나님과 영들인
하나님 보좌 앞에 시위하고 있는 일곱 천사를 위시해서 천천이
요 만만인 수많은 천사들이 하늘나라에 있습니다(계5:11).

　그리고 우리 예수님이 먼저 가셔서 하나님 보좌 우편에 앉아
서 우리를 위해서 기도하고 계십니다.
　"믿음의 주요 또 온전하게 하시는 이인 예수를 바라보자 그는 그
　앞에 있는 기쁨을 위하여 십자가를 참으사 부끄러움을 개의치 아
　니하시더니 하나님 보좌 우편에 앉으셨느니라"(히12:2).
　부활 승천하신 예수님은 이제 신령한 몸인 영적인 몸이 되었
습니다. 그런 몸이기에 영의 나라인 하늘나라에 가서 거기 살고
계시며 세상을 통치하십니다. 우리들을 영의 나라에서 영생의

복을 누리게 하시려고 영이요 생명인 이 성경말씀을 남기시고 우리에게 영의 양식으로 잘 먹으라고 성경이 기록되어 있는 줄 아시기 바랍니다.

●골2:8 / 8 누가 철학과 헛된 속임수로 너희를 노략할까 주의하라 이것이 사람의 유전과 세상의 <u>초등 학문을</u> 좇음이요 그리스도를 좇음이 아니니라

골로새서 2장에 나오는 말씀을 오늘날 교회에서 세밀하게 구체적으로 가르치지 않는 경향이 너무 많습니다. 여기 보면 철학이 나와 있습니다. 철학은 우리 인간 사회에서는 최고의 학문으로 여겨지지요? 각 분야의 지식보다 철학의 지식을 최고로 알잖아요? 이런 철학 까지도 그리스도를 좇음이 아니라고 했습니다. 그리스도는 우리에게 영이요 생명을 주시는 분이지만, 철학은 그렇지 않습니다. 철학을 통해서 우리가 영의 나라인 저 천국을 갈 수 없는 줄 아시길 바랍니다. 자연과학은 더 말할 것도 없습니다. 자연과학의 지식이, 학문이, 영이요 생명이 아니란 말입니다.

곧 영의 나라, 영이신 하나님이 계시는 그곳에 갈 수 있도록 만들지를 못한다는 말입니다. 그곳에 갈 수 있는 믿음이 만들어지지 않습니다. 그러면 어떤 것이 영의 나라, 저 천국에 갈 수 있는 믿음을 만들어 줄까요? 영이요 생명인 하나님의 말씀이 기록돼있는 이 성경이 그렇게 합니다.

오늘날은 일곱 교회 중에서 하나님 앞에 가장 잘못되었으므로 칭찬 한마디 없고 일곱 가지 책망만 있는 라오디아 교회 시대이기 때문에(계3:14-22) 이런 것도 확실히, 세밀하게, 구체적으로 교회뿐만 아니라 신학교에서도 제대로 안 가르치는 경우가 너무나 많은 것입니다.

한국뿐만 아니라 미국도 마찬가지고 전 세계가 지금 그렇습니다.

기독교계가 지금 인류 역사상 제일 부패하고 잘못돼있는 시대라고 우리가 기본적으로 알아야 합니다.

오늘날 교회에서는 영생을 얻을 수 있는, 영이요 생명인 이 성경말씀을 설교를 통해서 또는 세미나를 통해서 또는 부흥회를 통해서 또는 성경공부를 통해서 또는 신학교에서 강의를 통해서 제대로 가르쳐야 합니다.

광야 교회 시대 그 때 일어났던 모든 사건 상황이 고린도 교회 안에서 일어났고 그런가하면 오늘날 이 시대의 교회 안에도 그대로 일어나고 있음을 알아야 합니다.

성지순례 하신 분들은 아실 겁니다. 이스라엘 예루살렘에 가면 히틀러에 의해 학살당한 600만 유태인들을 추모하기 위해 건립된 야드 바쉠 홀로코스트박물관(Yad Vashem Holocaust History Museum)이 있습니다. 이곳에는 이런 글귀가 새겨져 있습니다.

"용서는 하되 잊지는 말자."

이와 같이 광야교회시대 뿐 만 아니라 고린도교회시대의 사건을 통해서도 오늘날 우리 믿는 성도들은 "절대 잊지 말라"를 교훈으로 삼아야 합니다.

●롬15:4 / 4 무엇이든지 전에 기록한 바는 우리의 교훈을 위하여 기록된 것이니 우리로 하여금 인내로 또는 성경의 안위로 소망을 가지게 함이니라

위 구절은 광야 교회가 오늘날 우리 기독교인들에게 교훈으로 또는 경계로 거울로 기록한 것처럼 광야교회 뿐만 아니라 구약의 모든 기록이 다 그렇다는 말입니다. 그래서 우선 잘 알다시피 전에 기록한 것 구약성경에 기록한 것 중 창세기 3장에서 특별히 에덴동산에 아담과 하와가 선악과 따먹은 것에 대해서 우리가 알아야 되겠죠?

그것도 아담과 하와에게만 국한된 게 아니고 오늘날 우리에게도 교훈을 삼아서 우리가 영생의 복을 받는 신앙을 가지라는 말씀입니다.

그러면 아담과 하와는 무슨 일을 했습니까?

여러 가지 기록이 많지만 하나님은 선악과만은 "따먹지 말라"고 하셨습니다. 이걸 따먹어서 문제가 생긴 겁니다. 거기에서 우리에게 보여준 교훈은 무엇입니까? 우리가 예수님을, 하나님을 믿되 아담과 하와처럼 욕심을 부리면서 신앙생활을 하면 안 된다는 말씀입니다. 선악과를 왜 따먹었습니까? 먹음직하고 보암직하고 지혜스럽게 할 만큼 탐스러운 나무이기 때문에 따먹은 겁니다. 그것은 아담과 하와가 욕심 부리는 신앙생활을 했다는 뜻입니다. 그래서 에덴 동산에서, 그 좋은 곳에서 살지 못하고 쫓겨난 것처럼 에덴동산은 천년 세계와 천국의 그림자요 모형입

니다.

아담과 하와는 선악과 따먹기 전에 하나님을 잘 믿고 있었습니다. 그랬는데 뱀이 나타나서 선악과를 따먹으라고 하면서 따먹어도 죽지 않는다고 하며 유혹을 하니까 결국에 그 유혹을 못이기고 따먹었습니다. 그것은 욕심을 부렸다는 뜻입니다. 그래서 거기서 살지 못하도록 하나님이 쫓아낸 것입니다.

오늘날에도 우리가 예수님을 믿되 욕심 부리는 그런 신앙생활은 마귀 사탄이 미혹을 하는 건데 그런 미혹을 할 때도 유혹을 물리치고 욕심 부리지 않는 신앙생활을 잘 해야만 합니다. 그래야 영색복락을 누릴 수 있습니다. 이 교훈을 에덴동산 사건을 통해 우리에게 보여준 겁니다.

구약성경은 지금 우리에게 거울도 되고 경계도 되고 교훈도 됩니다. 창세기 19장 30절부터 38절에 보면 우리가 잘 아는 대로 롯의 두 딸이 아버지께 술을 먹이고 아버지를 통해서 자녀를 낳습니다.

그것을 무슨 뜻인가를 알아야 됩니다. 롯은 참된 주의 종입니다. 그러니까 두 딸을 천국 가는 예비처까지 데리고 갔습니다. 심판 받아서 다 죽는데 거기서 구원시켰단 말이죠. 그러니까 아버지지는 주의 종이고 두 딸은 성도들입니다. 그 귀한 주의 종을 못된 딸들이 술을 먹여가지고 그런 못된 짓을 했습니다. 그것은 하나님의 참된 주의 종이 천국가게 하는 목회를 하는데 못된 신자를 만나서 깨어 있지 못했기 때문이라는 교훈을 줍니다.

그래서 목회를 잘 못하게 한다는 겁니다.

성경 66권 안에는 우리가 저 천국에 들어갈 수 있는, 여러 가지 경계와 거울과 교훈이 다 기록돼있는 줄 아시길 바랍니다.

그래서 광야교회에 여러 가지 사건도 고린도 교회 사건이었고, 종말을 만난 우리 기독교계의 사건인 줄을 알고 이제 구체적으로 세밀하게 말씀을 상고하면서 은혜를 받으시고 영원한 나라 영의 나라에 들어가는 복과 의인의 형통의 복도 받아 누리시기 바랍니다.

5. 구약교회는 신약교회를 상징한 것이므로

● 벧전2:9-10 / 9 오직 너희는 택하신 족속이요 왕 같은 제사장들이요 거룩한 나라요 그의 소유된 백성이니 이는 너희를 어두운 데서 불러 내어 그의 기이한 빛에 들어가게 하신 자의 아름다운 덕을 선전하게 하려 하심이라 10 너희가 전에는 백성이 아니더니 이제는 하나님의 백성이요 전에는 긍휼을 얻지 못하였더니 이제는 긍휼을 얻은 자니라

● 롬2:28-29 / 28 대저 표면적 유대인이 유대인이 아니요 표면적 육신의 할례가 할례가 아니라 29 오직 이면적 유대인이 유대인이며 할례는 마음에 할찌니 신령에 있고 의문에 있지 아니한 것이라 그 칭찬이 사람에게서가 아니요 다만 하나님에게서니라

위의 말씀은 참으로 중요하기 때문에 반복해서 기록되었습니다. 말세성도들의 거울과 경계는 광야 교회 생활이고 그것은 그 때로 끝나는 게 아니고 고린도 교회 생활이었고, 그것으로만 끝나는 게 아니고 말세 지말 교회 생활입니다. 그래서 광야교회 성도들의 생활이 고린도 성도들의 생활이었고 그것은 오늘날 이 시대 또는 환난시대 성도들의 생활입니다.

왜 그럴까요? 구약교회는 신약교회를 상징한 것이기 때문입니다.

베드로전서 2장에서 "너희는 택하신 족속이요 왕 같은 제사장이요 거룩한 나라요 그의 소유된 백성이니"에서 "택하신 족속"이란 말은 구약시대 이스라엘 백성들을 택했다는 뜻입니다. 그 다음 "왕 같은 제사장"들이라고 했습니다. 제사장들은 구약시대에 있었을까요? 신약시대 있었을까요?

'거룩한 나라' 이 거룩한 나라는 구약의 많은 나라 중에서 하나님이 택한 이스라엘 나라 아니겠습니까? 그래서 구약의 이스라엘 나라를 거룩한 나라라고 합니다. 그리고 그의 소유된 백성이니 그의 소유는 하나님의 소유란 뜻입니다. 하나님의 소유된 백성은 이스라엘 백성입니다. 택하신 족속이요 왕 같은 제사장이요 거룩한 나라요 그의 소유된 백성이니 하는 이것은 다 구약시대 이스라엘 백성들에게 하신 말씀입니다. 그 말씀을 신약 성도들에게 베드로 사도가 편지로 보내잖아요? 그러니까 구약의 이스라엘 나라는 곧 신약교회의 그림자요 모형이란 말입니다.

●갈3:9 / 9 그러므로 믿음으로 말미암은 자는 믿음이 있는 아브라함과 함께 복을 받느니라

여기서 "그러므로 믿음으로 말미암은 자는" 구약교회 신자더러 한 말씀이 아니고 신약교회 신자에게 한 말씀입니다.

그러므로 믿음으로 말미암는 자인 신약교회 성도들은 믿음 있는 구약시대 아브라함과 같다는 말씀입니다.

아브라함은 하나님을 믿는 믿음의 조상, 믿음의 사람이 되어서 영생의 복을 받고 범사가 잘 되는 복도 받았죠? 그런 구약의 아브라함이 받았던 복을 신약에 와서 우리 믿는 자도 그렇게 받을 수가 있습니다. 그러니까 구약교회는 신약교회의 상징이란 말씀입니다.

●롬2:28-29 / 28 대저 표면적 유대인이 유대인이 아니요 표면적 육신의 할례가 할례가 아니라 29 오직 이면적 유대인이 유대인이며 할례는 마음에 할찌니 신령에 있고 의문에 있지 아니한 것이라 그 칭찬이 사람에게서가 아니요 다만 하나님에게서니라

여기 보면 표면적 껍데기 유대인이 있고 껍데기 할례가 있고 그 다음에 진짜 믿음의 유대인이 있고 믿음의 할례가 있다고 했죠? 그러면 껍데기 유대인, 껍데기 육신의 할례 받은 자는 구약의 이스라엘 백성일까요? 신약의 이스라엘 백성일까요? 그런데 "이면적 유대인이 유대인이며 할례는 마음에 할지니라. 그리고 의문에 있지 아니하니라"고 하신 말씀은 신약의 성도들에게 한 말씀입니까? 구약의 성도들에게 한 말씀입니까? 그렇기 때문에 여기 이

말씀을 통해서 구약교회는 신약 교회의 상징인 것을 우리가 알 수 있습니다.

●약1:1 / 1 하나님과 주 예수 그리스도의 종 야고보는 흩어져 있는 열두 지파에게 문안하노라

신약시대 하나님의 종 야고보가 흩어져있는 열두 지파에게 문안한 이스라엘의 열두지파는 구약시대 있었을까요? 신약시대 있었을까요? 신약시대에는 이스라엘의 열두지파들이 실제로 존재했을까요? 존재하지 않았습니다. 그런데도 야고보 선생은 흩어져있는 열두 지파에게 문안을 하면서 야고보 서신을 그때 성도들에게 보냈단 말씀입니다.

그러니까 신약시대에도 구약의 이스라엘 열두 지파의 신앙을 가진 자들처럼 신약의 성도들 가운데서도 신앙적으로 그런 열두 지파들이 가진 신앙을 가지고 있기 때문이라는 뜻입니다.

예수님을 믿는 신약의 성도들에게 써 보내면서 열두 지파에게 써 보낸다고 한 것은 신약 시대의 예수님을 믿는 성도들도 구약의 열두 지파들이 가지고 있는 그런 신앙들을 모두 가지고 있기 때문이라는 뜻입니다. 그렇기 때문에 구약교회는 신약교회의 상징이란 말입니다. 상징이란 말은 그림자요 모형이라는 뜻입니다.

●마21:43) / 43 그러므로 내가 너희에게 이르노니 하나님의 나라를 너희는 빼앗기고 그 나라의 열매 맺는 백성이 받으리라

이스라엘 백성들에게 예수님은 천국 복음을 전했습니다. 그랬는데 예수님을 믿었나요? 안 믿고 배척해버렸습니다. "하나님의

나라를 너희는 빼앗기고 그 나라의 열매 맺는 백성이 받으리라.'
고 하신 말씀대로 오히려 이방인들은 믿었습니다. 오순절 이후
부터 쭉 믿어오고 있잖아요? 그동안에 이스라엘백성들은 안 믿
었는데, 그렇기 때문에 구약교회는 신약교회를 상징한다는 말씀
입니다.

●행13:46 / 46 바울과 바나바가 담대히 말하여 가로되 하나님
의 말씀을 마땅히 먼저 너희에게 전할 것이로되 너희가 버리고 영
생 얻음에 합당치 않은 자로 자처하기로 우리가 이방인에게로 향
하노라

바나바와 바울 사도가 예수님을 믿고 성령도 받아서 이방인
에게로 가서 복음을 전했습니다. 그래서 이방인들은 복음을 듣
고 믿는 자가 많아진 것입니다. 영생을 이방인들이 얻게 된 것
입니다. 이 말씀을 보더라도 구약교회는 신약교회를 상징한다는
것을 알 수 있습니다.

이 말씀만 가지고도 구약교회는 신약교회의 상징이기 때문에
구약교회인 광야교회 생활이 신약교회인 고린도 교회 생활이라
든지 말세 지말 교회의 생활과 같다는 것을 우리가 알 수 있습
니다.

●출3:6 / 6 또 이르시되 나는 네 조상의 하나님이니 아브라함의
하나님, 이삭의 하나님, 야곱의 하나님이니라 모세가 하나님 뵈옵
기를 두려워하여 얼굴을 가리우매

아브라함 이삭 야곱보다 밑에 자손이 모세입니까? 아브라함

이삭 야곱보다 위에가 모세입니까? 아래입니다. 아래라도 한참 아래입니다.

하나님은 모세의 조상의 하나님이라는 뜻입니다. 그러니까 하나님은 아브라함의 하나님 이삭의 하나님 야곱의 하나님이란 뜻입니다. 즉 모세의 조상의 조상은 하나님이란 뜻입니다. 나는 네 하나님 네 조상의 하나님이니 아브라함의 하나님 이삭의 하나님 야곱의 하나님이라고 했습니다. 그러니까 이스라엘 백성들의 조상은 하나님이신데 아브라함의 하나님 이삭의 하나님 야곱의 하나님 이 세 조상의 하나님이란 뜻이기도 합니다.

●출3:15 / 15 하나님이 또 모세에게 이르시되 너는 이스라엘 자손에게 이같이 이르기를 나를 너희에게 보내신 이는 너희 조상의 하나님 곧 아브라함의 하나님, 이삭의 하나님, 야곱의 하나님 여호와라 하라 이는 나의 영원한 이름이요 대대로 기억할 나의 표호니라

출애굽기 3장을 보시면 이스라엘 민족의 조상은 아브라함, 이삭, 야곱 셋이라는 뜻입니다. 그런데 아브라함, 이삭, 야곱은 하나님과 깊은 관계가 반드시 있다는 뜻이기도 합니다.

그것이 얼마나 중요한지 한 번 살펴 보겠습니다.

'표호'란 말은 겉으로 부르는 이름이란 뜻입니다. 또 영원한 이름이라는 뜻도 됩니다. '표호'라는 말은 대대로 불러야 될 이름이란 뜻도 있습니다. 아브라함의 하나님, 이삭의 하나님, 야곱의 하나님. 그러니까 이 하나님을 우리가 알되 이스라엘 민족의 조상의 하나님은 세 분의 하나님인 것을 아는 것이 중요하다는 뜻입

니다. 그래서 "이는 나의 영원한 이름이요 대대로 기억할 나의 표호니라"라고 하신 것입니다. 이렇게 이스라엘 민족들의 하나님은, 곧 이스라엘 민족들의 조상은 아브라함 이삭 야곱입니다.

그렇기 때문에 "이는 나의 영원한 이름이요 대대로 기억할 표호니라" 라고 했습니다.

그러면 왜 이스라엘 민족에게는 조상이 세 분이나 될까요?

구약의 이스라엘백성들에게 영생의 복을 받게 하기 위해서 조상을 아브라함 이삭 야곱 세분을 세워준 것은 성부 성자 성령 삼위일체 하나님을 믿어야 한다는 진리를 보여준 것입니다.

오늘날 신약 교회가 영생의 복을 받으려면 성부 성자 성령 삼위일체 하나님을 믿어야만 합니다. 그러니까 구약교회는 곧 신약교회를 상징합니다. 그림자의 모형이란 말입니다.

신명기 7장 6절~7절에 보면 "너는 여호와 네 하나님의 성민 이라 네 하나님 여호와께서 지상 만민 중에서 너를 자기 기업의 백성으로 택하셨나니 여호와께서 너희를 기뻐하시고 너희를 택하심은 너희가 다른 민족보다 수효가 많기 때문이 아니니라 너희는 오히려 모든 민족 중에 가장 적으니라"라고 말씀하십니다.

왜 하나님이 영생을 얻을 수 있는 복을 받으라고 많은 민족 중에서 택하되 숫자가 적은 이스라엘 민족을 택했을까요? 신약 시대 와서 예수님을 믿는 기독신자들은 안 믿는 자들이나 다른 종교 믿는 자들에 비하면 숫자가 적다는 그 진리를 보여준 것입니다.

　구약시대에 다른 민족도 다 신을 섬기고 있었습니다. 바벨론
도 그랬습니다. 앗수르, 메대바사, 로마 그리고 다른 민족들 다
이스라엘 민족이 믿는 성부 성자 성령 삼위일체 하나님을 안 믿
고 다른 것만 믿고 있었던 겁니다. 그러나 이스라엘 민족에게만
조상 셋을 세워주셨고 그들은 삼위일체 하나님을 믿는다고 믿었
던 것입니다. 그런데 천국갈 수 있도록, 믿어서 다 천국에 갔습니
까? 민족적으로는 저 천국갈 수 있도록 하나님이 다른 민족에게
비해서 적은 숫자를 택했지만, (롬9:27)에 적은 숫자만 저 천국을
가도록 하나님이 개개인을 택했다고 기록되어 있습니다.

●롬9:27 / 27 또 이사야가 이스라엘에 관하여 외치되 이스라엘
못 자손의 수가 비록 바다의 모래 같을지라도 <u>남은 자만 구원을
얻으리니</u>

　로마서 9장에 비록 이스라엘의 자손의 수가 바다의 모래 같
을 지라도 이 말은 민족적으로 택한 자를 말합니다. 그런데 구
원 얻을 자는 남은 자만 얻는 다는 말은 남은 자는 모태에서 택
한자로 적은 숫자란 말씀입니다.

　이 광야교회 이스라엘 백성들이 그렇게 많이 애굽에서 나와서
신앙생활 했지만 가나안 땅에는 적은 수만 들어갔잖습니까? 고
린도 교회도 그랬다는 말입니다. 마지막 때 오늘날도 그러는 거
죠. 예수님 오실 때 까지. 교회 다닌다고 해서 교회의 직분 맡았

다고 해서 다 저 천국을 가는 게 아니란 말입니다. 광야교회 보니까 광야교회 성도들이 다 가나안에 들어갔습니까? 못 들어가고 적은 수만 들어갔습니다.

오늘날 교회들이 많지만 마찬가지란 말입니다. 그래서 우리가 예수님을 믿는 것은 저 천국을 가려고 믿어야 되는 겁니다. 천국 갈 수 있도록 가르치는 교회에서 천국갈 수 있는 교회의 성도로써. 신앙생활을 잘 해야 저 천국을 가는 겁니다.

제 2부 광야교회 고린도교회 마지막교회 성도들 요약정리

1. 본문에 거울과 경계로 기록했으므로 (고전10:6, 11)
2. 해 아래는 새 것이 없으므로 (전1:9-10)
3. 이전에 있는 것이 옛적에도 있었고 장래에도 있을 것이므로 (전 3:15)
4. 무엇이든지 전에 기록한 것은 우리의 교훈을 위한 것이므로 (롬 15:4)
5. 구약교회는 신약교회를 상징한 것이므로 (벧전2:9-10) (롬2:28-29)

광야교회 고린도교회 마지막교회 성도들의 신앙상태

1. 구속받고 거듭나고 성령세례 받은 신앙

(1) 구속받음

● 출12:27-28 / 27 너희는 이르기를 이는 여호와의 유월절 제사
라 여호와께서 애굽 사람을 치실 때에 애굽에 있는 이스라엘 자
손의 집을 넘으사 우리의 집을 구원하셨느니라 하라 하매 백성이
머리 숙여 경배하니라 28 이스라엘 자손이 물러가서 그대로 행하
되 여호와께서 모세와 아론에게 명하신 대로 행하니라

첫째로 이 땅위에 모든 인간들은 죄인으로 태어났듯이(롬5:19)
가인도 죄인으로 태어났습니다. 믿음이 좋은 아벨이라 해서 의
인으로 태어난 것이 아닙니다.

둘째로 가인과 아벨을 위시해서 이 땅위의 모든 인간은 하나

님의 자녀로 태어난 게 아니고 마귀라고도 하고 사탄이라고도 하는 마귀의 자식으로 태어난 것이라고 성경에 기록되어 있습니다.

"너희는 너희 아비 마귀에게서 났으니 너희 아비의 욕심대로 너희도 행하고자 하느니라 그는 처음부터 살인한 자요 진리가 그 속에 없으므로 진리에 서지 못하고 거짓을 말할 때마다 제 것으로 말하나니 이는 그가 거짓말쟁이요 거짓의 아비가 되었음이라"(요 8:44).

세 번째는 허물과 죄로 죽어서 태어났다고 성경에 기록되어 있습니다.

"그는 허물과 죄로 죽었던 너희를 살리셨도다 허물로 죽은 우리를 그리스도와 함께 살리셨고"(엡2:1,5)

영이 죽은 자로 태어났다는 것입니다. 우리 속에 영이 있습니까? 이 땅위에 영이 없이 태어난 사람 있나요?

모두 영을 가지고 이 땅위에 태어났는데 영이 살아서 태어나지 못한 채 육체만 살아서 태어나는데 육체가 살았다는 표시로 울면서 태어납니다. 영을 가지고 태어는 났는데 그 영이 죽은 영으로 태어났다는 것입니다.

육은 살아 있으되 영은 죽은 자로 태어난다는 말씀입니다.

우리가 이 땅에 살다가 하나님의 사랑을 받아서 천국을 가려면 죄인이 의인이 되어야 하고 마귀자식이 하나님의 자녀가 되어야 하고 죽은 영이 살아야 하고 진노의 자식에서 하나님의 사랑의 자식이 되어야 합니다.

우리는 죄인으로 태어났기 때문에 우리가 예수님을 믿어야만 의인이 되고, 하나님의 자녀가 되고, 영이 살고, 하나님의 사랑의 자녀가 되므로 영생을 얻는 것입니다.

따라서 우리가 예수님을 믿는 것은 지옥에 안가고 영생을 얻기 위해서 첫 단계로 이 죄인이 죄 씻음을 받아야 하는데 이는 오직 예수님의 보배로운 피(보혈)로 씻음을 받아야 합니다.

● 히9:22 / 22 율법을 좇아 거의 모든 물건이 피로써 정결케 되나니 피 흘림이 없은즉 사함이 없느니라

● 요일1:7 / 7 저가 빛 가운데 계신 것같이 우리도 빛 가운데 행하면 우리가 서로 사귐이 있고 그 아들 예수의 피가 우리를 모든 죄에서 깨끗하게 하실 것이요

● 계1:5 / 5 우리를 사랑하사 그의 피로 우리 죄에서 우리를 해방하시고

십자가에서 예수님이 피 흘려 죽으신 그 피 흘림이 없으면 그러니까 곧 예수님의 십자가의 보혈의 피가 아니면 사함이 없다는 말은 죄를 씻을 길이 없다는 뜻입니다. 요한1서 1장과 요한계시록 1장에 하나님이 우리를 사랑하사 예수님이 우리를 사랑하사 그 피로 우리를 죄에서 해방했고, 우리를 죄에서 씻어줬다고 되어 있습니다.

성경의 여기저기에 우리 인간의 죄를 깨끗하게 씻는 그 유일한 길은 오직 예수님의 피 밖에 없다고 하였습니다.

● 출12:5-7 / 5 너희 어린 양은 흠 없고 일 년 된 수컷으로 하되

양이나 염소 중에서 취하고 6 이 달 십사일까지 간직하였다가 해질 때에 이스라엘 회중이 그 양을 잡고 7 그 피로 양을 먹을 집문 좌우 설주와 인방에 바르고

●출12:22 / 22 너희는 우슬초 묶음을 취하여 그릇에 담은 피에 적시어서 그 피를 문 인방과 좌우 설주에 뿌리고 아침까지 한 사람도 자기 집 문 밖에 나가지 말라

이스라엘 백성들이 애굽에서 나오는 그날 저녁에 하나님께서 모세를 통해 이스라엘 백성들에게 1년 된 흠 없는 어린 수양을 잡아서 문인방과 설주에 피를 바르라고 했습니다. 거기에 대한 말씀도 구체적으로 우리가 알아야 합니다.

출애굽기 12장에서 이스라엘 백성들이 애굽에서 400여 년 동안 노예생활을 하다가 모세를 통해 벗어나기 전날 저녁에 양을 잡아 문인방과 설주에 그 피를 바르라고 했습니다. 바르란 말이나 뿌리란 말이나 같습니다. 바르라고도 했고 뿌리라고도 했습니다. 보혈의 피를 바르는 거나 뿌리는 거나 마찬가지입니다. 그것은 예수의 보혈의 피로 죄 씻음을, 죄 사함을 받는다는 진리입니다.

이스라엘 백성들이 애굽에서 출발할 때 문인방과 설주에 피를 바른 일 년 된 흠 없는 수양은 예수님의 보혈을 상징하며, 유월절 양입니다. 십자가에 죽으실 예수님의 피로 다 죄 사함을 받는다는 말씀입니다. 그리하여 이스라엘 백성들이 광야에 나와서 40년 광야 교인들이 되는 것입니다. 따라서 광야교회는 보혈의 피로 죄 사함을 받은 교회의 성도들이었다는 말씀입니다.

그러면 고린도 교인들은 예수님의 보혈의 피로 죄 사함 받은 교회일까요? 고린도 교회는 바울사도가 예수님의 보혈의 피로 죄 사함 받으라고 가르친 교회였습니다.

- 고전1:30 / 너희는 하나님께로부터 나서 그리스도 예수 안에 있고 예수는 하나님께로서 나와서 우리에게 지혜와 의로움과 거룩함과 구속함이 되셨으니
- 고전10:16 / 우리가 축복하는바 축복의 잔은 그리스도의 피에 참예함이 아니며 우리가 떼는 떡은 그리스도의 몸에 참예함이 아니냐
- 고전11:25-28 / 식후에 또한 이와 같이 잔을 가지시고 가라사대 이 잔은 내 피로 세운 새 언약이니 이것을 행하여 마실 때마다 나를 기념하라 하셨으니 26 너희가 이 떡을 먹으며 이 잔을 마실 때마다 주의 죽으심을 오실 때까지 전하는 것이니라 그러므로 누구든지 주의 떡이나 잔을 합당치 않게 먹고 마시는 자는 주의 몸과 피를 범하는 죄가 있느니라 사람이 자기를 살피고 그 후에야 이 떡을 먹고 이 잔을 마실찌니

오직 예수님을 믿어야만 우리가 죄 사함을 받습니다. 죄인으로 태어난 우리 인간이 회개하고 보혈의 피로 죄 사함을 첫 단계로 받아야만 한다고 오늘날의 교회에서 강조해 가르쳐야 합니다.

(2) 거듭남

● 출12:37-39 / 37 이스라엘 자손이 라암셋에서 발행하여 숙곳에 이르니 유아 외에 보행하는 장정이 육십만 가량이요 38 중다한 잡족과 양과 소와 심히 많은 생축이 그들과 함께 하였으며 39 그들이 가지고 나온 발교되지 못한 반죽으로 무교병을 구웠으니 이는 그들이 애굽에서 쫓겨남으로 지체할 수 없었음이며 아무 양식도 준비하지 못하였음이었더라

마귀의 자식인 우리가 지옥에 안 가고 저 천국에 가려하니 하나님의 자녀로 영의 싹이 틔워져야 되는데 그것을 거듭난다고 합니다.

그래서 우리가 예수님을 믿되 첫째는 죄인으로 태어난 우리가 예수님이 십자가에서 흘리신 보혈의 피로 죄를 씻어주시는 죄 사함을 받아 하나님의 자녀로 다시 태어나야 하는데, 그것을 「거듭 난다」고 하고 영어로는 「born again」이라 합니다. 그것을 「중생」이라고도 하고 또 「영생을 얻었다」고도 하며 「구원을 얻었다」고 성경에 표현이 되어있습니다.

우리는 하나님의 자녀로 태어나야 되는데 이것을 거듭난다고 하고, 거듭나는 것은 하나님의 거듭나게 하는 말씀으로 됩니다.

출애굽기 12장에 보면 그날 밤에 출발해 숙곳에 와서 무교병, 누룩이 들어가지 않은 떡을 이스라엘 백성들이 먹었습니다. 이 떡이 예수님께서 십자가에 돌아가시기 전에 유월절을 지키면서 "이 포도주는 내 피고 이 떡은 내 살이다"라고 하신 말씀과 같습

니다.

하나님의 영생을 얻게 하는 떡 되는 말씀이 우리를 하나님의 자녀로 태어나게 합니다. 우리의 죄를 예수님의 보혈이 씻어서 깨끗하게 해준 것처럼 마귀의 자식인 우리가 하나님의 자녀로 태어나게 하는 것은 하나님의 말씀이 와야 되는 것입니다. 죄 씻음 받으려면 예수님의 보혈이 오면 죄가 씻어지는 것처럼 마귀의 자식이 하나님의 자녀가 되려면 거듭나게 하는 씨의 하나님의 말씀이 마음에 믿어져야 합니다.

●벧전1:23 / 23 너희가 거듭난 것이 썩어질 씨로 된 것이 아니요 썩지 아니할 씨로 된 것이니 하나님의 살아 있고 항상 있는 말씀으로 되었느니라

●요3:3-8 / 3 예수께서 대답하여 가라사대 진실로 진실로 네게 이르노니 사람이 거듭나지 아니하면 하나님 나라를 볼 수 없느니라 4 니고데모가 가로되 사람이 늙으면 어떻게 날 수 있삽나이까 두 번째 모태에 들어갔다가 날 수 있삽나이까 5 예수께서 대답하시되 진실로 진실로 네게 이르노니 사람이 물과 성령으로 나지 아니하면 하나님 나라에 들어갈 수 없느니라 6 육으로 난 것은 육이요 성령으로 난 것은 영이니 7 내가 네게 거듭나야 하겠다 하는 말을 기이히 여기지 말라 8 바람이 임의로 불매 네가 그 소리를 들어도 어디서 오며 어디로 가는지 알지 못하나니 성령으로 난 사람은 다 이러하니라

여기에 거듭났다고 하였습니다. 이 거듭났단 말이 이 땅위에 우리는 다 마귀의 자식으로 태어났는데 하나님의 자녀로 우리

의 영이 태어난 걸 뜻하는 두 번 났다는 것입니다.

요한복음 3장 1절 이하에 보면 니고데모가 밤에 예수님께 찾아와서 "내가 어떻게 하면 하늘나라에 들어갈 수 있습니까? 하나님을 볼 수 있습니까?" 물으니까 "네가 물과 성령으로 거듭나라" 그러면서 "육으로 난 것은 육이다"라고 하셨습니다.

니고데모가 어머니 뱃속에서 육을 가지고 태어난 걸 말합니다. 그리고 성령으로 난 것은 영이라 하셨습니다. 우리가 하나님의 자녀로 태어나는 것을 「거듭났다」라고 합니다. 처음 태어난 것, 육으로 태어난 것은 한 번입니다. 육으로 태어날 때 속에 영을 가지고 태어났는데 그 영은 죽은 영으로 태어났다고 했지요? 그런데 그것은 마귀의 자식의 영으로 되어 있습니다. 그래서 이 마귀의 자식인 영이 하나님의 자녀로 다시 태어나야 된단 말입니다 그러려면 하나님의 말씀이 와야 됩니다. 그러니까 우리의 영이 하나님의 자녀로 태어난 것이 이제 두 번 태어난 것이지요. 육으로 한 번 태어났고, 영이 예수님을 믿어 말씀을 통해 하나님의 자녀로 태어나니까 두 번 태어난 것입니다.

디도서 3장 5절에는 중생의 씻음이 나오는데 그 중생이 두 번 태어났다는 뜻입니다.

왜 우리가 거듭나야 한다고 성경에는 말씀하셨을까요?

그것은 다른 뜻이 아닙니다. 원리를 알아야 하는데 이것까지 알아야 제대로 아는 겁니다. 성경에 하나님의 자녀로 거듭나란 말씀이 여기저기 많습니다.

●벧전1:3 / 3 찬송하리로다 우리 주 예수 그리스도의 아버지 하

나님이 그 많으신 긍휼대로 예수 그리스도의 죽은 자 가운데서 부활하심으로 말미암아 우리를 거듭나게 하사 산 소망이 있게 하시며 4 썩지 않고 더럽지 않고 쇠하지 아니하는 기업을 잇게 하시나니 곧 너희를 위하여 하늘에 간직하신 것이라

베드로전서 1장에 거듭나라 했습니다. 부활하심으로 거듭나라고 하신 말씀이나, 물과 성령으로 거듭나라고 한 말씀이나, 세세토록 살아있는 말씀으로 거듭나라고 한 말씀이나 다 같은 뜻입니다. 하여튼 우리는 거듭나야 됩니다. 이렇게 거듭나란 말씀을 성경 여기저기에 많이 써 놓은 것은 우리가 마귀의 자식으로 태어났기 때문입니다.

죄 씻음이란 말이나 죄 사함이라는 말이나 구속이라는 말이나 똑같습니다. 거듭난다는 말씀이나 중생한다는 말씀이나 같습니다.

●요5:24 / 24 내가 진실로 진실로 너희에게 이르노니 내 말을 듣고 또 나 보내신 이를 믿는 자는 영생을 얻었고 심판에 이르지 아니하나니 사망에서 생명으로 옮겼느니라

또 마귀의 자식이 하나님의 자녀로 태어난다는 말씀을 뭐라고 표현할까요?

요한복음 5장 24절에 내 말을 듣고 나 보내신 이는 하나님 아니겠습니까? 예수님을 보내신 하나님 아버지 아닙니까? 하나님을 믿는 자는 뭘 얻었다고 했습니까?

"영생을 얻었고"

이 말씀이 거듭났다는 말입니다. 마귀의 자식이 하나님의 자녀로 영이 태어났다는 말입니다.

예수님이 "나는 길이요 진리요 생명이니 나를 믿어야만 저 천국까지 간다"고 하셨습니다. 나를 믿으라고 하셨죠? 나를 믿어서 물과 성령으로 거듭나라고 했습니다. 니고데모에게 한 것처럼 말입니다. 그 예수님을 믿고, 하나님을 아버지라고 믿는 자는 영생을 얻었는데 그게 마귀의 자식이 하나님의 자식으로 영이 태어난 걸 말하는 겁니다.

그 부분을 한 번 더 설명하고 넘어가겠습니다.

"내가 진실로 진실로 너희에게 이르노니 내 말 듣고 나 보내실 이를 믿는 자는 영생을 얻고 심판에 이르지 아니하나니 사망에서 생명으로 옮겼느니라"(요 5:24)고 하셨지요? 예수님을 믿는 자는 정죄 심판을 안 받는 자입니다. 예수님의 말씀을 듣고 예수님을 보내신 이를 안 믿는 자는 심판 받을 자입니다. 정죄 심판 받을 자, 너는 죄인이라고 칭함을 받는다는 말입니다. "내 말을 듣고 나 보내신 이를 믿는 자"는 예수님 믿고 하나님 아버지를 믿고 있는 그래서 마귀의 자식이 하나님의 자녀로 태어난 자는 정죄의 심판을 안 받습니다.

에베소서 2장1절에 보면 허물과 죄로 영이 죽었는데 이것은 죽은 영이 사망에서 생명으로 옮겨졌다는 것입니다.

우리가 하나님의 자녀로 거듭나면 죄와 허물로 죽어있는 영이 살아나는 것이라는 뜻입니다. 영이 살아났다는 말은 거듭났다고도 하고 중생했다고도 합니다. 죄와 허물로 죽은 사망에서 생명으로 영이 살아났다는 말씀입니다.

(3) 성령세례 받음

● 출13:20-22 / 20 그들이 숙곳에서 발행하여 광야 끝 에담에 장막을 치니 21 여호와께서 그들 앞에 행하사 낮에는 구름기둥으로 그들의 길을 인도하시고 밤에는 불기둥으로 그들에게 비취사 주야로 진행하게 하시니 22 낮에는 구름기둥, 밤에는 불기둥이 백성 앞에서 떠나지 아니하니라

● 고전10:2 / 2 모세에게 속하여 다 구름과 바다에서 세례를 받고

● 고전10:4 / 4 다 같은 신령한 음료를 마셨으니 이는 저희를 따르는 신령한 반석으로부터 마셨으매 그 반석은 곧 그리스도시라

(추가말씀 : 출17:6-7/ 민20:8-9/ 민27:14)

이스라엘 백성 곧 광야교회 교인들은 홍해바다를 건널 때 성령을 충만히 받은 것입니다. 오순절 마가의 다락방에 120문도들에게 열흘째 되는 날 불이 혀와 같이 갈라지면서, 성령이 바람처럼 불면서 임해서 120명이 성령 충만 받아서 방언 은사를 위시해서 병 고치는 은사 예언하는 은사 받았던 것처럼 지금 광야교회 교인들이 성령 세례를 받았다는 말씀입니다(행2:1-13).

또한 고린도 교회 교인들을 바울 사도가 예수의 보혈의 피로

죄 사함 받고 하나님의 자녀로 거듭나고, 성령을 충만하게 받도록 말씀을 전했습니다. 이것은 바울사도가 구속받고 거듭나고 성령세례 받아 주의 종이 되었기 때문입니다(행9:3-18).

오늘날 교회를 보겠습니다. 성령 충만합니까? 그렇습니다. 성령 충만합니다. 그러면 하나님의 자녀로 거듭나지도 못 했는데 성령 충만을 주시는 겁니까? 하나님의 자녀로 태어나지도 못한 마귀의 자식들에게는 하나님이, 예수님이 성령을 안 주십니다. 또 성령이 올 수도 없습니다. 그래서 영어로 Holy Spirit 이라고 하는 겁니다. 거룩한 영이라는 말입니다.

그러나 마귀나 악령들은 더러운 것들입니다. 그런데 근래에 일어난 새 신(신32:17, 13:1-5)은 죄 사함도 안 받고 하나님의 자녀로도 태어나지도 않았는데 성령 같은 것이 임해서 방언한다, 예언한다, 귀신 쫓는다고 별짓 다 합니다. 지금 그것들이 나타나서 오순절 성령 역사인 듯이 속이고 있습니다.

지금 성령 충만 하다고 하는 교회 중에 진짜 성령이 아니고 성령과 비슷한 새신이 마구 나타나고 있습니다. 그것들이 나타나서 진짜 성령 충만한 것처럼 예언도 하고 별 짓을 다 하고 있습니다.

2. 하나님이 기뻐하지 아니한 다수의 신앙

●고전10:5 / 5 그러나 저희의 다수를 하나님이 기뻐하지 아니하신 고로 저희가 광야에서 멸망을 받았느니라

고린도 교인들도 광야교회처럼 성령 충만 받았습니다. 성령을 충만히 받으면 각자의 분량 따라서 방언과, 지혜와, 지식과, 믿음과, 능력, 신유, 예언, 입신 등 여러 가지 은사를 줍니다.

여기 고린도전서 10장에서 광야교회가 죄 사함도 받고 하나님의 자녀로 거듭도 났고 성령도 충만히 받아서 은사(민11:25-26)도 받았습니다. 고린도 교인들도 그렇고 오늘날의 교회도 그렇습니다. 그런데 많은 광야교회 성도들은 하나님이 기뻐하는 신앙생활을 못하였습니다. 그리고 소수인 적은 수만 하나님이 기뻐하시는 신앙생활을 하였습니다.

이스라엘 백성들이 애굽을 나와 하나님께서 기뻐하는 신앙생활과 기뻐하지 않는 신앙생활을 한 것을 우리는 알아야합니다. 애굽에서 함께 출발한 60만 명 중에 여호수아와 갈렙 만이 가나안땅에 들어가고 나머지는 못 들어갔습니다.

●민14:29-33 / 너희 시체가 이 광야에 엎드러질 것이라 너희 이십세 이상으로 계수함을 받은 자 곧 나를 원망한 자의 전부가 30 여분네의 아들 갈렙과 눈의 아들 여호수아 외에는 내가 맹세하여 너희로 거하게 하리라 한 땅에 결단코 들어가지 못하리라

31 너희가 사로잡히겠다고 말하던 너희의 유아들은 내가 인도하여 들이리니 그들은 너희가 싫어하던 땅을 보려니와 너희 시체는 이 광야에 엎드러질 것이요 너희 자녀들은 너희의 패역한 죄를 지고 너희의 시체가 광야에서 소멸되기까지 사십년을 광야에서 유리하는 자가 되리라

●민26:63-65 / 이는 모세와 제사장 엘르아살의 계수한 자라 그들이 여리고 맞은편 요단 가 모압 평지에서 이스라엘 자손을 계수한 중에는 64 모세와 제사장 아론이 시내 광야에서 계수한 이스라엘 자손은 한 사람도 들지 못하였으니 65 이는 여호와께서 그들에게 대하여 말씀하시기를 그들이 반드시 광야에서 죽으리라 하셨음이라 이러므로 여분네의 아들 갈렙과 눈의 아들 여호수아 외에는 한 사람도 남지 아니하였더라

●민32:10-13 / 그때에 여호와께서 진노하사 맹세하여 가라사대 11 애굽에서 나온 자들의 이십세 이상으로는 한 사람도 내가 아브라함과 이삭과 야곱에게 맹세한 땅을 정녕히 보지 못하리니 이는 그들이 나를 온전히 순종치 아니하였음이니라 12 다만 그니스 사람 여분네의 아들 갈렙과 눈의 아들 여호수아는 볼 것은 여호와를 온전히 순종하였음이니라 하시고 13 여호와께서 이스라엘에게 진노하사 그들로 사십년 동안 광야에 유리하게 하심으로 여호와의 목전에 악을 행한 그 세대가 필경은 다 소멸하였느니라

장정 60만 명도 광야생활을 계속 했습니다. 그러니까 죄 사함을 받고 하나님의 자녀로 거듭도 나고 성령 충만 은사 충만도 받고 계속 신앙생활을 했는데 그 60만 명 중에 여호수아와 갈렙

만이 하나님을 기쁘시게 하는 신앙생활을 했다는 것이지요. 그리고 나머지들은 하나님을 기쁘시게 하는 신앙생활을 못했다는 말이 됩니다.

하나님을 기쁘시게 하는 신앙생활을 했던 여호수아와 갈렙만 가나안 땅에 들어갔다는 것입니다.

오늘날 죄 사함 받고 하나님의 자녀로 거듭나고 성령 충만 은사 충만 받은 주의 종이나 신자들이라고 해서 다 하나님이 기뻐하고 원하시는 신앙생활을 하는 게 아니란 말씀입니다.

왜 하나님을 기쁘시게 하는 신앙생활을 못하느냐 그것을 알아야 하지 않겠습니까?

우선 구속, 죄사함가지고 보겠습니다.

●엡1:7 / 7 우리가 그리스도 안에서 그의 은혜의 풍성함을 따라 그의 피로 말미암아 구속 곧 죄 사함을 받았으니

●골1:14 / 14 그 아들 안에서 우리가 구속 곧 죄 사함을 얻었도다

여기는 구속이란 말이 나오죠? 구속이 뭡니까? 죄 사함 받은 것을 구속이라고도 합니다. 죄 씻음 받았다고도 하는 이 구속은 오직 예수의 보혈로만 죄 사함 즉 죄 씻음을 받을 수 있습니다.

●롬8:23 / 23 이뿐 아니라 또한 우리 곧 성령의 처음 익은 열매를 받은 우리까지도 속으로 탄식하여 양자될 것 곧 우리 몸의 구속을 기다리느니라

여기 구속은 보혈로 죄 사함 받는 구속이라고 하지않고 몸의 구속이라고 했습니다. 구속도 죄 사함 받는 구속이 있고, 몸의

구속이 있습니다.

죄 사함은 앞에서 살펴보았듯이 예수의 보혈의 피로 씻음 받는 것입니다. 우리는 태어날 때부터 죄인으로 태어났는데 몸의 구속은 무엇일까요?

몸의 구속은 예수님이 3층천에서 2층천으로 재림하셔서 신부들을 맞이할 정도까지 내려올 때, 먼저 죽어있던 성도들 중에서 부활해 올라가고 살아있는 성도들이 변화 되어서 올라가는 것이 몸의 구속입니다.

그러니까 죄 사함 받는 구속을 받고 예수님 공중 재림할 때 죽은 자가 부활해서 맞이하거나 또는 살아서 변화되어 맞이하는 몸의 구속을 받은 자가 하늘나라에 가는 것입니다.

거듭난 신앙을 보겠습니다.

● 벧전1:23 / 23 너희가 거듭난 것이 썩어질 씨로 된 것이 아니요 썩지 아니할 씨로 된 것이니 하나님의 살아 있고 항상 있는 말씀으로 되었느니라

베드로전서 1장에 너희가 거듭난 것은 썩어질 씨로 되지 않고 썩지 아니한 씨로 되었다는 것은 하나님의 말씀으로 거듭났다. 하나님의 자녀로 태어났다는 말씀입니다. 거듭났다는 말은 영어로는 born again인데 born은 태어났다는 뜻이고 태어나되 again이 붙어있습니다. 두 번 태어났다 말씀입니다.

육의 몸으로 우리는 한 번 태어납니다. 우리의 몸속에 영이 들어있는데 이 영이 마귀의 자식으로 태어납니다. 그리고 우리

영이 예수님을 믿어서 하나님의 말씀에 의해서 또는 물과 성령에 의해서 부활하신 예수님에 의해서 다시 태어났다는 말씀입니다.

●약1:18 / 18 그가 그 조물 중에 우리로 한 첫 열매가 되게 하시려고 자기의 뜻을 좇아 진리의 말씀으로 우리를 낳으셨느니라

야고보서 1장에는 첫 열매가 되게 하려고 진리의 말씀으로 낳았다고 하였습니다. 베드로전서 1장에 세세토록 살아있는 하나님의 말씀으로 거듭나게 한 것과 여기 피조물 중에 첫 열매가 되게 하려고 진리의 말씀으로 낳은 것은 또 다른 것입니다.

그러니까 거듭난 것은 마귀의 자식이 하나님의 자녀로 태어나게 하는 것으로 세세토록 살아있는 하나님의 말씀이고, 하나님의 자녀로 태어난 우리 성도들을 첫 열매가 되게 한 것은 진리의 말씀이라는 말씀입니다.

첫 열매가 되게 하려고 진리의 말씀으로 낳았다는 것은 이 첫 열매가 부활의 첫 열매인 예수님을 맞이하게 하는 그런 자가 되게 하려고 진리의 말씀으로 태어났다는 말씀입니다.

세세토록 있는 하나님 말씀으로 거듭난 것은 마귀의 자식으로 태어난 우리의 영이 하나님의 자녀로 비로소 태어난 것처럼 영이 어린 아기로 태어난다는 말입니다. 그렇게 태어난 우리의 영이 부활의 첫 열매로, 부활하신 예수님이 다시 오실 때 그 예수님을 맞이해야 합니다. 그러려면 진리의 말씀으로 한 번 또 태어나야 예수님을 신랑으로 맞이하는 자격자인 하나님의 아들이

되는데 그것은 하나님께로부터 나야 합니다.

● 요1:11-13 / 11 자기 땅에 오매 자기 백성이 영접지 아니하였으나 12 영접하는 자 곧 그 이름을 믿는 자들에게는 하나님의 자녀가 되는 권세를 주셨으니 13 이는 혈통으로나 육정으로나 사람의 뜻으로 나지 아니하고 오직 하나님께로서 난 자들이니라

여기 보면 하나님께로 난 자들이 있지요? 그런데 그 하나님께로 난 자는 누구라고 하였습니까? 하나님의 자녀가 되는 권세를 가진 자라는 말씀입니다. 그러니까 세세토록 살아있는 하나님의 말씀으로 거듭난 자는 갓난아기로 태어난 하나님의 자녀지만 하나님의 자녀가 되는 권세가 없습니다. 하나님께로 나야 하나님의 자녀가 되는 권세를 가진 자란 말씀입니다. 그러나 하나님의 자녀로 태어나기는 태어났어도 하나님의 권세를 못 가지면 마귀한테 잡아먹히고 얻어터지고 죄만 짓고 살면서도 회개는 잘하는 어린아이 믿음인 것입니다.

● 요일5:18 / 18 하나님께로서 난 자마다 범죄치 아니하는 줄을 우리가 아노라 하나님께로서 나신 자가 저를 지키시매 악한 자가 저를 만지지도 못하느니라

여기 보면 거듭난 자일까요? 진리의 말씀으로 난 자일까요?

하나님께로 난 자입니다. 하나님께로 났으니까 하나님의 자녀 되는 권세를 가졌기 때문에 범죄 치도 않습니다. 죄도 안 짓습니다. 악한 자는 마귀입니다. 악한 자가 만지나요? 못 만집니다.

우리가 하나님의 자녀로 태어나기는 태어났지만 권세를 가진 하나님의 자녀가 못 되면 죄를 짓게 되고, 마귀한테 터지고 잡아먹히고, 새신을 받은 자들의 미혹하는 미혹에 넘어갑니다.

고린도전서 10장 5절에 의해 하나님이 기뻐하지 아니한 다수의 신앙은 과거의 광야교회와 고린도교회가 신앙, 믿음 영적상태가 같았고, 오늘날 현대교회와 믿음상태가, 영적상태가, 신앙상태가 같다고 하는 말씀(고전10:5)에 의해서 말세교회 성도들의 거울과 경계로 살펴보겠습니다.

예수님의 보혈로 죄 사함은 받았습니다. 그 다음에 하나님의 자녀로 거듭 났고, 그 다음에 성령도 충만히 받았습니다. 성령 충만 받으면 각자 분량 따라 여러 가지 은사를 주시죠?

우리가 죄 사함도 받고, 하나님의 자녀로 태어나고 성령 충만, 은사 충만 까지 받았어도 그 중에서도 적은 숫자만 하나님을 기쁘시게 합니다.

고린도전서 10장 5절에 보면 "그러나 저희 다수를 하나님이 기뻐하지 아니하시므로 저희가 광야에서 멸망을 받았느니라"고 하였습니다. 광야에서 멸망을 받았다는 것은 이스라엘 백성 즉 애굽에서 나온 60만 명 장정 중에서 대표적으로 여호수아, 갈렙 두 명은 광야에서 멸망 당하지 않고 가나안에 들어갔지만 나머지는 다 멸망당해 죽었습니다.

●막4:13 / 13 또 가라사대 너희가 이 비유를 알지 못할진대 어떻게 모든 비유를 알겠느뇨

이 말씀은 예수님이 천국비유, 하늘나라 비유인 일곱 가지를 말씀해주시면서 맨 처음 비유인 씨 뿌리는 비유를 말씀하시고 "너희가 이 비유를 알지 못 할진데, 어떻게 모든 비유를 알 수 있겠느냐" 하신 겁니다. 그래서 이 씨 뿌리는 비유가 그렇게 중요한 겁니다.

첫째 길가에 뿌린 씨는 싹도 나지 않아서 새가 와서 먹어버렸죠? 이건 하나님의 자녀로 거듭 나지도 못하고 끝난 자를 말 합니다.

두 번째에 돌밭에 뿌렸죠? 돌밭에 뿌린 씨는 싹이 났는데 곧 거듭났는데 햇볕이 쨍쨍 쬐니까 즉 핍박이 오고, 환난이 오고, 시험이 오니까 넘어졌습니다.

세 번째는 가시떨기에 뿌렸습니다. 가시떨기에 뿌린 씨는 싹이 나고 계속 자랐는데 밥의 말씀이 막혀 알곡이 못 되고 쭉정이가 되었다고 했습니다. 곧, 여기 말한 대로 하나님이 말씀하시는 다수의 사람들이 여기에 해당된 사람인줄 아시기 바랍니다.

그 다음 옥토에 뿌린 씨가 비로소 밥의 말씀을 충만히 먹고 30배, 60배, 100배의 열매를 맺는단 말씀입니다. 그래서 우리가 이 씨 뿌리는 비유에서도 성령 충만 까지 받았다고 해서 천국에 들어가는 게 아닙니다. 이렇게 아는 자는 모르면 많은 비유로 되어있는 해석된 성경 말씀을 모릅니다.

광야의 이스라엘 백성들의 40년 생활도 많은 비유이고 고린도 교인들에 대한 말씀도 많은 비유고, 현대 교회에 대한 말씀도 많은 비유입니다.

이렇게 지금 우리가 이 성령 시대에 기도하고 방언하면 다 되는 줄 알고 있습니다. 이렇게 아는 자는 성경을 제대로 모르는 자들인 줄을 알고 우리 모두는 올바르게 해석된 성경말씀으로 신앙생활을 바로 해서 영생 얻는 복과 의인의 형통의 복을 받아 누리길 바랍니다.

(1) 상 주시는 하나님을 믿는 신앙이 아니었으므로

●히11:6 / 6 믿음이 없이는 기쁘시게 못하나니 하나님께 나아가는 자는 반드시 그가 계신 것과 또한 그가 자기를 찾는 자들에게 상 주시는 이심을 믿어야 할찌니라

성령까지 받았지만 하나님이 기뻐하시지 아니한 다수들은 상 주시는 하나님을 믿는 신앙이 아니었습니다.

하나님을 기쁘시게 하는 신앙은 구체적으로 첫째 하나님이 계신 것을 알아야 된다는 말씀입니다. 하나님이 살아계신 것을 안다는 뜻입니다. 그래도 하나님이 살아계신 하나님인 것을 알려면 우리가 예수님을 믿어서 성령까지 받아야 됩니다. 성령까지 받은 자라야 정말 살아계신 줄을 알고 아버지라 부르면서 기도를 합니다.

그러면 그 기도에 응답으로 우리 인간의 힘으로, 능으로 해결할 수 없는 그런 문제들이 때때로 해결되어 집니다. '아! 하나님은 정말 살아계시는 구나' 라고 믿게되고 직장의 일이 형통치 않

았는데 하나님 앞에 기도하고 이것저것 했더니 신기하게 해결이 된단 말입니다.

심지어는 치료할 수 없는 병이 걸렸는데 금식하고, 철야하고 어디 가서 안수기도 받고 그랬더니 고쳐졌다는 말입니다. 병원에서는 못 고친 병이 '정말 하나님은 살아계시는 구나'라고 믿어 병고침을 받습니다. 그래서 지금 하나님이 계신 것을 믿는 신앙은 성령 충만 받은 성도의 신앙으로 이해를 해야 옳은 줄 아시길 바랍니다. 그런데 그것만 가지고는 하나님이 기뻐하신 자가 아니라고 했습니다.

두 번째로 하나님을 기쁘시게 하는 신앙은 하나님께서 상 주시는 분이다. 이것을 믿어야 된다는 말입니다. 그래서 상 주시는 하나님을 믿는단 말은 이 세상 축복과 반대되는, 하늘나라 가서 하나님이 여러 가지 주시는 복을 말합니다.

구체적으로 하나님께서는 상을 주시는데 무슨 상을 말씀하셨는지 매우 중요한 말씀입니다.

●골3:24 / 24 이는 유업의 상을 주께 받을 줄 앎이니 너희는 주 그리스도를 섬기느니라

여기는 유업을 상이라고 했습니다. 유업은 하늘나라를 말씀하신 것입니다. 천국을 말씀하신 겁니다. 우리가 이 땅위에서 건강축복, 물질축복, 자녀축복 여러 가지 축복. 이것도 중요하지만 그

것보다 더 값있고 귀하고 중요한 것은 저 천국을 유업으로 받느냐 못 받느냐가 중요한 복이란 말씀입니다.

성령 충만, 은사 충만 받아서 하나님이 살아 계신 것만 아는 신앙을 가진 자는 저 천국 가서 영생복락을 누리는 그 복이 이 땅위에 어떤 복에 비할 수 없이 큰 복이라는 신앙을 못 갖는다는 말씀입니다. 그리하여 이 땅에서 하나님 앞에 기도하여 건강축복을 받고 죽을병을 고침 받았으므로 건강할 때는 고마우신 하나님! 하다가 건강이 나빠지면 원망이 나오기도 합니다.

건강이 나빠지고 병들어 죽게 되었어도 하늘나라에 유업을 상으로 아는 하나님이 기뻐하시는 신앙을 가진 자는 그렇지를 않습니다.

하박국 3장17-19절에 "외양간에 송아지가 없고 밭에 소출이 없어도 나는 기뻐하리라"고 합니다. 오늘날 성령 충만, 은사 충만을 받아서 기도도 잘 하고, 전도도 잘 하고, 찬송도 잘 하고 충성, 봉사도 잘 하는데 이 땅에서 뭔가가 안 돼 보십시오. 그러면 실망하고, 낙심하고 나아가서는 원망하기도 합니다.

광야교인들이 자주 그랬습니다. 원망하고, 실망하고, 낙심하고, 대듭니다. 고린도 교인들도 그렇습니다. 오늘날도 마찬가지입니다. 그러나 하늘나라 유업을 상으로 아는 하나님을 기뻐하는 신앙은 이 땅위에 육신적으로 뭐가 잘 되든지 못 되든지 항상 기뻐하고, 쉬지 않고 기도하고, 범사에 감사하는 신앙입니다.

살전5:16-18 / 16 항상 기뻐하라 17 쉬지 말고 기도하라 18 범

사에 감사하라 이는 그리스도 예수 안에서 너희를 향하신 하나님
의 뜻이니라

성령 충만, 은사 충만은 받았지만 육신의 부모가 살아계셔서
자식들을 돕는 것처럼 건강도 주시고, 물질도 주시고, 이것도 주
시고, 저것도 주시는 하나님이 살아계시는 것을 믿는 신앙은 가
졌는데 하늘나라에 유업의 상을 받을 믿음, 곧 하나님을 기뻐하
는 신앙을 못 가진 자들은, 이 땅위에 것이 잘 되면 기뻐하고,
안 되면 원망하고, 낙심하고, 실망하고, 기도도 응답이 안 오면
안 하기도 합니다.

지금도 이 땅 위에 하나님이 살아계신 신앙만 가르치는 교회
들이 많습니다.

하늘나라의 유업을 상으로 주시는 하나님을 알고 신앙생활을
해야 된다는 말씀을 옳게 가르치는 교회가 되어야 합니다.

마태복음 5장 12절이나 누가복음 6장 23절에 보십시오.
● 마5:12 / 12 기뻐하고 즐거워하라 하늘에서 너희의 상이 큼이
라 너희 전에 있던 선지자들을 이같이 핍박하였느니라
● 눅6:23 / 23 그 날에 기뻐하고 뛰놀라 하늘에서 너희 상이 큼
이라 저희 조상들이 선지자들에게 이와 같이 하였느니라

예수님 때문에 욕을 먹고 핍박을 당하고 또 거짓말로 악한 놈
이라고 이런 저런 모략을 당해도 실망하지 않고, 낙심하지 말고,
원망하지 않고, 기뻐하는 신앙이 바로 하나님이 기뻐하시는 상

급 받는 신앙입니다.

(2) 휴거할 신앙이 아니었으므로

● 히11:5 / 5 믿음으로 에녹은 죽음을 보지 않고 옮기웠으니 하나님이 저를 옮기심으로 다시 보이지 아니하니라 저는 옮기우기 전에 하나님을 기쁘시게 하는 자라 하는 증거를 받았느니라

하나님이 기뻐하시는 신앙은 에녹의 신앙이 아주 대표적입니다.

에녹은 하나님이 기뻐했기 때문에 동행하다가 하나님께로 들려 올라갔다고 했습니다.

에녹의 신앙은 65세까지는 하나님과 더불어서 동행을 안 했습니다. 뱃속에서부터 조상 대대로 믿는 가정에서 태어났지만 65세가 되어 므두셀라를 낳고 그 때부터 하나님과 동행을 했습니다. 그후 300년 동안 동행한 하나님이 기뻐하시는 자이기 때문에 죽음을 맞이하지 않고 하늘로 올라갔습니다. 그러니까 므두셀라를 낳고부터 하나님이 기뻐하시는 신앙생활을 했습니다.

므두셀라를 낳았다는 말은, 므두셀라의 이름에서 진리를 보여줍니다. 므두셀라를 낳았다. 즉, 므두셀라란 말은 '그가 죽으면 쏟아진다'는 말로 심판이 온다는 뜻입니다. 그래서 진짜로 므두셀라가 죽던 해에 홍수가 쏟아졌습니다. 노아의 홍수가 쏟아지는 것은 인류역사 마지막 예수님의 재림심판을 예표로 보여 준 것입니다. 그래서 에녹이 65세 되어 므두셀라를 낳자마자 그 때

부터 '재림예수 맞이할 재림신앙'으로 완전히 바뀌어졌던 것입니다.

우리가 성령 충만, 은사 충만 받아가지고 기도생활도, 충성봉사 잘하는 신앙생활도 하지만 이 세상에 축복받을 생각만 하는 사람들이 많습니다. 재림예수 맞이해서 저 천국을 가겠다는 신앙을 온전히 갖지를 못한 자들이 오늘날 다수란 말입니다.

그러면 재림신앙, 노아홍수 심판신앙, 곧 므두셀라를 낳는 신앙이 무엇이겠습니까? 진리의 말씀으로 그 마음속에 채워서 종말의 진리의 말씀에 의한 믿음이 생긴 신앙이란 말입니다. 그렇기 때문에 한 마디로 말하면, 성령 충만, 은사 충만 받아가지고 이 종말의 말씀 곧 해석되어진 밥의 말씀은 먹지 못하고 젖의 말씀만 먹고 있는 그런 신앙은 하나님을 기쁘게 하지 못 하는 다수에 속한 신앙이 됩니다.

그래서 므두셀라를 낳고 300년 동안 에녹이 하나님과 동행하다가 하나님을 기쁘시게 하는 자가 되어서 죽지 않고 올라갔다는 것은 하나님을 기쁘시게 하는 휴거 신앙인 줄을 아시길 바랍니다.

또 하나님을 기쁘시게 하는 신앙인의 대표자가 엘리야입니다.
엘리야도 갈멜산 중턱에서 바알 선지자, 아세라 선지자하고 대결을 했지요? 바알 선지자, 아세라 선지자는 하늘에서 불을 못 내리는데 엘리야는 불을 내립니다. 하늘에서 제단에 불을 내리게 한 그 불은 무슨 불입니까? 이른 비 성령의 불입니까? 늦은 비 성령의 불입니까?

엘리야도 이른 비 성령 충만 받아서 하나님이 살아계신 줄 알고 이 땅위에 육신적인 여러 가지 문제 해결해주시는 그런 하나님만 믿는 신앙차원에 묶이지 않고 이젠 늦은 비 성령, 진리의 성령까지 받아서 여러 가지 하나님의 모든 진리의 말씀까지 아는(요16:12-13) 주의 종인 줄 알아야합니다.

이렇게 엘리야도 이른 비 성령을 충만히 받고 늦은 비 성령 곧 진리의 성령에 의해서 진리의 말씀 속으로까지 들어갔다는 것입니다. 에녹처럼 므두셀라를 낳는 신앙을 가졌다는 말씀입니다. 그런가 하면 엘리야는 한 병 물과, 숯불에 구운 떡을 두 번 먹고 40주 40야를 달려서 하나님의 산 호렙까지 갑니다. 새 힘까지 받아 사역하다가 휴거한 진리를 우리에게 보여주는 겁니다.

이러므로 우리가 하나님을 기쁘시게 해드리는 적은 소수에 속하여 신랑예수 맞이하고 영생의 복을 누리려면 성령 충만, 은사 충만 받을 뿐만 아니라 진리의 성령, 나아가서 하나님의 일곱 영(계1:4, 3:1, 4:5, 5:6)에 의한 요한계시록의 말씀까지 무장을 하여야겠습니다.

(3) 구원(영생) 얻을 자가 적다고 경계 하셨으므로

1) 좁은 문으로 들어가기를 구하여도 못 찾는 성도가 많다고 경계 하셨으므로

누가복음에 예수님께서 구원 얻을 자(영생 얻을 자)가 적다고 경계 하신 말씀입니다.

● 눅13:23-30 / "23혹이 여짜오되 주여 구원을 얻는 자가 적으니이까 저희에게 이르시되 24 좁은 문으로 들어가기를 힘쓰라 내가 너희에게 이르노니 들어가기를 구하여도 못하는 자가 많으리라 25집 주인이 일어나 문을 한 번 닫은 후에 너희가 밖에 서서 문을 두드리며 주여 열어 주소서 하면 저가 대답하여 가로되 나는 너희가 어디로서 온 자인지 알지 못하노라 하리니 26 그 때에 너희가 말하되 우리는 주 앞에서 먹고 마셨으며 주는 또한 우리 길거리에서 가르치셨나이다 하나 27저가 너희에게 일러 가로되 나는 너희가 어디로서 왔는지 알지 못하노라 행악하는 모든 자들아 나를 떠나가라 하리라 28너희가 아브라함과 이삭과 야곱과 모든 선지자는 하나님 나라에 있고 오직 너희는 밖에 쫓겨난 것을 볼 때에 거기서 슬피 울며 이를 갊이 있으리라 29사람들이 동서남북으로부터 와서 하나님의 나라 잔치에 참여하리니 30보라 나중 된 자로서 먼저 될 자도 있고 먼저 된 자로서 나중 될 자도 있느니라 하시더라"

우리 주님이 직접 말씀했습니다. 구원을 얻으려면 좁은 문으로 들어가기를 힘쓰라고 하셨습니다. 또 예수님께서 이 좁은 문은 바늘귀라고 하셨습니다. 낙타가 바늘귀로 들어가기보다 부자가 천국에 들어가기는 더 어렵다(마19:23-26)고 하셨습니다. 그래서 하늘나라에 들어가는 문은 바늘귀처럼 작은 문인 것을 상징적으로 알려주심을 알아야 합니다.

여기 구체적으로 다 기록했습니다. 들어가기를 힘써도 들어간 자가 심히 적다고 24절에 하셨지요?

주 앞에서 먹고 마셨단 말은 예수님 앞에서 영의 양식을 먹고 마셨다는 말입니다. 영의 양식은 먹는 것과 마시는 것 두 가지지요? 먹는 것은 하나님의 말씀이요. 마시는 것은 성령입니다. 그러니까 성령도 받고, 그 다음에 하나님의 말씀도 들었다는 말입니다.

그 다음 구절을 보면 "주는 또한 우리 길거리에서 가르치셨나이다"라고 했는데 이것은 예수님께로부터 길거리에서 가르침을 받았다는 말입니다.

길에서 이리 갈까, 저리 갈까 갈 길을 몰라 헤매고 있는 것입니다. 즉 분별을 못 한다는 말입니다. 그것은 우리의 인생길에서 신앙 길에서 어떡하면 좋을까 예수님께 기도했더니 응답을 받아서 해결함을 받는 신앙생활을 했다는 뜻입니다.

2) 인자가 올 때에 세상에서 믿음을 보겠느냐고 경계 하셨으므로

● 눅18:8 / 8 내가 너희에게 이르노니 속히 그 원한을 풀어 주시리라 그러나 인자가 올 때에 세상에서 믿음을 보겠느냐 하시니라

인자가 올 때는 예수님 재림할 때입니다. 그래서 예수님 재림할 때에는 세상에서 믿음을 보겠느냐고 했습니다. 믿는다고 하는 자는 많습니다. 예수님 재림할 때는 믿는다는 자가 많을 것이라고 초림예수께서 지금부터 2천 년 전에 예언을 했습니다.

천국 복음이 여러 민족에 전파된 후에 내가 오겠다고 마태복음 24장 14절에 말씀하셨습니다. 지금 믿는 자는 수없이 많습니다. 앞으로 계속해서 믿는 자는 많아질 것입니다. 우리 한국에는 숫자가 적어지지만, 제3세계 같은데는 선교사들이 나가서 믿는 자의 숫자가 더 많아집니다. 그런데 "믿음을 보겠느냐" 한 것입니다. 인자가 올 때 믿는다는 자는 많지만 천국에 들어갈 수 있는 실력을 가진 적은 수만 들어갑니다.

그래서 인자가 올 때 세상에서 믿음을 보겠느냐고 하신 것입니다. 믿는다는 자는 많은데 천국 들어갈 수 있는 그 믿음을, 진짜 믿음을 가진 자는 적다는 말씀입니다.

좀 더 구체적으로 보겠습니다.

인자가 올 때에 세상에서 믿음을 보겠느냐고 경계하신 그 말씀입니다.

●눅18:1-8 / 1 항상 기도하고 낙망치 말아야 될 것을 저희에게 비유로 하여 2 가라사대 어떤 도시에 하나님을 두려워 아니하고 사람을 무시하는 한 재판관이 있는데 3 그 도시에 한 과부가 있어 자주 그에게 가서 내 원수에 대한 나의 원한을 풀어 주소서 하되 4 그가 얼마 동안 듣지 아니하다가 후에 속으로 생각하되 내가 하나님을 두려워 아니하고 사람을 무시하나 5 이 과부가 나를 번거롭게 하니 내가 그 원한을 풀어 주리라 그렇지 않으면 늘 와서 나를 괴롭게 하리라 하였느니라 6 주께서 또 가라사대 불의한 재판관의 말한 것을 들으라 7 하물며 하나님께서 그 밤낮 부르짖는 택하신 자들의 원한을 풀어 주지 아니하시겠느냐 저희에게 오

래 참으시겠느냐 8 내가 너희에게 이르노니 속히 그 원한을 풀어 주시리라 그러나 <u>인자가 올 때에</u> 세상에서 믿음을 보겠느냐 하시니라

누가복음 18장 1절로 부터 8절 말씀을 영적으로 상고해 봅시다.

그러니까 지금 1절로 부터 8절까지 말씀이 한 문장입니다. 8절은 이 비유의 결론으로 "인자가 올 때에'는 예수님이 재림하실 때란 말이죠. 인자는 예수님인데 초림 예수님은 이미 오셨고 또 "인자가 올 때에 세상에서 믿음을 보겠느냐 하시니라" 했기 때문에 재림예수 때에 이 세상 성도들 중에서 믿음을 보겠느냐 라는 말씀입니다.

믿는다는 자는 많은데 신랑 예수 맞이할 수 있는 그래서 천국 갈 수 있는 믿음을 가진 신자들을 보겠느냐 라는 뜻입니다. 믿는다는 자는 광야교회 다수처럼 많은데 하나님이 기뻐했던 신자는 적다는 말씀입니다.

그럼 소수 신자, 신랑예수를 맞이해서 천국 갈 수 있는 신자에 대하여 비유로 된 구체적인 말씀을 알아보겠습니다.

1절에 첫 번째로 '항상 기도하고' 두 번째는 '낙망치 말고' 세 번째는 '비유로 말씀하시되'로 기록되어 있습니다.

이 말씀을 비유로 말씀하셨는데 첫 째는 누가 나옵니까?

첫째는 하나님을 두려워하지 아니하고 사람을 무시하는 어떤 도시에 '불의한 재판관'이라고 6절에 나와 있습니다. 그러니까 하나님을 두려워하지 않고 사람을 무시하는 재판관이 곧 불의한

재판관이란 뜻입니다.

누가복음 18장 3-4절을 보겠습니다.

"그 도시에 한 과부가 있어 자주 그에게 가서 내 원수에 대한 나의 원한을 풀어주소서 하되 그가 얼마동안 듣지 아니하다가"에서 그는 누굽니까? 여러 의미가 있겠지만 만약 하나님을 의미한다면 하나님이 안 들어 준다는 말씀이 되겠죠.

이 과부가 "내 원수에 대한 원한을 풀어주소서"한 여기의 이 원수는 과부의 자아입니다. 이 과부의 마음속에 하나님의 생각, 감정, 의지를 가져야 되는데 하나님의 생각, 감정, 의지를 갖지 못했던 것입니다.

하나님은 예수님을 제일 사랑하라고 말씀 하셨는데 내 마음속에서는 애인이 더 좋을 때가 있습니다. 애인을 좋아하지 말란 말씀은 아닙니다. 주님을 더 좋아하고 그 다음에 애인을 좋아해야 되는데 예수님보다 애인을 더 좋아하면 그게 바로 내 속에 있는 자아 때문입니다.

자아는 내 생각, 감정, 의지란 말입니다. 하나님은 별 일이 있어도, 추워도, 피곤해도, 교회로 오라고 하시는데 마음속에서 '아이고 오늘 추운데. 오늘 피곤한데. 애인이 오늘 교회 가지 말고 다른데 가자'고 하면 그 쪽으로 발길이 옮겨지는 이것이 자기 의지 곧 자아인 원수라는 말입니다.

십일조는 드려야 되겠는데, 감사한 일이 생겨서 감사헌금은 드려야 되겠는데 다른데 써야 할 일이 있는데 어찌하나? 오후 예배를 드리기는 드려야겠는데 다른 일이 생겨서… 마음속에서 이렇게 갈등을 하고 있다면 마음속에 뭐가 그런 것입니까? 마음속에 있는 자아인 원수가 그렇게 하는 겁니다. 그래서 그 원수가 없어져야 된다는 말씀입니다.

그런데 이 과부는 아직 원수가 없어지지 않았습니다. 아직도 마음속에 있습니다. 그리고 이 과부는 원수에 대한 원한을 풀어 달라고 밤낮 부르짖었는데 이 원한이 무엇일까요? 자아를 원수라 하고 자아에 의해서 만 가지 욕심 부리는 것을 원한이라고 합니다. 그러므로 이것을 해결하려고 밤이고 낮이고 가서 불의한 재판관 앞에 부르짖은 것입니다. 그랬더니 하나님이 해결을 해주셨습니다.

자아에 의해 욕심 부렸던 것, 원수에 대한 원한을 밤낮으로 하나님께 부르짖었더니 해결해주셨는데 바로 예레미야 33장 3절에서 8절 말씀으로 해결해 주셨습니다.

●렘33:3-8 / 3 너는 내게 부르짖으라 내가 네게 응답하겠고 네가 알지 못하는 크고 비밀한 일을 네게 보이리라 4 이스라엘의 하나님 여호와가 말하노라 무리가 이 성읍의 가옥과 유다 왕궁을 헐어서 갈대아인의 흉벽과 칼을 막아 5 싸우려 하였으나 내가 나의 노와 분함으로 그들을 죽이고 그 시체로 이 성에 채우게 하였나니 이는 그들의 모든 악을 인하여 나의 얼굴을 가리워 이 성을 돌아보지 아니하였음이니라 6 그러나 보라 내가 이 성을 치료하며 고쳐 낫게 하고 평강과 성실함에 풍성함을 그들에게 나타낼 것이며 7 내가 유다의 포로와 이스라엘의 포로를 돌아오게 하여 그

들을 처음과 같이 세울 것이며 8 내가 그들을 내게 범한 그 모든 죄악에서 정하게 하며 그들의 내게 범하며 행한 모든 죄악을 사할 것이라

성경은 성경으로 해석을 하는 겁니다. 내 마음에 있는 원수에 대한 원한을, 어떻게 하면 해결을 볼까 하고 하나님 앞에 기도하고 또 부르짖고, 간구하고 그렇게 해 나가면 해결해준다는 말씀이 "내가 네게 응답하겠고"라고 하신 말씀입니다. 그런데 어떻게 해결해주는가 그 방법은 "네가 알지 못하는 크고 비밀한 일을 네게 보이리라"하셨습니다.

"네가 알지 못하는 크고 비밀한 일을 보여준다고 했는데 이 크고 비밀한 일이 무엇입니까?

이 말씀을 B.C. 586년에 바벨론 나라가 남쪽 이스라엘을 침범할 일을 통해 상고해 봅시다. 그 말씀이 바로 크고 비밀한 일"이라는 겁니다. 원수에 대한 원한, 자아 때문에 욕심 부리는 신앙생활 했던 것을 해결하려고 하나님 앞에 부르짖고 낙심치 않고 밤낮 부르짖은 기도에 대한 응답이란 말입니다. 그러니까 바벨론 나라가 남쪽 유다를 침범해서 포로로 잡아가고 또 멸망시켜버리게 된 그것은 바로 우리 성도들을 적그리스도가 삼키는 것을 의미한 말씀입니다. 적그리스도가 우리 성도들을 삼켜서 지옥으로 끌고 가는 것, 666표 받게 하고 지옥으로 끌고 가게 한다는 말씀이 어디 있습니까? 요한계시록입니다. 그래서 우리가 아직도 자아가 처리 안돼서 욕심 부리는 것, 그 문제 해결의 비밀이 바로 요한 계시록 말씀까지를 알아야 된다는 뜻입니다.

우리가 성령 충만, 은사 충만 받았다고 해도 속에는 자아와 욕심이 아직 처리되지 못하고 있다면 하나님의 뜻대로 얼마동안 살다가 또 못살고, 또 못살고 그럽니다.

이런 신앙생활로 우리의 자아와 욕심이 처리되는 것이 아닙니다.

말씀으로 배워서 채워야 합니다. 그리해야 자아와 욕심이 처리됩니다. 이런 신앙의 사람이 되어야 인자가 올 때 믿음 있는 자로서 신랑 예수를 맞이한다는 뜻입니다.

문자적으로만 알아서 예수님 오실 때에 신랑 예수 맞이하는 믿음 가지려면 밤낮으로 기도하면 된다고 하는 뜻이 아닙니다.

문자적으로는 그렇습니다. 불의한 재판관에게 가서 밤낮으로 원수에 대한 원한을 갚아달라고 하면 "오래 참으시겠느냐, 속히 해결해주라" 그랬으니까 기도 많이 하면 믿음 있는 자가 되겠구나하고 문자적으로 그리되어 있습니다.

성경이 이렇게 문자적으로 알 수 있기도 하지만 비유라는 것도 있습니다. 그러니까 비유는 문자적으로 보다는 해석해서 알아야 합니다. 이 비유가 수수께끼입니다. 그래서 성경말씀은 그냥 문자적으로 알 수 있도록 돼있기도 하고 어떤 경우는 수수께끼와 비유로 기록되어 있습니다.

"인자야 너는 이스라엘 족속에게 수수께끼와 비유를 말하라"(겔 17:2).

왜 수수께끼로 되어 있을까요?

저 천국은 참된 믿음을 가진 분들만 갑니다. 그러니까 수수께 끼로 돼있는 이 말씀을 알아서 지혜로운 성도가 돼야 합니다. 미 련한 다섯 처녀가 아니라 지혜로운 다섯 처녀란 말이죠.

과부에 대한 이 말씀도 비유라고 했습니다. 원수에 대한 원한 을 풀어달라고 밤낮으로 가서 이 불의한 재판관 앞에 기도하고 해결해 달라고 그러니까 하나님이 해결해줬다 그러니 기도 많이 하면 된다는 말이 아닙니다. 자아에 의한 욕심 문제를 해결 받 으려고 발버둥 치고 발버둥 치면 하나님이 모든 진리를 깨닫게 해주십니다. 그래서 요한 계시록 까지를 깨닫게 해서 알아가지 고 처리하게 만들어준다는 말씀입니다.

그런데 그런 자들이 심히 적다는 것입니다. 믿는다는 자는 많 지만 자아와 욕심까지 해결 받은 믿음 가진 신앙의 사람은 쌀의 뉘처럼 적습니다. 자아와 욕심까지 해결하지 못하고 신앙생활을 하는 자들은 쌀의 쌀처럼 다수입니다.

그러한 사람들은 신랑예수를 못 맞이합니다. 저 천국을 못 간 다는 것입니다.

인자가 올 때 곧 예수님 재림하실 때 곧 7년 환난 때 성도들 은 다 이 과부처럼 크고 비밀한 일 곧 바벨론이 남쪽 유다를 삼 킨 것처럼 마지막에 인류 역사의 종말에 우리 기독교계를 적그 리스도의 세력이 삼킨다고 하는 요한계시록의 말씀까지 가감하 지 않고 알아야 자아와 욕심이 처리된 믿음 있는 사람이 되어 하늘나라 가서 영생의 복을 누리게 되는 줄 아시기 바랍니다.

3) 엘리야 때에 이스라엘에 많은 과부 중에 오직 사르밧 한 과부에게만 보내심 받았다고 경계하셨으므로

●눅4:25-26 / 25 내가 참으로 너희에게 이르노니 엘리야 시대에 하늘이 세 해 여섯 달을 닫히어 온 땅에 큰 흉년이 들었을 때에 이스라엘에 많은 과부가 있었으되 26 엘리야가 그 중 한 사람에게도 보내심을 받지 않고 오직 시돈 땅에 있는 사렙다의 한 과부에게 뿐이었으며

이 말씀도 예수님 재림할 때 영생 얻을 그런 성도는 적다는 말씀으로 예수님이 직접 하신 말씀입니다. 엘리야시대에 과부들이 많이 있었습니다. 그런데 하나님이 영생 얻게 하려고 엘리야를 보냈다고 말씀하십니다. 엘리야를 보내서 하나님이 사렙다 과부의 가정을 구원시켰다는 것입니다.

과연 사르밧 한 과부는 어떤 신앙을 가졌기 때문에 구원을 받았을까요? 그것을 우리가 알아야 됩니다. 오늘날 우리도 신앙생활하는데 사르밧 과부와 같은 믿음을 가져야 천국을 가게 됩니다. 그러면 사르밧 과부의 믿음, 신앙 곧 그의 영적 상태는 어땠을까요?

●왕상17:1-7 / 1 길르앗에 우거하는 자 중에 디셉 사람 엘리야가 아합에게 고하되 나의 섬기는 이스라엘 하나님 여호와의 사심을 가리켜 맹세하노니 내 말이 없으면 수년 동안 우로가 있지 아

니하리라 하니라 2 여호와의 말씀이 엘리야에게 임하여 가라사
대 3 너는 여기서 떠나 동으로 가서 요단 앞 그릿 시냇가에 숨고
4 그 시냇물을 마시라 내가 까마귀들을 명하여 거기서 너를 먹이
게 하리라 5 저가 여호와의 말씀과 같이 하여 곧 가서 요단 앞 그
릿 시냇가에 머물매 6 까마귀들이 아침에도 떡과 고기를, 저녁에
도 떡과 고기를 가져왔고 저가 시내를 마셨더니 7 땅에 비가 내리
지 아니하므로 얼마 후에 그 시내가 마르니라

여기 보니까 수 년 동안 비가 안 오고 이슬이 내리지 않는다
고 하나님께서 엘리야에게 "너는 저 그릿 시냇가로 가거라"고 하셨
습니다. 그래서 하나님의 말씀에 순종해서 갔습니다. 여기 우로
란 것은 비와 이슬인데 가물면 이슬도 안 내리고 비도 안 내립
니다.

그러면 이 수년 동안은 3년 반 동안입니다. 3년 6개월 동안
가문 것을 말하는 겁니다. 그것은 누가복음 4장 25절~26절을
보면 알 수 있습니다.

여기 수년 동안 비가 안 온다고 한, 우로가 없다고 한 그 기간
은 3년 반을 말하는 것입니다. 여기 3년 반 가뭄을 성경으로 해
석하여 알아보면 이것은 7년 환난시대의 후 3년 반을 상징한 것
입니다. 앞으로 다가올 인류 역사 마지막은 7년 환난 시대로 끝
나게 됩니다. 그 7년 환난을 전 3년 반과 후 3년 반의 둘로 나눕
니다. 전 3년 반은 적그리스도가 나타나서 이 세상을 다스리기
위해서 작업을 하는 기간이고 후 3년 반에는 적그리스도가 세
계의 대통령이 되어 다스리는 기간인 그때에 되어 질 일의 그림

자입니다.

두 번째는 무슨 사건이 벌어졌는지 열왕기상 17장 3절부터 보
겠습니다.

하나님께서 엘리야에게 요단 앞 그릿 시냇가에 머물며 아침과
저녁에 까마귀들이 가져다 준 떡과 고기를 먹고 시냇물도 마시
면서 숨어 있으라고 하셨습니다.

엘리야는 누구입니까? 엘리야는 참 목자, 참 선지자입니다. 엘
리야가 아닌 삯꾼 목자, 거짓목자들의 대표로 바알선지자 450
명, 아세라 선지자 400명 합하여 850명이 있었습니다. 이 자들
은 가짜들입니다. 가짜들은 숨어 있습니까? 아닙니다. 그것들은
오히려 이세벨이라는 음녀(계2:20)한테 붙어서 수 년 동안 가물
때 즉 후 3년 반 동안 세상의 명예와 권세와 부를 누리며 호의
호식하며 잘 살았습니다. 엘리야는 그들하고는 상종도 안 하고
숨어 있었던 것입니다. 그러니까 거짓된 주의 종들하고는 상대를
않는다는 말씀입니다.

● 왕상17:8-16 / 8 여호와의 말씀이 엘리야에게 임하여 가라사
대 9 너는 일어나 시돈에 속한 사르밧으로 가서 거기 유하라 내가
그 곳 과부에게 명하여 너를 공궤하게 하였느니라 10 저가 일어
나 사르밧으로 가서 성문에 이를 때에 한 과부가 그 곳에서 나무
가지를 줍는지라 이에 불러 가로되 청컨대 그릇에 물을 조금 가져
다가 나로 마시게 하라 11 저가 가지러 갈 때에 엘리야가 저를 불
러 가로되 청컨대 네 손에 떡 한 조각을 내게로 가져오라 12 저가
가로되 당신의 하나님 여호와의 사심을 가리켜 맹세하노니 나는

떡이 없고 다만 통에 가루 한 움큼과 병에 기름 조금 뿐이라 내가 나무가지 두엇을 주워다가 나와 내 아들을 위하여 음식을 만들어 먹고 그 후에는 죽으리라 13 엘리야가 저에게 이르되 두려워 말고 가서 네 말대로 하려니와 먼저 그것으로 나를 위하여 작은 떡 하나를 만들어 내게로 가져오고 그 후에 너와 네 아들을 위하여 만들라 14 이스라엘 하나님 여호와의 말씀이 나 여호와가 비를 지면에 내리는 날까지 그 통의 가루는 다하지 아니하고 그 병의 기름은 없어지지 아니하리라 하셨느니라 15 저가 가서 엘리야의 말대로 하였더니 저와 엘리야와 식구가 여러 날 먹었으나 16 여호와께서 엘리야로 하신 말씀같이 통의 가루가 다하지 아니하고 병의 기름이 없어지지 아니하니라

거짓 종들과는 상종도 안하고 숨어있는 참 선지자인 엘리야에게 하나님께서 이번에는 사르밧 한 과부에 집으로 가라고 하셨습니다. 그래서 엘리야가 사르밧 과부에게로 갔습니다. 성경에서 교회를 그리스도의 신부라고도 합니다. 단체교회로 말 할 때가 있고 성도 자신 개인 교회를 말 할 때도 있습니다.

이 사르밧 과부는 하나님께서 택하신 영생을 얻을 수 있는 믿음이 좋은 성도였고 그가 사는 집으로 가라고 하셨으므로 엘리야가 갔습니다.

엘리야는 하나님의 참된 종 참 선지자니까 영생을 얻을 수 있는 그런 교회로 하나님이 가라고 하시면 가는 겁니다. 하나님께서는 참된 종이 아닌 가짜들인 이세벨과 아합에게 붙어있는

850명 중에 단 한 명에게도 사르밧 과부 집으로 가라고 하지 않았습니다.

엘리야가 갔더니 이 과부가 나뭇가지를 줍고 있는 겁니다. 나뭇가지 두어 개를 줍고 있었다는 말입니다. 그럼 나뭇가지 두어 개는 뭘 뜻하는 걸까요? 나뭇가지 두어개는 십자가를 말하는 것입니다. 그러니까 오직 예수, 십자가에 죽으신 예수님을 알아야합니다. 그런데 엘리야가 뭐라고 합니까? "물을 좀 나에게 가져오라" 하니 과부는 엘리야 말에 순종했습니다. 하나님의 종 엘리야가 "물 좀 가져오라 지금 내가 목마르다"고 합니다. 그곳은 지금 가뭄이 3년 반이고 비는 안 오는데다 햇볕은 쨍쨍 내리쬐고 물도 없습니다. 원래 그 나라는 부족한 나라인데 가뭄까지 들어버렸으니 얼마나 물이 귀하겠습니까? 그런 상황에서도 물을 가져오라 하는데도 이 여인은 물을 갖다 드리려고 가지러 갔습니다. 주의 참된 종 참 선지자에게 봉사하는 신앙이 있나 없나를 시험해봤더니 합격을 한 겁니다. 그러니까 성령차원의 믿음을 가진 사르밧 과부였다는 걸 알 수 있습니다.

그런 다음 두 번째로 엘리야가 저를 부른 뒤 "손에 떡 한 조각을 내게로 가져오라"고 합니다. 아까는 물을 좀 가져오라 그랬는데 이번에는 떡을 가져오라 했습니다. 이 과부가 하는 말이 "떡은 없고 다만 통에 가루 한 움큼과 병에 기름 조금 뿐이니이다"라고 말합니다.

그럼 '가루 한 움큼'과 '병에 조금 뿐인 기름'이 뭔가를 우리가 알아야 되겠지요?

그러면 열왕기상 19장 4절에서 13절을 보겠습니다.

●왕상19:4-13 / 4 스스로 광야로 들어가 하룻길쯤 행하고 한 로뎀나무 아래 앉아서 죽기를 구하여 가로되 여호와여 넉넉하오니 지금 내 생명을 취하옵소서 나는 내 열조보다 낫지 못하니이다 하고 5 로뎀나무 아래 누워 자더니 천사가 어루만지며 이르되 일어나서 먹으라 하는지라 6 본즉 머리맡에 숯불에 구운 떡과 한 병 물이 있더라 이에 먹고 마시고 다시 누웠더니 7 여호와의 사자가 또 다시 와서 어루만지며 이르되 일어나서 먹으라 네가 길을 이기지 못할까 하노라 하는지라 8 이에 일어나 먹고 마시고 그 식물의 힘을 의지하여 사십 주 사십 야를 행하여 하나님의 산 호렙에 이르니라 9 엘리야가 그 곳 굴에 들어가 거기서 유하더니 여호와의 말씀이 저에게 임하여 이르시되 엘리야야 네가 어찌하여 여기 있느냐 10 저가 대답하되 내가 만군의 하나님 여호와를 위하여 열심이 특심하오니 이는 이스라엘 자손이 주의 언약을 버리고 주의 단을 헐며 칼로 주의 선지자들을 죽였음이오며 오직 나만 남았거늘 저희가 내 생명을 찾아 취하려 하나이다 11 여호와께서 가라사대 너는 나가서 여호와의 앞에서 산에 섰으라 하시더니 여호와께서 지나가시는데 여호와의 앞에 크고 강한 바람이 산을 가르고 바위를 부수나 바람 가운데 여호와께서 계시지 아니하며 바람 후에 지진이 있으나 지진 가운데도 여호와께서 계시지 아니하며 12 또 지진 후에 불이 있으나 불 가운데도 여호와께서 계시지 아니하더니 불 후에 세미한 소리가 있는지라 13 엘리야가 듣고

겉옷으로 얼굴을 가리우고 나가 굴 어귀에 서매 소리가 있어 저에게 임하여 가라사대 엘리야야 네가 어찌하여 여기 있느냐

여기 보면 엘리야가 로뎀 나무아래 앉아서 실망하고 있을 때 기운도 다 빠져있었습니다. 그런 그에게 천사가 와서 '숯불에 구운 떡'과 '한 병 물'을 먹으라고 해서 두 번 먹고 힘을 얻어 사십 주 사십 야를 쉬지 않고 하나님의 산 호렙을 향해 달려갔습니다.

앞에서 사르밧 과부에게는 떡을 만들 재료 즉 '한 움큼 가루'하고 '병에 기름'이 조금 있다고 했지요?

그러면 여기서 이 떡이 구체적으로 뭔가를 알아야겠습니다.

12절 끝에 보면 '세미한 소리'는 사르밧 과부가 가지고 있는 가루를 말합니다. 그 가루는 하나님의 말씀을 의미합니다. 그러니까 하나님의 말씀은 말씀인데 가루된 말씀이니까 그 말씀은 세미한 소리고 세미한 하나님의 말씀이란 뜻입니다. 그것이 바로 떡을 만드는 가루입니다.

하나님의 말씀을 성경엔 소리라고도 했습니다. 세례 요한이 광야에서 외치는 소리역할을 했는데(마3:3/막1:3/눅3:4/요1:23) 그 때 뭘 외쳤습니까? 예수님의 길잡이로써 하나님의 말씀을 외쳤습니다. 그래서 성경에는 하나님의 말씀을 소리(창3:10)라고도 했습니다.

●창3:10 / 가로되 내가 동산에서 하나님의 소리를 듣고 내가 벗었으므로 두려워하여 숨었나이다

12절에 "또 지진 후에 불이 있으나 불 가운데도 '여호와께서 계시지

아니하더니"라고 기록돼 있습니다. 여기는 하나님이라 하지 않고 여호와라 했지요? 하나님의 말씀은 말씀인데 여호와이신 하나님의 말씀이란 뜻입니다. 그러니까 떡을 만든 사렙다 과부가 가지고 있던 이 가루는 하나님의 말씀이요 그것은 여호와의 말씀 곧 세미한 소리 가운데 여호와가 나타나셨다는 의미가 됩니다.

「여호와를 보여준다」고 하셨는데 그 전에 뭐가 나타납니까?

처음에 크고 강한 바람, 두 번째는 지진, 그 다음에는 불. 그러나 강한 바람 가운데 여호와가 안 나타났습니다. 지진 가운데도 여호와가 안 나타났습니다. 보여준다고 하셨는데 지진만 나지 안 보입니다. 불 가운데도 안 보입니다. 그럼 이게 뭔가를 알아야 합니다.

오순절날 성령이 임할 때 강한 바람이 불었고 온 집에 가득했습니다(행2:1-4). 온 집에 가득했다는 것은 지진이 났다는 뜻입니다. 그다음 불이 혀와 같이 갈라지면서 성령이 마지막에 임합니다. 홍해 바다가 갈라질 때도 처음에 큰 동풍이 불었습니다(출14:21). 바람이 부니까 홍해바다가 요동을 치면서 갈라졌다는 것은 오순절 날에 온 집이 가득한 것처럼 지진을 말하는 겁니다. 이와 같이 홍해바다가 갈라지고 홍해바다 위에 불기둥이 나타나는 것은 오순절 성령역사를 말하는 겁니다. 오순절에도 마가 다락방에 120명이 성령 세례를 받았습니다. 광야 이스라엘백성들도 홍해바다 건너면서 세례(고전10:1-2)를 받았다고 했는데 그것은 성령세례를 의미하는 말씀입니다.

그래서 우리가 성령 세례, 성령 충만을 받아가지고 신앙생활하는 것은 고린도 교인들이 성령 충만, 은사 충만 받아가지고 생활하는 것과 같고 광야 이스라엘 사람들이 성령 충만, 은사 충만 받아가지고 광야교회에서 신앙생활을 하고 있는 것과 같습니다. 그런데 그들 중에 가나안을 들어갈 자가 많았습니까? 고린도 교인들은 하나님의 말씀을 먹어도 젖의 말씀만 잘 먹었습니다.

●고전3:1-3 / 형제들아 내가 신령한 자들을 대함과 같이 너희에게 말할 수 없어서 육신에 속한 자 곧 그리스도 안에서 어린 아이들을 대함과 같이 하노라 2 내가 너희를 젖으로 먹이고 밥으로 아니하였노니 이는 너희가 감당치 못하였음이거니와 지금도 못하리라 3 너희가 아직도 육신에 속한 자로다 너희 가운데 시기와 분쟁이 있으니 어찌 육신에 속하여 사람을 따라 행함이 아니리요

그러므로 우리가 성령 충만, 은사 충만 받아가지고 아무리 젖의 말씀을 많이 먹고 또 먹고 또 먹어도 어른이 되지 못하고 어린 아기입니다.

그런 신앙 가지고는, 그런 젖의 말씀을 먹고는 승리할 수 없습니다. 밥의 말씀을 먹어야 합니다. 그 밥의 말씀이 바로 사르밧 과부가 가졌던 가루 즉 세미한 음성은 요한계시록 말씀입니다.

4) 엘리사 때에 이스라엘 많은 문둥이 중에 오직 수리아사람 나아만이 깨끗함을 받았다고 경계 하셨으므로

●눅4:27 / 27 또 선지자 엘리사 때에 이스라엘에 많은 문둥이

가 있었으되 그 중에 한 사람도 깨끗함을 얻지 못하고 오직 수리
아 사람 나아만뿐이니라

엘리사 시대, 엘리사는 엘리야의 제자입니다. 엘리사 시대에
수리아에는 문둥병자가 한 명만 있었을까요? 많이 있었을까요?
그 때 수리아에도 많이 있었습니다. 하나님의 참된 종에게, 여러
문둥병자들이 있었지만 나아만 장군만 보냈습니다. 그래서 나아
만 장군의 문둥병만 고쳐준 것입니다. 이것도 인류역사 마지막
에 믿는 자는 많지만 이렇게 적은 숫자만 죄악에서 해결 받아서
영생을 얻는다는 진리의 말씀입니다.

광야 교회에서 하나님께서 기뻐하시는 자는 소수고, 기뻐하시
지 않은 자는 다수였습니다. 그래서 소수만 가나안에 들어가고,
다수는 광야에서 멸망했습니다. 많은 수는 유황 불구덩이로 가
고, 적은 수만 신랑 예수를 맞이하여 하나님 나라에 들어갑니
다. 이런 일은 고린도 교회에서도, 오늘날 교회에서도 마찬가지
입니다.

누가복음 4장 27절의 말씀이 믿는 자 중에 천국 가는 자가
심히 적다는 의미입니다. 이 말씀에 대해서 구체적으로 알려면
열왕기하 5장을 봐야 합니다.

●왕하5:1-4 / 1 아람 왕의 군대 장관 나아만은 그 주인 앞에서
크고 존귀한 자니 이는 여호와께서 전에 저로 아람을 구원하게
하셨음이라 저는 큰 용사나 문둥병자더라 2 전에 아람 사람이 떼
를 지어 나가서 이스라엘 땅에서 작은 계집아이 하나를 사로잡으
매 저가 나아만의 아내에게 수종들더니 3 그 주모에게 이르되 우

리 주인이 사마리아에 계신 선지자 앞에 계셨으면 좋겠나이다 <u>저 가 그 문둥병을 고치리이다 하는지라</u> 4 나아만이 들어가서 그 주 인에게 고하여 가로되 이스라엘 땅에서 온 계집아이의 말이 이러 이러하더이다

아람 왕의 군대 장관 나아만이 나옵니다.

누가복음 4장에서는 수리아 사람이라고 나오는데 수리아와 아람은 같은 나라입니다. 엘리사 때는 아람 나라라고 불렸지만, 예수님 시대에는 수리아라고 불렀습니다. 수리아라는 나라는 어떤 나라일까요?

창세기 10장 22절에 보면 셈의 아들은 엘람과 앗수르와 아르박삿과 룻과 아람이요. 아시는 것처럼 셈은 노아의 큰 아들입니다. 셈의 아들 중에 아람이 5째 아들인데 이 막내아들의 후손이 건국한 나라가 아람입니다.

나아만은 하나님께서 아람을 구원하게 하신 용사였지만 문둥병자였습니다. 자기 힘으로 아람을 구한 것이 아니라, 하나님의 능력으로 한 것입니다. 형제 중 가장 믿음이 좋은 셈의 후손으로 아버지를 욕보인 함과는 다르게 노아가 축복한 그 후손들이 건설한 나라가 아람입니다.

여종이 말합니다.

"나아만 장군이 이스라엘에 계셨다면 그분에게 기도 받고 고침 받을 수 있었을 텐데'

주모가 이 말을 듣고 자기 남편에게 전합니다. 나아만 장군은

병을 고치러 이스라엘에 다녀오라는 아람 왕의 허락을 받고 떠납니다.

● 대하20:20 / 20 이에 백성들이 일찌기 일어나서 드고아 들로 나가니라 나갈 때에 여호사밧이 서서 가로되 유다와 예루살렘 거민들아 내 말을 들을지어다 <u>너희는 너희 하나님 여호와를 신뢰하라 그리하면 견고히 서리라 그 선지자를 신뢰하라 그리하면 형통하리라</u> 하고

오늘날에도 우리는 여호와 하나님을 믿어야 합니다. 그리고 참된 선지자를 믿어야 합니다. 우리의 신앙은 하나님만 신뢰하고 잘 믿는 신앙을 갖는 것으로 끝나면 안 됩니다. 첫째는 하나님을 믿고 또 믿되 100% 믿는 신앙을 가져야 합니다. 그런데 하나님의 참된 종, 엘리사 같은 참 선지자도 신뢰해야 합니다. 나아만 장군은 먼 나라에서 잡아온 어린 소녀 하나의 말을 듣고 찾아가는데 왕의 허락을 받고 찾아갔습니다.

● 왕하5:10-14 / 10 엘리사가 사자를 그에게 보내 이르되 너는 가서 요단 강에 몸을 일곱 번 씻으라 네 살이 회복되어 깨끗하리라 하는지라 11 <u>나아만이 노하여 물러가며 이르되 내 생각에는 그가 내게로 나와 서서 그의 하나님 여호와의 이름을 부르고 그의 손을 그 부위 위에 흔들어 나병을 고칠까 하였도다</u> 12 다메섹 강 아바나와 바르발은 이스라엘 모든 강물보다 낫지 아니하냐 내가 거기서 몸을 씻으면 깨끗하게 되지 아니하랴 하고 <u>몸을 돌려 분노하여 떠나니</u> 13 그의 종들이 나아와서 말하여 이르되 내 아

버지여 선지자가 당신에게 큰 일을 행하라 말하였더면 행하지 아
니하였으리이까 하물며 당신에게 이르기를 씻어 깨끗하게 하라
함이리이까 하니 14 나아만이 이에 내려가서 하나님의 사람의 말
대로 요단 강에 일곱 번 몸을 잠그니 그의 살이 어린 아이의 살
같이 회복되어 깨끗하게 되었더라

엘리사 선지자가 방에서 나와 보지도 않고 하인에게 시켜서,
요단강에서 7번 씻으라고 합니다. 나아만 장군은 엘리사 선지자
가 만나 주지도 않으니 화가 났습니다. 화가 났으나 나아만은 하
인의 권유를 받고 엘리사의 말대로 요단강에 7번 몸을 잠그니
깨끗하게 문둥병이 치료되었습니다.

자신의 마음에 들지 않더라도(대하 20:20) 말씀처럼 하나님과
선지자를 신뢰해야 합니다. 자기 생각에는 도저히 안 될 것 같
고, 기분 나쁘고 자존심 상해도, 참된 선지자의 말을 신뢰하면
형통하게 됩니다. 오늘날도 마찬가지로 하나님의 참된 종이 기
록된 말씀으로 잘 가르쳐주는데 이해가 되지 않고 말씀대로 살
고 싶지 않은 마음이 생길 때에도 주의 참된 종이 가르치는 대
로 신뢰하고 순종해야 불가능이 가능해 집니다.

하나님의 종은 성경에 기록된 대로 가르쳐야 합니다. 응답받
은 대로 가르치는 게 아니라, 성경 66권 말씀대로 가르쳐야 합
니다. 성경이 모두 기록된 후인 지금은 성경 말씀을 옳게 해석해
서 가르치는 시대가 되었습니다. 그런데 이런 것도 모르고 가짜
들은 아직도 구약시대 선지자들처럼 응답받았다고 합니다. 성경

66권이 다 편찬된 후에는, 성경 말씀을 바로 알아서 모든 문제를 해결해야 합니다. 하나님의 참된 주의 종이 성경 66권 말씀대로 바르게 가르치고 있는 이 말씀에 순종해서 하나님을 신뢰하고 그 선지자를 신뢰하면 형통합니다(대하20:20).

●딤후3:15-17 / 또 어려서부터 성경을 알았나니 성경은 능히 너로 하여금 그리스도 예수 안에 있는 믿음으로 말미암아 구원에 이르는 지혜가 있게 하느니라 모든 성경은 하나님의 감동으로 된 것으로 교훈과 책망과 바르게 함과 의로 교육하기에 유익하니 이는 하나님의 사람으로 온전하게 하며 모든 선한 일을 행할 능력을 갖추게 하려 함이라

●눅16:16 / 16 너희 말을 듣는 자는 곧 내말을 듣는 것이요 너희를 저버리는 자는 곧 나를 저버리는 것이요 나를 저버리는 자는 나 보내신 이를 저버리는 것이라 하시니라

성경 말씀대로 신앙생활을 해야 합니다. 성경 말씀을 온전하게 세밀하게 옳게 배워서 그대로 신앙생활을 해야 합니다. 성경을 모르고 교회 생활 아무리 해봐야 천국에 못 갑니다. 은사는 하나님께 직접 받아도 하나님의 말씀은 배워야 합니다.

●마10:40 / 40 너희를 영접하는 자는 나를 영접하는 것이요 나를 영접하는 자는 나를 보내신 이를 영접하는 것이라

예수님이 제자를 보내시면서, 너희를 영접하면 자신을 영접하는 것이라고 말씀하셨습니다. 하나님의 참된 종은 제자들인데 이 참된 종들에게 대접하면 그것은 예수님한테 한 것입니다.

●히13:17 / 17 너희를 인도하는 자들에게 순종하고 복종하라 그들은 너희 영혼을 위하여 경성하기를 자신들이 청산할 자인 것

같이 하느니라 그들로 하여금 즐거움으로 이것을 하게 하고 근심
으로 하게 하지 말라 그렇지 않으면 너희에게 유익이 없느니라

순종하고 복종하라고 했습니다. 나아만 장군이 엘리사의 요단
강에서 몸을 일곱 번 씻으라는 말을 듣고 가기 싫었지만 갔는데
이것은 복종입니다. 순종만 하는 게 아니라 복종까지 해야 합니
다. 나아만 장군이 복종하지 않았으면 문둥병자로 평생을 살다
가 죽었을 것입니다.

●살전2:13 / 13 이러므로 우리가 하나님께 끊임없이 감사함은
너희가 우리에게 들은 바 하나님의 말씀을 받을 때에 사람의 말
로 받지 아니하고 하나님의 말씀으로 받음이니 진실로 그러하도
다 이 말씀이 또한 너희 믿는 자 가운데서 역사하느니라

교회는 성경을 배우러 오는 곳이기도 합니다. 당시 신약 성경
이 없었기에 성도들은 바울 사도의 말을 하나님의 말씀으로 받
아들였습니다. 그 말은 바울 사도의 말이 아니고 하나님의 말씀
곧 신약성경 말씀을 바울 사도가 가르쳤기 때문입니다.

●왕하5:15-17 / 15 나아만이 모든 군대와 함께 하나님의 사람
에게로 도로 와서 그의 앞에 서서 이르되 내가 이제 이스라엘 외
에는 온 천하에 신이 없는 줄을 아나이다 청하건대 당신의 종에게
서 예물을 받으소서 하니 16 이르되 내가 섬기는 여호와께서 살
아 계심을 두고 맹세하노니 내가 그 앞에서 받지 아니하리라 하였
더라 나아만이 받으라고 강권하되 그가 거절하니라 17 나아만이
이르되 그러면 청하건대 노새 두 마리에 실을 흙을 당신의 종에게
주소서 이제부터는 종이 번제물과 다른 희생제사를 여호와 외 다

른 신에게는 드리지 아니하고 다만 여호와께 드리겠나이다.

위의 말씀은 나아만 장군의 신앙이 기록 되었습니다. 그는 하나님 외에는 온 천하에 참 신이 없는 것을 알았습니다. 이스라엘 민족들, 엘리사가 믿는 신 외에는 다른 신으로 인정하지 않고 오직 여호와 하나님만 신으로 믿는다는 말입니다. 성부 성자 성령 삼위일체 하나님과 오직 예수 신앙입니다.

엘리사에게 감사하는 신앙으로 예물을 드려서 감사를 표했습니다. 영생을 얻는 신앙은 감사할 줄 알아야 합니다.

"범사에 감사하라. 이는 그리스도 예수 안에서 너희를 향하신 하나님의 뜻이니라"(살전5:18)

"주여 주여 하는 자마다 천국에 가는 것이 아니라, 아버지의 뜻대로 하는 사람이 천국에 간다"라고 했습니다. 주의 이름으로 귀신 쫓고 능력을 행하여도 천국 가는 것이 아니고 아버지의 뜻대로 행해야 한다는 것입니다. 우리는 종말에 하나님의 참된 종이 하나님의 말씀을 가감하지 않고 영생 얻는 말씀을 먹으면서 나아만 장군처럼 신앙생활을 잘해서 모두 영생 얻는 적은 수의 반열에 참여하기 바랍니다.

하나님의 말씀을 계속해서 콩나물에 물 주듯이 우리의 심령, 영혼 속에 공급을 받아서 이 땅에서 믿음으로 승리하여 영혼이 잘 됨같이 범사도 잘 되길 축원합니다.

5) 이스라엘의 뭇 자손의 수가 비록 바다 모래 같을 지라도 남은 자만 구원을 얻으리라고 경계 하셨으므로

●롬9:27 / 27 또 이사야가 이스라엘에 관하여 외치되 이스라엘 뭇 자손의 수가 비록 바다의 모래 같을지라도 남은 자만 구원을 얻으리니

위의 말씀은 이사야 선지자가 이사야서 10장에 예언해놓은 말씀을 바울 사도가 하나님의 계시의 은사에 의해 해석해서 기록한 말씀입니다. 하나님은 이스라엘 민족을 많은 민족 중에서 천국 들어가서 영원히 사는 영생의 복을 받으라고 민족적으로 택했습니다. 그러나 이스라엘 민족들이 다 영생을 얻었습니까? 이스라엘 민족이 비록 바다의 모래 수처럼 많다 하더라도 그 중에서 영생을 실제적으로 얻을 자는 남은 자만 구원을 얻으리라고 했습니다. 구원이란 말이나 영생이란 말이나 몸의 구속이란 말이나 다 같습니다.

이스라엘 민족들을 하나님이 영생의 복을 받게 하려고 이스라엘 민족을 택해서 율법도 주시고 선지자도 보내주시고 특별히 사랑했습니다.

그런다고 해서 이스라엘 민족이 다 저 천국을 갔습니까? 적은 수만 갔습니다. 그런가하면 예수님 당시에 이스라엘 민족들이 모여 예배드린 예루살렘 성전은 세계에서 제일 웅장하고 찬란하고 아름답고 많이 모이는 교회였습니다. 그런데 그들이 영생을 얻었습니까? 천국에 갔습니까? 그들은 믿음을 가지고, 우리는 아브

라함의 후손이니까 아브라함이 간 저 천국 우리는 별 일 있어도 간다는 자부심과 자신감을 가지고 신앙생활 열심히 잘 하고 있었죠?

그러나 예수님이나 세례요한이 나타나서는 저 천국 잘 갈 수 있게 신앙생활, 교회생활 잘 한다고 했습니까? 천국 들어가게 잘 하다는 말은 고사하고 뱀들아 이 독사의 자식들아. 네 에비는 하나님이 아니고 누구라고 했습니까? 그러니까 이 성전은 강도 소굴 장사하는 집이니까 헐어버리라고 예수님이 말씀하셨습니다.

예수님이 거짓말 했겠습니까? 그때 있는 일은 지금도 있다는 것입니다. 이 말씀은 내 말이 아니라 성경말씀입니다. 전도서 1장 9절에 "지금 있는 일이 옛적에도 있고 장래에도 있다"고 했고, 전도서 3장 15절에도 "지금 있는 일이 옛적에도 있고 장래에도 있다"고 했습니다. 전에 기록한 것은 우리의 거울과 경계. 그래서 구약의 이스라엘 나라 이스라엘 민족은 그걸로 끝나는 게 아니고, 율법이 율법시대로 끝나는 게 아니고 구약시대 율법은 신약시대 복음의 그림자요 모형이 아니겠습니까?

구약 성경은 신약성경의 그림자요 모형입니다. 그러니까 구약의 이스라엘 나라, 이스라엘 민족은 신약시대 우리 기독교계와 기독신자들의 그림자요 모형입니다. 오늘날 예수 믿는다고 교회 다니는 기독신자들은 구약의 이스라엘 민족들과 같습니다. 그런데 구약시대에 이스라엘 나라, 이스라엘 민족들이 그렇게 민족적으로 열심히 믿었지만 천국을 다 간 것이 아니고 적은 수만 갔습니다. 오늘날도 마찬가지로 교회 다니는 신자들이라고 해서 다 저 천국을 가는 것이 아니라는 겁니다.

하나님이 기뻐하지 않는 다수는 천국을 못 가고, 기뻐하는 소수만 천국에 갑니다. 이렇게 적은 수만 천국에 간다는 것은 구약시대 이스라엘 민족 중에서도 그렇고, 신약시대 와서도 그렇고, 오늘날에도 그렇고 예수님 재림하시는 그 때까지 이 진리는 변치 않습니다.

지난날 광야 교회가 고린도 교회였고, 고린도 교회가 오늘날 우리가 살고 있는 이 시대의 교회입니다. 하나님의 말씀은 돌 다루는 사람들이 비석에다가 글자를 쓸 때, 조금씩 한 글자씩 새겨가는 것처럼 우리 마음에 새겨야 합니다. 광야 교회가 고린도 교회고, 고린도 교회가 오늘날 이 시대의 교회인 것입니다.

광야 교회의 그 많은 성도 중에 천국은 적은 수만 들어갔습니다. 성령 충만, 은사 충만한 고린도 교회 교인들도 하늘나라에 적게 들어갔습니다. 오늘날에도 적은 수만 들어갈 것입니다.

●눅13:29 / 29 사람들이 동서남북으로부터 와서 하나님의 나라 잔치에 참여하리니

동서남북은 온 세상 사람들을 말합니다. 이스라엘 사람들에게만 국한된 것이 아니라, 예수님을 믿는 신약시대 이방 사람들도 말합니다.

구약 성경은 구약시대 사람들의 것이고 지금은 신약 시대라고 상관이 없는 게 아니고 상관이 다 있습니다. 구약의 이스라엘 민

족들과 신약 시대의 온 세계 흩어져있는 기독 신자들에게 다 상관이 있는 것입니다.

그럼 남은 자는 어떤 믿음을 가지고 있는지 스바냐 3장에서 보겠습니다.

●습3:13 / 13 이스라엘의 남은 자는 악을 행하지 아니하며 거짓을 말하지 아니하며 입에 거짓된 혀가 없으며 먹고 누울지라도 그들을 두렵게 할 자가 없으리라

스바냐서를 통해서 영생 얻을 수 있는 남은 자의 신앙을 보면 첫째로 악을 행치 아니한 자입니다. 악은 욕심입니다. 악을 행치 아니하는 자는 욕심 부리지 않았다는 의미입니다.

●삼상25:3 / 3 그 사람의 이름은 나발이요 그의 아내의 이름은 아비가일이라 그 여자는 총명하고 용모가 아름다우나 남자는 완고하고 행실이 악하며 그는 갈멜 족속이었더라

아비가일은 욕심이 없고, 나발은 욕심이 많았습니다. 아비가일 덕분에 그 집은 불타지 않고 살 수 있었습니다. 욕심이 없는 남은 자는 영생을 얻습니다.

●마7:15 / 15 거짓 선지자들을 삼가라 양의 옷을 입고 너희에게 나아오나 속에는 노략질하는 이리라

주의 이름으로 귀신을 쫓고, 능력을 행하고, 선지자 노릇을 합니다. 그런데 남은 자가 아닙니다. 양의 옷을 입고 예수님을 닮았지만, 속은 이리입니다. 욕심이 빠지지 않았습니다. 성령 충만받았다고 하며, 능력 있고, 귀신 쫓고, 병도 고치고, 입신도 시키

고, 예언 사역을 한다 해도 예수님을 분명하게 믿지 않고, 자기 욕심을 못 버리면 천국을 갈 수 없습니다. 남은 자의 반열에 서지 못 합니다.

남은 자의 두 번째 특징은 거짓을 말하지 않는 것입니다.

스바냐 3:13에 거짓을 말하지 않았다는 것은 하나님의 말씀을 더하지도 않고, 빼지도 않고 올바르게 가르치고 배운 자라는 뜻입니다.

●요8:44 / 44 너희는 너희 아비 마귀에게서 났으니 너희 아비의 욕심대로 너희도 행하고자 하느니라 그는 처음부터 살인한 자요 진리가 그 속에 없으므로 진리에 서지 못하고 거짓을 말할 때마다 제 것으로 말하나니 이는 그가 거짓말쟁이요 거짓의 아비가 되었음이라

●계14:1, 5 / 1 또 내가 보니 보라 어린 양이 시온 산에 섰고 그와 함께 십사만 사천이 서 있는데 그들의 이마에는 어린 양의 이름과 그 아버지의 이름을 쓴 것이 있더라 5 그 입에 거짓말이 없고 흠이 없는 자들이더라

이 두 성경 말씀이 관계가 있습니다. 그 입에 거짓말이 없는 자는 하나님의 말씀을 가감하지 않고, 옳게 전한 주의 종입니다. 거짓말은 예수님 당시에 바리새인, 서기관들은 진리가 없고 하나님의 말씀을 몰라서 자기 생각으로 전하였습니다. 그들은 남은 자가 아닙니다. 진리를 모르고 하나님의 말씀을 가르치고 있었지만 문자적으로만 가르치고 있었던 것입니다.

●암8:11 / 11 주 여호와의 말씀이니라 보라 날이 이를지라 내가 기근을 땅에 보내리니 양식이 없어 주림이 아니며 물이 없어 갈함이 아니요 여호와의 말씀을 듣지 못한 기갈이라

아모스 선지자가 말한 때는 오늘날입니다. 먹을 것과 마실 것이 없다는 것이 아니라 영의 양식 즉 참다운 하나님의, 가감하지 않고 거짓되지 않는 말씀이 부족하다는 뜻입니다.

●호4:6 / 6 내 백성이 지식이 없으므로 망하는도다 네가 지식을 버렸으니 나도 너를 버려 내 제사장이 되지 못하게 할 것이요 네가 네 하나님의 율법을 잊었으니 나도 네 자녀들을 잊어버리리라

여기서 백성은 이스라엘 백성들입니다. 오늘날로 말하면 기독교인들입니다. 이 지식은 세상 지식이 아니라 성경 지식입니다. 망한다는 것은 사업이 망하는 게 아니라, 재림 예수 때 심판받는 둘째 사망을 말합니다. 주의 종인 제사장은 하나님의 말씀을 버렸습니다. 그러면 하나님도 버리십니다. 성경 말씀, 진리의 지식, 성경 66권을 바르게 해석해서 가르칠 줄 알아야 합니다. 요한복음 8장 44절에서도 예수님께서 하신 말씀에 제사장들이 포함됩니다. 오늘날도 거짓된 제사장들이 많이 있습니다. 성경을 모르면 지식이 없는 백성이 되어서 망하는 것입니다.

●렘14:14-16 / 14 여호와께서 내게 이르시되 선지자들이 내 이름으로 거짓 예언을 하도다 나는 그들을 보내지 아니하였고 그들에게 명령하거나 이르지 아니하였거늘 그들이 거짓 계시와 점술과 헛된 것과 자기 마음의 거짓으로 너희에게 예언하는도다 15 그러므로 내가 보내지 아니하였어도 내 이름으로 예언하여 이르기를 칼과 기근이 이 땅에 이르지 아니하리라 하는 선지자들에

대하여 여호와께서 이와 같이 말씀하셨노라 그 선지자들은 칼과 기근에 멸망할 것이요 16 그들의 예언을 받은 백성은 기근과 칼로 말미암아 예루살렘 거리에 던짐을 당할 것인즉 그들을 장사할 자가 없을 것이요 그들의 아내와 아들과 딸이 그렇게 되리니 이는 내가 그들의 악을 그 위에 부음이니라

선지자들이 거짓을 전합니다. 구약시대는 신약시대와 같으니까, 오늘날에는 목회를 하는 주의 종입니다. 하나님의 신령한 종이라고 하면서 거짓된 하나님의 말씀을 전하고 있는 것입니다.

●렘6:13-15 / 13 이는 그들이 가장 작은 자로부터 큰 자까지 다 탐욕을 부리며 선지자로부터 제사장까지 다 거짓을 행함이라 14 그들이 내 백성의 상처를 가볍게 여기면서 말하기를 평강하다 평강하다 하나 평강이 없도다 15 그들이 가증한 일을 행할 때에 부끄러워 하였느냐 아니라 조금도 부끄러워 하지 않을 뿐 아니라 얼굴도 붉어지지 않았느니라 그러므로 그들이 엎드러지는 자와 함께 엎드러질 것이라 내가 그들을 벌하리니 그 때에 그들이 거꾸러지리라 여호와의 말씀이니라

가장 작은 자부터 큰 자 까지는 이스라엘 백성을 말합니다. 오늘날에는 교회 나가는 주일 학생부터 어른까지, 각계각층의 성도들입니다. 다 욕심을 부립니다. 그리고 선지자로부터 제사장까지 다 거짓을 행합니다. 오늘날에는 신령한 주의 종과 목회자와 더불어 그들에게 배운 믿는다는 자들도 역시 남은 자의 반열에 서지 못 할 수 있습니다.

●요8:44 / 44 너희는 너희 아비 마귀에게서 났으니 너희 아비

의 욕심대로 너희도 행하고자 하느니라 그는 처음부터 살인한 자
요 진리가 그 속에 없으므로 진리에 서지 못하고 거짓을 말할 때
마다 제 것으로 말하나니 이는 그가 거짓말쟁이요 거짓의 아비가
되었음이라

예수님 당시 예루살렘에서 제사장과 서기관을 통해 하나님의
말씀을 잘 배우고 가르치는 자들에게 하신 말씀입니다. 진리가
그 속에 없으므로 진리에 서지 못 한다고 했습니다. 여기서 거짓
말도 두 가지입니다. 생활 속에서 남을 속이는 거짓말과 하나님
의 말씀을 잘못 가르치는 것입니다. 예루살렘의 제사장과 서기
관들이 하나님의 말씀을 가감해서 가르쳤고 그들이 거짓을 말
하는 자가 되었다고 합니다.

● 잠30:5-6 / 5 하나님의 말씀은 다 순전하며 하나님은 그를 의
지하는 자의 방패시니라 6 너는 그의 말씀에 더하지 말라 그가
너를 책망하시겠고 너는 거짓말하는 자가 될까 두려우니라

순전하다는 말은 섞인 것이 없다는 뜻입니다. 하나님의 말씀
에 더하면 순전해지지 않는다는 것입니다. 하나님의 말씀에 더
하거나 빼면, 즉 가감하고 말씀을 가르치면 거짓말쟁이고 그런
말씀을 들으면 거짓말쟁이에게 속는 것입니다. 주의 종은 하나
님의 말씀을 더하지도 않고 빼지도 않고 옳게 가르쳐야 합니다.
성도들은 가감하지 않은 말씀을 듣고 신앙 생활해야 천국 가는
남은 자가 됩니다.

● (습3:13하)에 남은 자는 '먹으며 누우나 놀라게 할 자가 없으리라'
고 하셨습니다.

● 요일3:21 / 21 사랑하는 자들아 만일 우리 마음이 우리를 책
망할 것이 없으면 하나님 앞에서 담대함을 얻고

● 요일4:18 / 18 사랑 안에 두려움이 없고 온전한 사랑이 두려
움을 내쫓나니

남은 자는 마음속에 자아와 욕심이 처리되어서 하나님의 새
계명을 지키는 자를 말합니다. 그런 자가 먹으며 누우나 두렵게
할 자가 없습니다. 악한 자가 만지지도 못 합니다. 하나님이 그
와 함께 해 주십니다. 새 계명까지 지키는 남은 자가 되어야만
영생을 얻습니다.

● 습3:18 / 18 내가 절기로 말미암아 근심하는 자들을 모으리니
그들은 네게 속한 자라 그들에게 지워진 짐이 치욕이 되었느니라

여러 사람들이 교회 가는 것은 하나님의 집에서 예배드리려고
모이는 것입니다. 하나님의 말씀을 전하고 들으려고 모이는 모임
입니다. 예수님의 이름으로 하나님 앞에 모이는 모임입니다. 그런
데 근심하는 자를 모으십니다. 근심하는 자는 남은 자입니다.

오늘날 하나님 앞에 주일 날 모여서 예배를 드리지만 하나님
이 받는 예배가 있고 받지 않으시는 예배가 있습니다. 예배를 드
려도 신령과 진정으로 드려야 합니다. 신령은 성령이고 진정은
진리, 하나님의 말씀입니다.

성령이 역사하는 가운데 하나님의 66권 말씀으로 드려야 합
니다. 하나님의 진리의 말씀을 들으면서 우리 마음에 기쁨과 소
망이 생깁니다. 이사야서나 말라기를 보면 하나님께서 오히려
예배를 싫어하시고 가증히 여기시는 모습이 나옵니다(사1:10-17)

(말1:6-10). 오늘날 신령과 진정으로 예배드리지 않는 예배나 부흥회나 세미나가 많습니다. 이런 것을 안타까워하는 자가 바로 남은 자인 것입니다.

소돔과 고모라의 불법한 행실을 보고 들음으로 롯은 의로운 마음이 상했습니다(벤후2:8). 믿는 자는 오직 롯의 가족만 있는 것이 아니라 다른 믿는 자도 있었습니다. 하지만 천사는 롯의 집에만 찾아와서 구출하셨습니다. 마음을 괴로워하고 근심하는 남은 자의 신앙을 가졌기 때문입니다.

●습3:19 / 19 그 때에 내가 너를 괴롭게 하는 자를 다 벌하고 저는 자를 구원하며 쫓겨난 자를 모으며 온 세상에서 수욕 받는 자에게 칭찬과 명성을 얻게 하리라

신앙생활을 잘하면 미워하고 핍박하고 괴롭게 하는 자들이 생깁니다. 하나님께서 그들을 가만히 두시지 않고 벌하십니다. 믿음의 조상 아브라함에게 "갈대아 우르를 떠나서 가라"(창12:1-3). "너를 축복하는 자는 내가 축복하고 너를 저주하는 자는 내가 저주한다"고 말씀하십니다. 아브라함도 남은 자의 신앙생활을 했습니다. 아브라함을 정말 도와주는 사람도 있고, 무시하고 핍박하고 괴롭히는 자들도 있었습니다. 이럴 때 하나님은 아브라함에게 한 약속을 지키셨습니다. 우리가 영생 얻기 위한 남은 자의 신앙생활을 하면, 욕도 먹고 피해도 보지만 하나님이 보고 계셔서 상황을 다 아시고 벌 줄 자 벌주시고, 갚을 자 갚아주십니다.

●롬12:19 / 19 내 사랑하는 자들아 너희가 친히 원수를 갚지 말고 하나님의 진노하심에 맡기라 기록되었으되 원수 갚는 것이 내

게 있으니 내가 갚으리라고 주께서 말씀하시니라

원수는 하나님이 갚아주십니다. 나에게 못된 짓을 하고 피해 주는 원수는 하나님이 갚아주십니다. 사랑하는 자들에게 그러십니다. 여기서 사랑하는 자는 남은 자입니다. 광야교회 사람들 다수는 사랑하지 않는 자입니다. 갈렙과 여호수아 소수만이 사랑하는 자였습니다. 19절에 '내 사랑하는 자들아'를 빼어도 말씀이 됩니다. 하지만 붙이신 것은 우리가 남은 자로서 신앙생활을 해 나아가면 못된 자들이 괴롭히고 피해를 주고 핍박한다 해도 우리가 손볼 필요 없이 하나님께서 갚아 주시기 때문입니다.

엘리야 시대에 남은 자와 바알과 아세라를 섬기는 자들을 비교해봅시다!

엘리야는 하나님이 기뻐하시는데 혼자고, 하나님이 기뻐하시지 않는 자들은 850명이었습니다. 엘리야는 정치 배경을 가지고 있지 않았습니다. 그들의 정치 배경은 아합 왕입니다. 어느 시대를 막론하고, 영생 얻을 수 있는 남은 자의 신앙의 길과 하나님이 기뻐하시지 않는 신앙의 길이 있습니다.

가인과 아벨을 보면 아벨이 남은 자고, 가인은 남은 자가 아닙니다. 하지만 현실적으로는 아벨이 열세이고 가인이 강성했습니다. 바로 이 말씀이 스바냐 3장 19절의 말씀입니다. 이 땅 위에서는 하나님 앞에 기뻐함을 받지 못하고 미움을 받는, 남은 자가 아닌 것들이 세상적으로는 우세합니다. 그러나 하나님께서는 영생을 누리는 복은 남은 자에게 주십니다. 신앙의 길이 어려워도 끝까지 달려가야 하고 그래서 영생의 복도 반드시 받아 누리고 이 땅 위에서도 의인의 형통한 복도 부족한 없이 받도록 합시다.

6) 소돔과 고모라성에 의인 10명이 없어서 심판 받는다고 경계 하셨으므로

●창18:32 / 32 아브라함이 또 가로되 주는 노하지 마옵소서 내가 이번만 더 말씀하리이다 거기서 십 인을 찾으시면 어찌 하시려나이까 가라사대 내가 십 인을 인하여도 멸하지 아니하리라

소돔과 고모라성에 의인 열 명이 없어서 심판을 받는다고 경계하셨으므로. 인류 역사의 마지막은 소돔과 고모라 성처럼 유황불로 망한다고 하셨죠? 그런데 소돔 고모라성에 안 믿는 자도 많이 있었지만 믿는다고 하는 자도 있었습니다. 그런데 그 중에 의인 열 명이 없단 말은, 바로 이 의인이 하늘나라 들어갈 수 있는 믿음의 실력을 가진 자, 곧 남은 자, 소수란 말입니다. 하나님이 기뻐하는 자 즉, 그 열 명이 없었다는 말입니다.

롯의 가족만 믿는 자가 아니고 거기에도 믿는다고 하는 자들이 많이 있었습니다. 밤에 천사가 롯의 가정에 소돔과 고모라성 심판을 전하려고 찾아왔을 때 "내놔라, 내놔라 너희 집에 미동이 온 것을 안다" 하고는 밤중에 쳐들어온 자들이 많이 있었는데 롯이 말하기를 '형제들아'라고 합니다. 그러면서 남자를 모르는 내 딸을 내놓을 테니 이 사람들에게 손대지 말라고 합니다. 형제들이라고 말한 그것은 믿는다고 하는 자들을 말하는 겁

니다.

또 소돔 고모라 성에 믿는다는 자가 전부 그 밤에 몰려왔겠습니까? 몰려온 자도 많았겠지만 안 몰려온 자는 더 많았을 것입니다. 예수님 재림할 때는 믿는 자가 많다고 했습니다(마24:14)(행1:8)(눅18:8). 그래서 소돔과 고모라성도 인류역사 마지막의 그림자요 모형이요 상징이니까 그 때도 믿는다고 하는 자는 많았던 것입니다.

예수님 재림 때 인류역사 마지막에 모든 민족에게 복음이 전파되어 믿는다고 하는 자가 많은 가운데 재림하십니다. 그런데 맞이할 수 있는 참 믿는다는 자는 적다고 한 것처럼, 소돔과 고모라 성 멸망 때도 믿는다는 자는 많았는데 그 때 멸망당하지 않고 구원 얻을 자, 영생 얻을 자는 롯의 세 식구처럼 적은 걸 말하는 겁니다.

말세교회의 거울은 광야 교회입니다. 광야 교회는 고린도 교회와 같습니다. 또 현대 교회와 같습니다. 광야 교회는 하나님이 다수를 기뻐하시지 않으셨습니다. 소수만 기뻐했습니다. 출애굽한 60만 명 중에 여호수아와 갈렙은 기뻐했고 나머지는 기뻐하지 않았습니다. 여호수아와 갈렙 곧 소수는 가나안 땅에 들어가고, 나머지 곧 다수는 광야에서 다 멸망당했습니다. 이 광야 교회가 고린도 교회입니다. 광야 교회의 신앙이 고린도 교회의 성령 충만, 은사 충만한 신앙과 같습니다. 또 오늘날 교회와도 같습니다. 곧 오늘날 우리가 예수님 맞이해서 천국에 가서 영생의 복을 받아 누릴 성도들의 그림자요 모형입니다. 천국 가서 영생 얻을 자가 적음을 보여주는 교훈입니다.

　구체적으로 성경에, 좁은 문으로 들어가기를 구하여도 못 찾는 성도가 많다고 누가복음 13장 24절에 나와 있습니다. 이 말씀도 다수의 사람들이 예수님 믿고 신앙생활을 하고 있다지만, 여호수아와 갈렙처럼 하나님이 기뻐하시는 신앙생활을 해서 천국에 갈 자는 심히 적다는 뜻입니다.

●눅4:26-27 / 26 엘리야가 그 중 한사람에게도 보내심을 받지 않고 오직 시돈 땅에 있는 사렙다의 한 과부에게 뿐이었으며 27 또 선지자 엘리사 때에 이스라엘에 많은 문둥이가 있었으되 그 중의 한 사람도 깨끗함을 얻지 못하고 오직 수리아 사람 나아만뿐이었느니라

　이 말씀도 광야 교회 성도들처럼 성령 충만, 은사 충만을 받았는데 소수만 가나안 땅에 들어간 것처럼 영생 얻을 자가 적다는 말씀입니다.

　소돔과 고모라 성에 의인 열 명이 없어서 심판을 받았습니다. 영생 얻을 자가 적다는 말씀입니다. 소돔, 고모라 성이 멸망할 때 믿는다는 자가 많았는데 천국을 못 가고 지옥으로 가고, 적은 수만 천국에 갔는지 자세히 살펴보겠습니다.

7) 롯의 때에 겨우 롯과 두 딸만 구원 얻었다고 경계 하셨으므로

●창19:16 / 16 그러나 롯이 지체하매 그 사람들이 롯의 손과 그 아내의 손과 두 딸의 손을 잡아 인도하여 성 밖에 두니 여호와께서 그에게 인자를 더하심이었더라

●창19:26 / 26 롯의 아내는 뒤를 돌아본 고로 소금 기둥이 되었더라

롯의 가정이 있습니다. 롯의 가정은 단체 교회입니다. 교회는 개인 교회와 단체 교회가 있습니다. 성령을 받아서 신앙 생활하는 개개인들이 다 교회입니다. 개인 교회입니다. 우리는 다 교회입니다. 주의 종과 함께 개인 교회가 모여서 신앙 생활하는 것을 단체 교회라고 합니다.

롯의 집인 단체 교회에서 롯은 주의 종이고 교인인 아내와 두 딸도 있었습니다. 롯의 가정에 찾아온 천사가 있었습니다. 소돔 고모라 성을 하나님이 유황불비로 멸해버린다는 소식을 가져왔습니다. 소돔과 고모라 성은 세상을 말합니다. 심판의 소식을 롯의 처가 아니라 롯에게 알려주러 왔습니다.

●계1:3 / 3 이 예언의 말씀을 읽는 자와 듣는 자들과 그 가운데 기록한 것을 지키는 자들이 복이 있나니 때가 가까움이라

●계22:7 / 7 보라 내가 속히 오리니 이 책의 예언의 말씀을 지키는 자가 복이 있으리라 하더라

요한은 하나님의 종인데, 하나님이 심판한다는 요한계시록 곧 종말 복음까지 알고 있었습니다. 인류 종말은 롯의 때와 같다고 했습니다. 베드로후서 3장에 기록된 것처럼, 인류 마지막 사건의 그림자요 모형은 롯의 사건입니다. 이러므로 요한계시록까지 성령님의 도우심과 하나님의 참된 종을 통해 알아서 단체 교회에서 생활해야 됩니다. 롯도 하나님이 심판하신다는 종말 복음까지 전하고 가르쳐주었습니다. 그래서 자신의 집에서 목회를 하고 있는 주의 종이라고 알아야 합니다.

롯의 시대에 상황을 봅시다.

첫번째는 동성연애를 합니다.
천사와 그날 밤 즐겨보려고 악한 형제들이 찾아옵니다.

●창19:4-7 / 4 그들이 눕기 전에 그 성 사람 곧 소돔 백성들이
노소를 막론하고 원근에서 다 모여 그 집을 에워싸고 5 롯을 부
르고 그에게 이르되 오늘 밤에 네게 온 사람들이 어디 있느냐 이
끌어 내라 우리가 그들을 상관하리라 6 롯이 문 밖의 무리에게로
나가서 뒤로 문을 닫고 7 이르되 청하노니 내 형제들아 이런 악을
행하지 말라

밤에 찾아온 많은 소돔 백성들이 롯의 집을 에워쌉니다. 롯은
형제들에게 이런 악을 행하지 말라고 간청합니다. 롯의 집에 찾
아온 백성들 무리들은 믿는다는 자들이었습니다. 그런데 그들은
악을 행합니다. 정욕인 욕심을 보여줍니다.

롯의 때는 인류 역사의 마지막 때니까, 믿는 자가 많았습니다.
동성연애 하는 이들을 믿지 않는 자들로만 해석하면 안 됩니다.
오늘날에도 교회 다니는 이들 중에 롯의 집에 밤중에 찾아온
것처럼 악을 행하는 자가 많습니다. 천사를 내놓으라고 하는 것
을 동성애로 해석하고, 욕심 부린 것이라고도 해석해야 합니다.
오늘날 교회 다니는 신도들 중에 돈 욕심, 권세욕, 명예욕, 정욕
을 버리지 못 하는 사람이 많습니다. 악을 행하는 것은 욕심입
니다. 백성들은 수가 많다는 뜻이고, 형제는 함께 예수 믿는 사
람들이란 뜻인 것입니다.

두 번째는 롯의 두 사위를 봅시다.

롯이 빨리 나가자고 말하니, 사위가 그 말을 농담으로 여겼습니다. 그 말을 곧이곧대로 듣지 않았습니다. 롯은 성이 불 심판을 받는다고 말했습니다. 천사가 롯에게 알려준 요한계시록 말씀입니다. 사위는 요한계시록 말씀을 농담으로 여겼습니다. 만약 어디에 금이 있다고 세상적인 것을 말했으면 사위들은 농담으로 여기지 않았을 것입니다. 하나님이 심판하시는 종말에도 롯의 두 사위와 같이 믿는 자들이 많습니다. 요한계시록의 말씀은 믿지도 않는 신자들인 것입니다. 그런 자들은 재림 심판받아서 천국에 못 가고 불구덩이에 들어갑니다. 왜 사위가 하필이면 두 명일까요? 그런 자들이 반드시 있다는 말입니다.

세 번째는 롯의 처입니다. 롯의 처는 불과 유황으로 심판을 받기 전에 소알성으로 도망가자는 말은 들었습니다. 뒤를 돌아보지도 않고 머뭇거리지도 말고 달려가자고 했습니다. 그러나 뒤를 돌아봤습니다. 요한계시록 말씀까지 받아먹고 은혜도 받았는데, 말씀대로 살지는 못했다는 뜻입니다. 말씀을 이해하고 지키기까지 해야 복이 있습니다. 롯이 가르친 말씀을 배웠으나 지키지는 못했습니다. 왜 지키지 못 했을까요.

●눅17:28-33 / 28 또 롯의 때와 같으리니 사람들이 먹고 마시고 사고 팔고 심고 집을 짓더니 29 롯이 소돔에서 나가던 날에 하늘로서 불과 유황이 비 오듯 하여 저희를 멸하였느니라 30 인자의 나타나는 날에도 이러하리라 31 그 날에 만일 사람이 지붕 위에 있고 그 세간이 집 안에 있으면 그것을 가지러 내려오지 말

것이요 밭에 있는 자도 이와 같이 뒤로 돌이키지 말 것이니라 32 롯의 처를 생각하라 33 무릇 자기 목숨을 보존하고자 하는 자는 잃을 것이요 잃는 자는 살리리라

롯의 때가 바로 인자가 나타나는 때이며 곧 마지막 예수의 재림 때인데 롯의 처가 뒤를 돌아본 이유가 나옵니다. 세간 때문이었습니다. 집에 있는 좋은 물건이 생각나서 돌아본 것입니다. 다 돈입니다. 돈 생각 곧 욕심 때문에 뒤를 돌아봤습니다. 그래서 요한계시록의 말씀까지를 잘 배워도, 욕심을 못 버리면 말씀대로 살지 못한다고, 말씀은 잘 배워도 욕심을 버리지 못하면 화를 받는다(딤후3:6)고 했습니다. 이런 신앙을 가진 자가 바로 롯의 처의 신앙인 것입니다.

네 번째, 이제 남은 자의 신앙입니다. 광야 교회의 여호수아와 갈렙의 신앙을 봅시다. 롯의 두 딸은 불 심판을 받으니 도망가자 하니까, 롯이 가르쳐 준 말씀을 그대로 믿었습니다. 그리고 뒤돌아보지 않고 달려갔습니다. 신랑 예수를 맞이할 자격을 갖추기 위해서 양육 받으려 하나님이 예비하신 곳으로 도망가야 한다는 말씀입니다.

●계12:6 / 6 그 여자가 광야로 도망하매 거기서 일천이백육십일 동안 저를 양육하기 위하여 하나님의 예비하신 곳이 있더라

다섯 번째, 롯의 신앙은 천사가 와서 불 심판 받는다고 하는 요한계시록까지 아는 신앙입니다.

천국 복음, 은혜의 복음, 영원한 복음까지 다 알고, 성령 충만,

은사 충만 까지 다 받고, 가감하지 않은 요한계시록까지 다 알고 자격을 다 갖춘 주의 종입니다.

●벧후2:5-8 / 5 옛 세상을 용서하지 아니하시고 오직 의를 전파하는 노아와 그 일곱 식구를 보존하시고 경건하지 아니한 자들의 세상에 홍수를 내리셨으며 6 소돔과 고모라 성을 멸망하기로 정하여 재가 되게 하사 후세에 경건하지 아니한 자들에게 본을 삼으셨으며 7 무법한 자들의 음란한 행실로 말미암아 고통 당하는 의로운 롯을 건지셨으니 8 이는 이 의인이 그들 중에 거하여 날마다 저 불법한 행실을 보고 들음으로 그 의로운 심령이 상함이라

"불법한 행실"은 하나님의 말씀대로 못 살고 불법한 자들을 따라가는 생활입니다. 불법한 자가 누구일까요?

●살후2:3-4 / 3 누가 어떻게 하여도 너희가 미혹되지 말라 먼저 배교하는 일이 있고 저 불법의 사람 곧 멸망의 아들이 나타나기 전에는 그 날이 이르지 아니하리니 4 그는 대적하는 자라 신이라고 불리는 모든 것과 숭배함을 받는 것에 대항하여 그 위에 자기를 높이고 하나님의 성전에 앉아 자기를 하나님이라고 내세우느니라

적그리스도를 불법의 사람, 멸망의 아들, 배도하는 자라고 합니다. 하나님의 성전에 앉아 자신이 하나님이라고 합니다. 롯이 소돔성에서도 인간들이 하는 꼴을 보니, 불법한, 적그리스도가 나타나면 따라갈 신자들을 보고서, 마음 아파하는 신앙이었습니다. 롯이 그런 주의 종이었습니다.

●창19:7-8 / 7 이르되 청하노니 내 형제들아 이런 악을 행하지 말라 8 내게 남자를 가까이 하지 아니한 두 딸이 있노라 청하건 대 내가 그들을 너희에게로 이끌어 내리니 너희 눈에 좋을 대로 그들에게 행하고 이 사람들은 내 집에 들어왔은즉 이 사람들에게 는 아무 일도 저지르지 말라

롯은 집에 몰려온 사람들에게 천사는 안 된다며 자신의 딸을 준다고 합니다. 그 대신 천사에게는 손도 대지 말라고 합니다. 딸에게 못된 짓 하라고 했다고 문자적으로만 알면 안 됩니다. 이 딸들이 남자를 가까이하지 않았으니 신앙이 좋았던 것입니다. 신부 신앙을 가졌습니다. 신랑 예수를 맞이해서 영생을 얻을 신앙인 것입니다. 그래서 뒤도 안 돌아보고 달려갔습니다. 이렇게 롯의 두 딸은 믿음이 좋았습니다. 영생 얻을 믿음입니다.

이런 딸을 못된 것들에게 내주어서 못된 짓 하게 하려고 한것은 롯의 신앙을 보여줍니다. 천사를 그 사랑하는 두 딸보다 더 귀중하게 여겼다는 뜻입니다. 믿음이 좋고 아버지 말 잘 듣는 딸보다도 하나님이 보내신 천사를 더 귀중하게 여겼습니다.

우리의 신앙은 아무리 사랑하는 딸, 아내가 있더라도 하나님의 말씀을 더 귀중하게 여기면서 신앙 생활해야 합니다. 롯은 그런 신앙의 사람입니다. 주 안에서 효도해야 하고, 주 안에서 자녀들을 사랑해야 하고 남편이 아내를 사랑함도 주 안에서 해야 합니다. 주 안에서는 하나님 말씀 대로입니다. 하나님의 말씀에 입각해서 자식과 남편을 사랑해야 합니다. 아무리 귀해도 영생

얻게 하는 하나님의 말씀보다 덜 귀한 것입니다(마10:37, 막10:29).

8) 노아 때에 겨우 여덟 식구만 구원 받았다고 경계 하셨으므로

●벧전3:20 / 20 그들은 전에 노아의 날 방주 예비할 동안 하나
님이 오래 참고 기다리실 때에 순종치 아니하던 자들이라 방주에
서 물로 말미암아 구원을 얻은 자가 몇 명뿐이니 겨우 여덟 명이
라

노아 시대에 믿는 자가 노아 여덟 식구만 있어서 그 분들만
구원 얻은 것은 아닙니다. 그 때에도 믿는다는 자가 많았습니다.
그래서 하나님의 아들들이, 사람의 딸들의 아름다움을 보고 자
기들이 좋아하는 대로 아내를 취하니까 여호와의 신은 떠나고
육체가 되었다고 창세기 6장 2절 이하에 노아의 여덟 식구가 구
원 받기 전에 기록해놓으셨습니다. 거기 하나님의 아들들도 다
믿는다는 자들입니다. 인류역사의 마지막도 노아 때와 같다는
것입니다. 믿는다는 자는 많은데 그 중에서 영생 얻을 수 있는
믿음 가진 자는 노아의 여덟 식구 밖에 안 됐던 겁니다.

구원받은 성도가 과거 광야교회도 적었고 고린도교회도 적었
고, 오늘날 우리가 사는 이 시대의 교인들 가운데도 영생의 복
을 받을 자는 적다는 말씀입니다. 그러면 노아시대는 어떤 시대
인가를 구체적으로 상고하면서 우리는 노아의 여덟 식구처럼 신
앙생활을 해서 반드시 영생의 복을 받기 바랍니다.

영생의 복을 못 받으면 어떻게 되는가는 너무나도 잘 아시죠?
어떻게 됩니까? 누구를 막론하고 다 저 천국은 못 가면 지옥의

불구덩이로 들어갑니다. 그러므로 오늘 이 말씀 잘 들으시고 노아의 여덟 식구처럼 신앙생활 잘 하시기를 주의 이름으로 부탁을 드립니다.

창세기 6장의 1절로 보면 하나님의 아들들에 대해서 잘 나와 있습니다.

●창6:1-4 / 1 사람이 땅 위에 번성하기 시작할 때에 그들에게서 딸들이 나니 2 하나님의 아들들이 사람의 딸들의 아름다움을 보고 자기들의 좋아하는 모든 자로 아내를 삼는지라 3 여호와께서 가라사대 나의 신이 영원히 사람과 함께 하지 아니하리니 이는 그들이 육체가 됨이라 그러나 그들의 날은 일백이십 년이 되리라 하시니라 4 당시에 땅에 네피림이 있었고 그 후에도 하나님의 아들들이 사람의 딸들을 취하여 자식을 낳았으니 그들이 용사라 고대에 유명한 사람이었더라

하나님의 아들들은 그때 당시에 사람의 딸들 중에 아름다운 딸들이 있었는데 그 딸들을 보고 그냥 자기들이 좋아하는 대로 아내를 취했습니다. 결혼을 했습니다. 하나님이 좋아하는 대로 해야 되는데 하나님이 허락한 대로 안 하고 자기 좋아하는 대로 결혼 했다는 말씀입니다.

하나님의 아들들은 자기 마음에 드는 대로 했습니다. 여호와의 신까지 받은 이들에게서 여호와의 신이 떠나버리고 육체가 되었다고 했습니다. '여호와의 신'은 '성령'이란 말씀입니다. 성령까지 받고 신앙생활 하는 성도들을 말합니다. 그래서 하나님의 아

들들이라고 기록한 것입니다. 하나님의 아들이 되기 전에는 이 땅 위에 태어나서 살아가는 인간들은 다 마귀의 자식들입니다. 다른 종교를 믿는 자들, 아무리 다른 종교를 열심히 믿어도 그들은 마귀의 자식들입니다. 하나님의 아들들이 아니에요.

이는 남자만 해당되는 것이 아닙니다. 여자 성도, 남자 성도, 남자 장로, 여자 장로, 남자 권사나 여자 권사나 남자 집사나 여자 집사나 남자 목사나 여자 목사도 해당됩니다.

이 남녀 성도들이 하나님이 원하시고 바라시는 대로 하지 않고 자기들이 좋아하는 대로 했습니다. 그러므로 이들은 성령으로 시작했다가 육체로 마친 자들이 되어 지옥으로 간 것입니다.

●갈3:3 / 3 너희가 이같이 어리석으냐 성령으로 시작하였다가 이제는 육체로 마치겠느냐

그런데 4절에 보면 그들의 자식들은 잘됩니다.

"하나님의 아들들이 자기들이 좋아하는 대로 아내를 취하니 여호와의 신은 떠나고 육체가 되었더라."

그럼에도 그들은 120살까지 살고 자식들은 용사가 되고 유명한 자가 되었다고 합니다. 이런 자들의 생활을 부러워하지 마십시오. 이런 자들은 악인의 형통입니다. 하나님께서 악인의 형통을 부러워하지 말라고 했는데 부러워하면 그것도 하나님의 아들들이 자기들이 좋아하는 대로 아내를 취한 저들하고 같은 생활입니다.

그런 반면에 이제 노아의 여덟 식구가 있습니다.

이 8명은 물 심판도 안 받고 구원 얻었습니다. 오늘날 우리도

노아의 여덟 식구와 같은 그런 신앙인이 되어야 합니다.

이 노아는 마지막 때인 오늘날에 하나님의 참된 종의 모형입니다. 거짓 목자, 삯꾼 목자가 아니고 참 목자입니다. 그런 노아의 방주 안으로 여덟 명이 다 들어갔습니다. 방주에 들어간 사람들은 영생 얻도록 신앙생활 바로 잘한 신부 성도와 같습니다. 성도 중에는 신부 성도가 있고 음녀 성도가 있습니다. 그런데 노아의 여덟 식구가 영생 구원 얻도록 심판 받지 않는 그런 신부 성도가 된 것은 노아의 가르침을 잘 들었기 때문입니다. 노아가 방주를 몇 년 동안 지었다고 정확하지는 않지만 약 100년 동안 지었을겁니다.

그때에 노아가 방주 짓는데 식구들이 협력하고 충성 봉사를 잘 했습니다. 노아의 말과 가르침을 잘 순종하고 복종하는 신앙생활을 잘 했습니다. 방주에 7일 전에 들어가자고 했을 때도 순종했습니다. 노아가 방주를 지을 때 불평하지 않고 거역하지 않고 원망하지 않고 긴 세월 동안 지었으니 얼마나 힘든 일이었을까요? 그럼에도 힘든 모든 일을 참고 견디며 노아의 말을 잘 듣고 순종했습니다.

만약에 노아의 말을 안 듣고 방주 안에 들어가지 않았다면 물 심판 받아서 죽게 됩니다.

그러면 구체적으로 노아가 어떤 신앙을 가지고 어떻게 일곱 식구에게 가르쳤느냐가 중요합니다. 우리도 노아가 가르친 그대로 행하면 심판 안 받고 영생을 얻을 수 있기 때문입니다.

●창6:14 / 14 너는 잣나무로 너를 위하여 방주를 짓되 그 안에

간들을 막고 역청으로 그 안팎에 칠하라

노아의 신앙은 하나님이 비를 내려 이 세상을 홍수로 다 멸망 곧 심판해 버린다고 하는 그 심판의 말씀을 믿고 하나님께서 명하신 대로 홍수심판을 면할 방주를 지은 신앙 이었습니다. 노아가 요한계시록 말씀도 알았다는 것입니다. 하나님께서 "내가 물로 이 세상을 다 멸망시키련다. 심판해서 없애버리련다. 그러니 너는 방주를 지어라"라는 말씀을 노아에게 하나님이 말씀하시고 가르쳐줘서 노아는 그 말씀을 알고 믿고 실천을 했습니다.

바로 그 말씀이 인류 역사 마지막에 하나님이 예수님을 재림시켜서 이 세상을 멸해버린다고 하시는 말씀과 같습니다.

그 말씀에 대해서 성경 66권 중에는 여기저기 기록이 돼 있는데 특별히 요한계시록에 온전히 기록을 해 놓았습니다. 노아는 하나님께서 가르쳐 주셔서 가감해서 알지 않고 온전히 옳게 알았다는 것입니다. 하나님께로부터 깨달음을 받아 알게 된 그 말씀대로 믿고 실천을 했다는 것입니다. 하나님의 계시에 의해서 옳게 바로 요한계시록까지 안 그런 하나님의 종이었다는 말씀입니다. 그런 노아의 신앙을 본받아서 일곱 식구도 다 배워서 알았습니다.

●창6:8-9 / 8 그러나 노아는 여호와께 은혜를 입었더라 9 노아의 사적은 이러하니라 노아는 의인이요 당세에 완전한 자라 그가 하나님과 동행하였으며

또 노아의 신앙은 하나님께 은혜를 입었다고 했고 의인이라고 했고 당대의 완전한 자라고 했고 하나님과 동행하였다고 하였습니다. 종말에 요한계시록까지 아는 주의 종이 돼야 이런 신앙의 사람이 됩니다. 요한계시록의 말씀을 하나님께로부터 다 받아서 이해한 노아가 방주를 지었습니다. 방주는 교회를 의미합니다. 음녀교회가 아니고 신부 교회입니다.

방주를 짓는다는 말은 교회를 완성시킨다는 말씀입니다. 교회의 머리도 예수님이요, 몸도 예수님이요. 터도 예수님입니다. 그러니까 예수님 닮은 교회를 지어가고 있었다는 말씀입니다. 예수님 닮은 교회가 되어야만 예수님이 재림 하실 때에 예수님을 닮은 교회니까 올라가는 것입니다. 그리고 예수님을 닮지 못한 교회, 또 안 믿는 자들, 다른 종교인들은 못 올라가고 남아서 예수님 지상 재림 때에 지옥으로 보내는데 그게 물 심판 받은 것과 같습니다.

노아의 방주를 다 완성을 해 놓으니까 홍수가 내렸습니다. 그와 같이 노아가 방주를 짓기 전에 이미 내가 이 세상을 물로 심판하신다는 말씀을 하나님이 가르쳐줬고 노아는 그 말씀을 듣고 깨달아서 믿었습니다.

믿었기 때문에 방주를 지었습니다. 따라서 "이 예언의 말씀을 읽는 자와 듣는 자와 그 가운데 기록한 것을 지키는 자들이 복이 있나니 때가 가까움이라"(계1:3) 한 그 말씀과 관계된 말씀입니다.

가감하지 않는 요한계시록의 말씀까지 온전히 알고 지키는 것이 방주를 다 완성 시켰다는 말씀입니다. 그것은 예수님의 형상과 모양을 닮은 교회가 되도록 노아가 방주를 지었다는 말씀입니다.

그래서 이 방주는 단체 교회고 노아의 여덟 식구는 개인교회란 말입니다. 이 방주인 단체 교회가 완성될 때까지 노아의 여덟 식구 개개인의 몸 된 성전이 예수그리스도의 형상과 모양을 닮아갔습니다.

이런 신앙의 사람들이 바로 영생 얻은 노아의 여덟 식구의 신앙입니다.

9) 딸 시온은 포도원의 망대같이, 원두밭의 상직막같이 에워싸인 성읍같이 겨우 조금 남겨 두었다고 경계 하였으므로

●사1:7-9 / 7 너희 땅은 황무하였고 너희 성읍들은 불에 탔고 너희 토지는 너희 목전에 이방인에게 삼키웠으며 이방인에게 파괴됨같이 황무 하였고 8 딸 시온은 포도원의 망대같이, 원두밭의 상직막같이, 에워싸인 성읍같이 겨우 남았도다 9 만군의 여호와께서 우리를 위하여 조금 남겨 두지 아니하셨더면 우리가 소돔 같고 고모라 같았었으리로다

이사야 때 참외 밭, 수박 밭에 수박과 참외가 많이 열렸습니다. 참외와 수박은 이스라엘 백성이라는 뜻입니다. 그런데 이들은 바벨론의 포로 되어서 망하고 참외밭과 수박밭을 지키려고 만들어 놓은 상징막 만을 보호해주겠다는 말씀입니다

그러니까 이스라엘 백성의 수가 밭에 참외와 수박처럼 많이

있었지만 원두밭에 상징막을 치고 있는 주인인 이 사람만 구원시켜 하늘나라 가게 한 것처럼 오늘날에도 믿는다는 자가 많지만 영생 얻을 자는 예수님 오실 때 상징막을 지키는 주인처럼 적은 수만 구원을 얻는다는 말씀입니다.

또 포도원이라고 했습니다. 포도원에 포도가 얼마나 많이 열려있습니까? 포도도 이스라엘 백성이란 뜻입니다. 이스라엘 나라의 많은 백성들도 바벨론의 침략을 받아서 멸망당하게 되고 망대를 지키고 있는 주인만 구원시킨 것처럼 이스라엘 백성 중 적은 수만 영생을 얻는다는 말씀입니다.

포도원의 망대는 포도원을 지키기 위해서 가장자리에 조그마한 집을 지어놓고 도둑들이 오나 안 오나 살피는 곳입니다.

여기 포도원은 이스라엘 민족이라고 이사야서 5장 1절 이하에 특별히 말씀을 했습니다. 포도원에 포도나무가 많이 있고 포도열매가 많이 맺은 것처럼 이스라엘 나라 이스라엘 백성들의 전체를 이렇게 말씀한 겁니다. 그런데 망대는 넓은 포도원에 비하면 극히 적은 부분을 차지하고 있습니다. 포도원을 지키기 위해서 만들어 놓은 이 망대가 바로 남은 자를 말씀한 것입니다. 이 망대와 같이 남은 자인 적은 수만이 이스라엘의 그 많은 족속 중에서 구원을 받아 하늘나라로 간다고 기록되어 있습니다.

포도원은 오늘날 기독교교회를 말하고 망대는 신앙생활 올바로 잘해서 영생을 얻을 하늘나라에 들어갈 그런 성도들을 말씀하는 겁니다.

●왕하9:17 / 17 이스르엘 망대에 파숫군 하나가 섰더니 예후의 무리의 오는 것을 보고 가로되 내가 한 무리를 보나이다 요람이 가로되 한 사람을 말을 태워 보내어 맞아 평안이냐 묻게 하라

첫째로 망대는 파수꾼이 적이나 주위의 동정을 눈으로 보면서 살피기 위해 높이 세운 곳입니다.

이 말씀이 무슨 말씀인지 알기위해 에베소서 1장으로 가겠습니다.

●엡1:15-19 / 15 이를 인하여 주 예수 안에서 너희 믿음과 모든 성도를 향한 사랑을 나도 듣고 16 너희를 인하여 감사하기를 마지 아니하고 내가 기도할 때에 너희를 말하노라 17 우리 주 예수 그리스도의 하나님, 영광의 아버지께서 지혜와 계시의 정신을 너희에게 주사 하나님을 알게 하시고 18 너희 마음 눈을 밝히사 그의 부르심의 소망이 무엇이며 성도 안에서 그 기업의 영광의 풍성이 무엇이며 19 그의 힘의 강력으로 역사하심을 따라 믿는 우리에게 베푸신 능력의 지극히 크심이 어떤 것을 너희로 알게 하시기를 구하노라

위의 말씀은 바울사도가 에베소 교인들을 위해서 중보 기도한 내용이 기록돼 있습니다. 중보기도는 자기를 위해서 기도하는 기도가 아니고 다른 사람을 위해서 기도하는 기도가 중보기도입니다. 그래서 바울사도가 에베소 교인들을 위해서 너희의 '마음의 눈'을 밝혀달라고 기도하고 있습니다.

사람에게는 누구든지 육의 눈이라고도 하고 '육신의 눈'이라고도 하는 눈을 가지고 있습니다. 그런가 하면 우리에게는 '영의

눈이 있고 또, '마음의 눈'이 있습니다. 육신의 눈은 너무나 잘 알죠. 물질세계를 보는 눈입니다. 그리고 우리 안에 영이 있는데 영에도 눈이 있습니다. 이 영의 눈이 밝아져야만 영의 세계를 봅니다. 영의 세계는 하늘나라도 있고 지옥도 있습니다.

영의 눈이 밝아지면 영의 나라인 하늘나라도 보고 천사도 보고 성령이 불같이 내리는 것도 보고 지옥도 보고 마귀를 보기도 합니다. 이는 '영의 눈'이 밝아져야 그렇게 되는데 '영의 눈'이 언제 밝아지느냐 하면 우리가 성령을 충만히 받을 때입니다.

성령을 충만히 받으면 '영의 눈'은 밝아진다고 했는데 '마음의 눈'이 밝아지려면 어떻게 해야 할까요? 18절에 보니까 '마음의 눈'이 밝아져야만 하나님에 대해서 구체적으로 안다고 했습니다. '영의 눈'만 밝아져서 하나님이 계신 것을 알고 하나님께 기도하면 여러 가지 육신 문제 해결해 주는 전능하신 하나님 정도로만 알면 하나님을 제대로 아는 것이 아닙니다.

그것은 어렸을 때 부모님에 대해서 아는 것과 마찬가지입니다. 장성하여 자식도 낳고 키우는 엄마, 아빠가 되어야 부모님에 대해서도 잘 알게 됩니다.

이와 같이 우리가 하나님에 대해 알아도 온전하게 알아야 하는데 그렇게 되려면 '마음의 눈'이 밝아져야 되고 마음의 눈이 밝아지게 하기 위해 '지혜와 계시의 정신을 너희에게 주사'라고 하셨습니다. 계시의 정신이라는 '정신'은 난하에 보면 헬라어로 '영'이라 했습니다. 그것은 성령의 계시 은사를 받으라는 말씀입니다. 성령 충만 받아서 영의 눈이 밝아진 다음에 지혜와 계시의 은사를 받아야 마음의 눈이 밝아진다고 하였습니다.

　에베소 교인들은 영의 눈은 밝아져 있었습니다. 이미 성령 충만한 에베소 교인들이었다는 말씀입니다. 그런 에베소 교인들에게 바울사도가 '지혜와 계시의 정신을 주사 마음의 눈이 밝아지게 해 달라'고 하나님 앞에 중보기도하고 있습니다.
　이 망대 신앙이 바로 '마음의 눈'이 밝아져 망대에 서서 도둑이나 악한 짐승이 오는지 바라보는 것입니다.
　열왕기하 9장 17절에 보면 무리들이 오는 것을 파수꾼이 보고 있다고 쓰여 있습니다.
　"이스라엘 망대의 파수꾼 하나가 섰더니 예후의 무리의 오는 것을
　보고 가로되 내가 한 무리를 보나이다."
　여기 '본다'는 말이 이 짧은 문장 속에 두 번이나 기록되어 있습니다. 따라서 이 망대신앙은 성령 충만한 '영의 눈'이 밝아진 듣는 차원의 신앙이 아니고 '마음의 눈'이 밝아진 보는 차원의 신앙입니다.
　이 망대는 믿는 자 중에서 영생 얻을 남은 자인 수효가 적은 자입니다. 우리가 영생 얻을 신앙생활은 성령 충만 은사 충만 차원에만 머물면 안 됩니다. 그것은 영의 눈만 밝아진 상태인데 마음의 눈까지 밝아져야 됩니다.
　그러려면 성령의 지혜 은사와 계시의 은사를 받아야 합니다. 그래야만 포도원의 망대처럼 남은 자가 되어서 영생을 얻고 의인의 형통의 복을 받습니다.

두 번째로 이 망대신앙은 무엇인가요?

원수들이, 적군이, 해치려는 자들이 오는가, 안 오는가를 분별하는 곳이 망대입니다. 그래서 여기 망대신앙은 옳고 그른 것을 분별하는 신앙입니다. 특히 거짓 선지자들은 영생을 얻지 못하도록 포도원을 해치는 악한 짐승이나 악한 자들의 대표로 거짓된 주의 종입니다. 주의 종 가운데는 삯꾼 목자, 거짓 목자, 참 목자 세 가지가 있습니다. 그런데 삯꾼 목자, 거짓 목자 이들이 포도원을 해치는 자입니다. 이 포도원을 해치는 거짓 목자, 삯꾼 목자를 분별해야 되고, 또 적그리스도인지 진짜 예수님인지를 분별하는 그런 일을 하는 곳이 바로 이 세워놓은 망대입니다.

그래서 망대신앙은 삯꾼 목자, 거짓 목자를 분별해서 그들이 우리의 신앙과 기독교계를 해치지 못하게 해야 합니다. 우리는 망대 신앙을 가져서 천국 가는 신앙인이 되어야 합니다.

세 번째로 이 망대에서는 졸면 안 됩니다.

망대 위에 올라가 졸면 소용없습니다. 망대는 파수꾼이 서서 졸지 말고 깨어서 잘 지키라고 있는 것입니다.

우리도 조는 신앙이 되지 말고 깨어있는 신앙이 되어야만 망대신앙, 남은 자 신앙이 되어서 영생의 복을 받게 되는 줄 믿으시기 바랍니다.

●마25:1-13 / 1 그 때에 천국은 마치 등을 들고 신랑을 맞으러 나간 열 처녀와 같다 하리니 2 그 중에 다섯은 미련하고 다섯은 슬기 있는지라 3 미련한 자들은 등을 가지되 기름을 가지지 아니하고 4 슬기 있는 자들은 그릇에 기름을 담아 등과 함께 가져갔더

니 5 신랑이 더디 오므로 다 졸며 잘새 6 밤중에 소리가 나되 보라 신랑이로다 맞으러 나오라 하매 7 이에 그 처녀들이 다 일어나 등을 준비할새 8 미련한 자들이 슬기 있는 자들에게 이르되 우리 등불이 꺼져가니 너희 기름을 좀 나눠 달라 하거늘 9 슬기 있는 자들이 대답하여 가로되 우리와 너희의 쓰기에 다 부족할까 하노니 차라리 파는 자들에게 가서 너희 쓸 것을 사라 하니 10 저희가 사러 간 동안에 신랑이 오므로 예비하였던 자들은 함께 혼인 잔치에 들어가고 문은 닫힌지라 11 그 후에 남은 처녀들이 와서 가로되 주여 주여 우리에게 열어 주소서 12 대답하여 가로되 진실로 너희에게 이르노니 내가 너희를 알지 못하노라 하였느니라 13 그런즉 깨어 있으라 너희는 그 날과 그 시를 알지 못하느니라

위의 말씀에서 보면 구원 얻은 망대의 신앙을 가진 지혜로운 다섯 처녀들과 망대 신앙을 갖지 못한 미련한 다섯 처녀의 두 종류가 있습니다.

미련한 다섯 처녀는 망대 신앙이 못되고 지혜로운 다섯 처녀는 망대신앙입니다. 신랑 예수를 맞이한 망대신앙 가진 지혜로운 다섯 처녀는 구원을 얻었고 미련한 다섯 처녀는 못 얻었는데 둘 다 졸며 잤습니다.

이 구절은 굉장히 중요한 난해 구절에 속하는 말씀입니다.

둘 다 잤다는 구절이 어디 있습니까? 5절에서 다 졸며 잔다는 말은 지혜로운 다섯 처녀와 미련한 다섯 처녀 모두를 말합니다. 미련한 다섯 처녀만 졸며 잤다는 말이 아닙니다. 여기서 문자적으로는 망대신앙도 포도원신앙도 다 졸며 잤는데 망대신앙 가진 지혜로운 다섯 처녀는 신랑 예수 맞이해서 영생을 얻었다고 되

어 있지요? 이 말씀을 우리가 확실히 알려면 또 성경으로 해석을 해야 됩니다.

이 말씀을 제대로 알도록 성경에 데살로니가전서 5장 4절로 8절에 기록돼 있습니다.

● 살전5:4-8 / 4 형제들아 너희는 어두움에 있지 아니하매 그 날이 도적같이 너희에게 임하지 못하리니 5 너희는 다 빛의 아들이요 낮의 아들이라 우리가 밤이나 어두움에 속하지 아니하나니 6 그러므로 우리는 다른 이들과 같이 자지 말고 오직 깨어 근신할지라 7 자는 자들은 밤에 자고 취하는 자들은 밤에 취하되 8 우리는 낮에 속하였으니 근신하여 믿음과 사랑의 흉배를 붙이고 구원의 소망의 투구를 쓰자

"형제들아"라는 말은 "말세의 마지막 때 성도들아"라는 말씀으로 '예수님 재림 때 하늘나라 갈 그런 복을 받을 성도들아'라고 하는 말씀입니다.

이들은 어두움에 있지 않고 도적 같이 예수님이 임하지 않으니까 이는 깨어있는 자입니다. 그리고 이 사람들은 빛의 아들입니다. 그리고 낮의 아들입니다. 그러니까 어두움의 아들이 아니고 밤의 아들이 아니라는 뜻입니다. 따라서 밤이나 어두움에 속하지 아니했습니다.

그 다음에 6절은 "다른 이들과 같이 자지 말고" 그러니까 다른 이들은 자는 겁니다. 7절에 "취한다"는 말은 술에 취한다는 말입니다. 술 취해서 모든 자들은 낮에 일하면서 주로 일 다 마치고 저녁에 술 실컷 먹고 밤에 취한 겁니다. 그러니까 밤에 속한 자입

니다. 남은 자 망대신앙인 지혜로운 다섯 처녀는 취한 자가 아니라는 말씀입니다. 밤에 취하는 자들이 아닙니다.

"우리는 낮에 속하였나니 근신하여 믿음과 사랑과 흉배를 붙이고 구원의 소망의 투구를 쓰자."

그런데 지혜로운 다섯 처녀나 미련한 다섯 처녀나 "다 졸며 잘 새"라고 기록돼 있는데 왜 그렇게 써놓고 맨 마지막 결론에 가서는 "그러므로 너희는 깨어있으라"고 하셨을까요?

예수님이 재림주로 오실 때 그 예수님을 맞이하기 위한 그때 상황은 지혜로운 자나 미련한 자나 졸기에 그냥 안성맞춤인 시대입니다.

지혜로운 처녀라도 망대신앙을 가진 자라도 영생 얻을 수 있는 믿음을 가진 자라도 자칫 하면 졸수가 있습니다. 영생 얻지 못할 신앙 가진 자, 망대신앙을 못 가진 자, 미련한 다섯 처녀는 더 말할 것 없이 졸지만 망대신앙, 지혜로운 다섯 처녀, 보는 차원의 신앙을 가진 자라도 그때 상황이 자칫 하면 졸 수 밖에 없다는 말입니다.

그래서 조는 것을 경계하는 말씀으로 "깨어있으라"고 하는 것입니다. 그리고 지혜로운 다섯 처녀는 깨어있었던 것이고 미련했던 다섯 처녀는 깨어있지 못한 것입니다.

이 말씀은 말세의 마지막 때 성도들이 예수님 재림 할 때 신랑 예수를 맞이해서 구원을 얻느냐 못 얻느냐에 대한 비유의 말씀입니다. 그러니까 그때 가서 졸 수 밖에 없는 그런 상황이 몰아치고 오게 될 텐데 그때 너희들은 제발 졸지 말고 깨어있어야 된다는 진리를 여기서 보여주려고 "다 졸며 잘 새" 해 놓고 마지막에는 "그러므로 깨어있으라"고 말씀하신 것입니다.

구체적으로 깨어있는 신앙이 무엇인가요?

● 행20:7-12 / 7 안식 후 첫날에 우리가 떡을 떼려 하여 모였더니 바울이 이튿날 떠나고자 하여 저희에게 강론할새 말을 밤중까지 계속하매 8 우리의 모인 윗다락에 등불을 많이 켰는데 9 유두고라 하는 청년이 창에 걸터 앉았다가 깊이 졸더니 바울이 강론하기를 더 오래 하매 졸음을 이기지 못하여 삼층누에서 떨어지거늘 일으켜 보니 죽었는지라 10 바울이 내려가서 그 위에 엎드려 그 몸을 안고 말하되 떠들지 말라 생명이 저에게 있다 하고 11 올라가 떡을 떼어 먹고 오래동안 곧 날이 새기까지 이야기하고 떠나니라 12 사람들이 살아난 아이를 데리고 와서 위로를 적지 않게 받았더라

위의 말씀에 보면 삼층 누에서 바울사도가 마지막 설교를 합니다. 로마로 순교하러 가는 마지막 설교를 하는데 설교가 길어져서 밤이 깊어가도록 설교를 했습니다. 이때 유두고가 삼층 창문에 걸터앉아 깊이 졸다가 떨어져서 죽었습니다. 이 말씀 설교가 길다고 해서 졸다가 삼층에서 땅바닥으로 떨어져 죽었다는 것은 깨어있지 못한 신앙에 대한 경고입니다.

설교 시간에 깨어있지 못하고 존다든지 졸지는 않더라도 눈을 뜨고 듣고는 있는데 속에는 세상 생각만 하지 말고 깨어있어 설교 때 집중해서 잘 들어야 합니다. 그래야 깨어있는 망대신앙이 되어서 영생을 얻습니다.

10) 밤나무, 상수리나무가 베임을 당하여도 그 그루터기는 남아 있듯이 이스라엘의 거룩한 씨를 남겨 두었다고 경계 하셨으므로

●사6:13 / 13 그 중에 십분의 일이 오히려 남아 있을지라도 이것도 삼키운 바 될 것이나 밤나무, 상수리나무가 베임을 당하여도 그 그루터기는 남아 있는 것같이 거룩한 씨가 이 땅의 그루터기니라

이스라엘 민족을 밤나무 상수리나무라고 했습니다.

그것은 밤나무와 상수리나무가 삼키운 바 되어 베임을 당한 것과 같이 이스라엘 민족들 중에 구원을 못 얻었다는 말씀입니다.

영생을 못 얻게 나무는 잘라버리고 그루터기만 구원시키고 천국가게 하신다는 말씀입니다.

그러니까 믿는다는 자는 많지만 그루터기처럼 적은 자만 구원시킨 것처럼 오늘날에도 믿는다는 자는 세계적으로 기독교 안에 수없이 많으나 천국 갈 구원자는 소수라는 것을 알아야 합니다. 예수 재림 심판 때 불 심판 받아서 지옥으로 가는 자가 다수이고 적은 수만, 그루터기처럼 거룩한 씨만 영생을 얻게 한다는 말씀입니다. 이것이 성경의 가르침입니다.

●갈3:16 / 16 이 약속들은 아브라함과 그 자손(헬 : 씨)에게 말씀하신 것인데 여럿을 가리켜 그 자손(헬 : 씨)들이라 하지 아니하시고 오직 하나를 가리켜 네 자손(헬 : 씨)이라 하셨으니 곧 그리스도라

이 거룩한 씨에 대한 말씀이 성경에 여기저기에 많이 있는데 갈라디아서 3장 16절에는 자손이라는 말이 무려 세 번이나 나

와 있는데 그 세 번 나와 있는 자손에는 번호가 있습니다. 그 밑에는 헬라어로 '씨' 라고 하였습니다.

●갈3:29 / 29 너희가 그리스도께 속한 자면 곧 아브라함의 자손(헬 : 씨)이요 약속대로 유업을 이을 자니라

여기도 자손이라고 되어 있는 곳에는 번호가 있고, 헬라어로 '씨'라고 했습니다. 즉, 이스라엘의 거룩한 씨가 남은 자이고 그루터기여서 예수님을 믿어서 영생을 얻을 자로서 거룩한 하나님의 자녀들이라는 말씀입니다.

우리는 예수님을 믿어서 하나님의 자녀들이 됐습니다. 그리하여 우리는 거룩하게 예수님을 믿어야 된다는 말씀입니다. 즉, 거룩한 신앙의 사람이 되어야 된다는 말씀입니다. 영생 얻을 자들을 거룩한 씨 곧 자손이라고 했는데 특히 씨, 자손은 아브라함의 씨, 아브라함의 자손이라고 성경은 말씀하고 있습니다.

●롬9:7-9 / 7 또한 아브라함의 씨가 다 그 자녀가 아니라 오직 이삭으로부터 난 자라야 네 씨라 칭하리라 하셨으니 8 곧 육신의 자녀가 하나님의 자녀가 아니라 오직 약속의 자녀가 씨로 여기심을 받느니라 9 약속의 말씀은 이것이라 명년 이 때에 내가 이르리니 사라에게 아들이 있으리라 하시니라

이스라엘에 믿음의 조상 아브라함에게는 아들이 두 명이 있었는데 그 이삭으로 말미암아 난 자가 약속의 자손으로서 즉 씨로서 영생을 얻는다고 했습니다. 아브라함의 자손 중 이스마엘의 씨 곧 이스마엘의 계통은 영생을 못 얻는다고 했습니다. 그래서 성경에는 거룩한 씨 곧 자손을 약속의 자손이라고도 합니다.

●롬11:1 / 1 그러므로 내가 말하노니 하나님이 자기 백성을 버리셨느뇨 그럴 수 없느니라 나도 이스라엘인이요 아브라함의 씨에서 난 자요 베냐민 지파라

●고후11:22 / 22 저희가 히브리인이냐 나도 그러하며 저희가 이스라엘인이냐 나도 그러하며 저희가 아브라함의 씨냐 나도 그러하며

로마서 11장이나 고린도후서 11장에서 바울사도는 자신을 아브라함의 씨에서 난 자라고 했습니다. 바울사도는 아브라함의 씨에서 곧 아브라함의 자손으로 난 자입니다. 그리고 아브라함의 자손 가운데 이삭의 후손으로 태어나서 아브라함의 씨요, 자손인 그래서 영생 얻을 수 있는 그런 자손입니다. 아브라함은 영생 얻을 수 있는 믿음을 가진 믿음의 조상인데 그 아브라함의 믿음이 이스마엘에게는 가지 않고 이삭에게 갔습니다. 즉 이삭은 거룩한 씨 곧 거룩하게 신앙생활을 했고 이스마엘은 거룩한 씨 곧 거룩하게 신앙생활을 하지 못했습니다.

'거룩하다'는 말의 반대는 '더럽다'는 뜻으로 '욕심 버리지 못한 신앙생활'을 말합니다. 아브라함은 하나님을 믿되 욕심까지 다 버린 '거룩한 씨'로서 신앙생활을 했고 그 신앙을 아들 중 이삭이 이어 받았고, 또 야곱이 이어받았습니다. 에서는 이어받지를 못했습니다. 그 신앙이 내려와서 바울사도도 그 신앙의 자손으로 이어받았습니다. 그래서 바울사도도 욕심까지 다 버리고 '거룩한 씨'로서 주의 종노릇을 했습니다.

바울사도는 세상 부귀영화, 명예, 권세를 분토처럼 배설물로 여기면서 주의 종노릇했습니다. 그러면 구체적으로 어떻게 신앙생활을 해야 거룩한 씨, 곧 밤나무, 상수리나무를 베고 남은 그루터기, 곧 남은 자의 신앙이냐 하면 그것은 거룩한 안식일을 잘 지키는 생활을 하는 것입니다.

● 출16:23 / 23 모세가 그들에게 이르되 여호와께서 이같이 말씀하셨느니라 내일은 휴식이니 여호와께 거룩한 안식일이라 너희가 구울 것은 굽고 삶을 것은 삶고 그 나머지는 다 너희를 위하여 아침까지 간수하라

● 출20:8 / 8 안식일을 기억하여 거룩히 지키라

출애굽기 16장과 20장 그 외에 신구약성경을 망라해서 안식일은 거룩한 날이라고 되어 있습니다. 안식일은 거룩한 날이라고 하나님께서 기록하셨습니다. 그러니까 거룩한 씨, 거룩한 하나님의 자녀가 되려면 거룩한 안식일을 잘 지키는 신앙생활을 해야 됩니다. 거룩한 하나님의 날, 곧 안식일이며 신약시대에는 주일이라고 하는데 주일은 거룩한 날임을 알아야 됩니다.

그러므로 거룩한 날인 이 주일을 잘 지키면서 신앙생활을 해야 합니다. 하나님께서 6일 동안 천지만물을 창조하시고 이레째 되는 날은 쉬시면서 우리에게도 쉬라는 복을 주셨습니다.

이렇게 주일은 거룩한 날이니까 이 주일날을 잘 지키면서 신앙생활을 하는 그런 신앙의 사람이 되려면 주일은 무슨 일이 있어도 아버지 집에 와서 예배 드리기를 힘써야 합니다.

또 거룩한 주일 하나님의 집 즉 교회에 와서 예배를 드리되, 하나님께서는 신령과 진정으로 예배를 드려야만 받아준다고 하

셨습니다. 주일에 하나님의 집에 나와 예배를 드리되 신령과 진정으로 예배를 드리는 그런 신앙생활을 해야 됩니다.

●요4:24 / 24 하나님은 영이시니 예배하는 자가 신령과 진정으로 예배할찌니라

요한복음 4장에 보면 예수님께서는 사마리아 우물가 여인에게 예배드리는 모범을 보이시면서 신령과 진리로 예배드리라고 가르쳐 주셨습니다. 신령은 성령, 영어로 Spirit입니다. 진정은 True. 즉 진리입니다.

주일은 교회에 와서 예배를 드리되 신령과 진리로 드려야 되는데 거기에는 성령이 역사해 주어야 합니다.

성령은 이른비 성령과 늦은비 성령이 있습니다. 이른비로는 씨를 뿌릴 수 있지만 늦은비가 내려야 곡식이 알곡이 되어서 추수해서 창고에 들어가는 것처럼, 진리의 성령이라 하는 늦은비 성령이 역사해야만 공급된 진리의 말씀을 영의 양식으로 소화를 시키게 됩니다.

●사58:13-14 / 13 만일 안식일에 네 발을 금하여 내 성일에 오락을 행치 아니하고 안식일을 일컬어 즐거운 날이라, 여호와의 성일을 존귀한 날이라 하여 이를 존귀히 여기고 네 길로 행치 아니하며 네 오락을 구치 아니하며 사사로운 말을 하지 아니하면 14 네가 여호와의 안에서 즐거움을 얻을 것이라 내가 너를 땅의 높은 곳에 올리고 네 조상 야곱의 업으로 기르리라 여호와의 입의 말이니라

이사야서 58장13절로 14절에 보면 이스라엘 백성들에게 안식

일은 "오락을 하지 말라"고 하셨습니다. 이 말씀은 거룩한 안식일에는 아버지 집에 와서 예배를 드리되, 신령과 진리로 예배를 드리고 오락으로 드리면 안 된다는 것입니다.

●민15:35-36 / 35 여호와께서 모세에게 이르시되 그 사람을 반드시 죽일찌니 온 회중이 진 밖에서 돌로 그를 칠찌니라 36 온 회중이 곧 그를 진 밖으로 끌어내고 돌로 그를 쳐죽어서 여호와께서 모세에게 명하신 대로 하니라

다음에 민수기 15장 35절로 36절에 보면 광야교회 성도들 가운데 안식일에 산에 가서 나무를 한 사람이 있습니다. 그리고 모세에게 와서 보고를 하니 모세가 그를 돌로 쳐 죽이라 하였습니다. 그들이 왜 안식일 날 가서 산에 나무를 했을까요? 쉽게 말하면 자기 유익을 위해서였습니다. 육신의 유익을 위해서 주일날 거룩한 안식일 날 교회에 와서 신령과 진리로 예배드리지 않고 자기 육신의 유익을 위해서 예배를 드리면 안 된다는 경고일수 있습니다.

●대하7:16 / 16 이는 내가 이미 이 전을 택하고 거룩하게 하여 내 이름으로 여기 영영히 있게 하였음이라 내 눈과 내 마음이 항상 여기 있으리라
●고전3:17 / 17 누구든지 하나님의 성전을 더럽히면 하나님이 그 사람을 멸하시리라 하나님의 성전은 거룩하니 너희도 그러하니라
역대하 7장이나 고린도전서 3장에 보면 성전은 거룩하다고 했

습니다. 거룩한 성전에서 신앙생활을 잘해야 됩니다. 하나님의 집인 성전, 곧 교회는 거룩하기 때문에 우리가 거룩한 씨, 거룩한 하나님의 자녀로서 거룩한 하나님의 집. 하나님의 교회에서 예배를 잘 드리면서 신앙생활을 해야 됩니다.

그런데 예수님 당시라든지 또는 예레미야 때라든지, 또는 이사야 때라든지 또는 말라기 때라든지 거룩한 성전에서 거룩하게 신앙생활을 하지 않았습니다. 특별히 예수님 당시에만이 아니고, 예레미야 시대의 예루살렘 성전도 그랬고 이사야 때도, 말라기 때도 그랬다고 기록되어 있습니다.

하나님의 성전은 거룩한 곳이기 때문에 거룩한 성전에서 곧 강도 굴혈, 장사굴혈이 되지 않는 그런 하나님의 성전인 교회에서 신앙생활을 잘 해야 합니다.

이것은 너무도 중요합니다. 하나님의 집은 집인데 강도굴혈, 장사굴혈이 된 집이 있습니다. 이 말은 자아와 욕심이 빠지지 않는 그런 교회를 말합니다. 반면에 거룩한 성전은 자아와 욕심이 해결된 교회, 자아와 욕심을 처리시킨 교회를 말합니다.

어쨌든 자아와 욕심을 버리면서 교회생활을 해야 됩니다. 그런 교회에서 신앙생활을 열심히 해야지 자아와 욕심을 버리게 하지 않는 교회, 심지어는 자아와 욕심을 오히려 채우게 하는 그런 교회도 얼마든지 있는데 예수님 당시의 예루살렘 성전도 그랬습니다.

제단에 대해서 얘기해 봅니다. 제단 역시 교회를 의미합니다.

가인은 하나님께서 자기 제물과 자기의 예배를 안 받아 주는데 반해 동생의 제물과 예배는 받아주니까 동생을 죽였습니다. 그러니 가인의 제단은 영생을 얻게 하는 그런 제단이 아닌 것입니다.

● 엡3:5 / 5 이제 그의 거룩한 사도들과 선지자들에게 성령으로 나타내신 것같이 다른 세대에서는 사람의 아들들에게 알게 하지 아니하셨으니

● 겔48:11 / 11 이 땅으로 사독의 자손 중 거룩히 구별한 제사장에게 돌릴지어다 그들은 직분을 지키고 이스라엘 족속이 그릇할 때에 레위 사람의 그릇한 것처럼 그릇하지 아니하였느니라

세 번째로, 거룩한 하나님의 종의 양육을 받으면서 신앙생활을 해야 합니다.

에베소서 3장과 에스겔서 48장에 보면 하나님의 종은 거룩하다고 했습니다. 하나님의 종은 거룩하다는 말은 욕심까지 버린 주의 종이라는 말씀입니다. 하나님의 종은 종인데 거짓목자가 있고 삯꾼 목자가 있습니다. 이런 자들은 자아와 욕심을 버리지 못한 거룩한 하나님의 종이 아닙니다. 그런가하면 하나님의 참된 목자, 하나님의 참된 종이 있습니다. 하나님의 참된 종이 바로 거룩한 하나님의 종입니다. 하나님의 참된 종의 양육을 받으면서 우리가 신앙생활을 해야 하나님이 주시는 영생의 복을 누릴 수 있습니다.

● 출3:5 / 5 하나님이 가라사대 이리로 가까이 하지 말라 너의

선 곳은 거룩한 땅이니 네 발에서 신을 벗으라

●수5:15 / 15 여호와의 군대장관이 여호수아에게 이르되 네 발에서 신을 벗으라 네가 선 곳은 거룩하니라 여호수아가 그대로 행하니라

출애굽기 3장과 여호수아 5장에 보면 모세 앞에 하나님께서 불꽃 가운데서 나타나서 부르실 때 소명을 주고 "너의 선 곳은 거룩한 땅이니 신을 벗으라"고 하십니다. 또 모세의 후계자 여호수아가 이스라엘 백성을 이끌고 가나안 땅으로 들어가려고 할 때에도 하나님께서는 "너 선 곳은 거룩하니 신을 벗으라"고 합니다. 이 말씀은 하나님의 종은 욕심까지 버리고 사명 즉, 주의 종의 사역을 하라는 뜻입니다.

성경에는 그런 욕심까지 버린 주의 종만 있는 게 아니고 거짓 목자 삯꾼목자들이 많이 기록되어 있습니다. 우리는 거룩한 주의 종, 하나님의 참된 주의 종의 양육을 받으면서 신앙생활을 잘 해야지 그렇지 못하면 소용이 없습니다.

●벧전1:15-16 / 15 오직 너희를 부르신 거룩한 자처럼 너희도 모든 행실에 거룩한 자가 되라 16 기록하였으되 내가 거룩하니 너희도 거룩할지어다 하셨느니라

그 다음에 베드로전서 1장 15절로 16절을 보면 하나님은 거룩하신 분이요, 예수님도 거룩하신 분이다고 그랬습니다. 우리는 하나님의 자녀가 되었고 예수님의 약혼자가 되었습니다. 성령까지 받은 우리 성도들은 예수님하고 약혼자가 됐습니다. 이런 우리는 이제 오직 성부 하나님과 성자 예수님과 성령님 만을 아는 그런 신앙을 가지고 생활을 해야만 합니다.

성삼위 일체 하나님 외에 다른 신들도 많이 있는데 다른 신도 거룩합니까? 하나님 외에 다른 신들이 거룩한 신입니까? 오직 하나님만 거룩하신 분입니다. 그리고 하나님의 독생자이신 우리의 약혼자 되시는 예수님만 거룩하신 분입니다. 우리가 하나님이 주시는 복을 누리려면 거룩하신 하나님 외엔 다른 신이 없고 거룩하신 신랑, 약혼자 예수님 외엔 없다는 신앙을 가지고 신앙 생활을 해야만 합니다.

거룩한 하나님도 좋고, 거룩한 예수님도 좋고, 다른 종교도 좋다면 우리가 거룩한 씨가 되겠습니까? 그런 것들은 거룩하지 못한데 그런 것들도 거룩하다고 좋아하면서 생활하는 사람은 거룩한 씨도, 거룩한 하나님의 자녀가 될 수 없습니다. 그런 신앙의 사람보고 음녀의 씨라고 합니다. 그래서 오직 하나님만이 참 신이고, 우리의 구원자는 오직 예수님, 나의 신랑은 오직 예수님이라는 신앙을 가지고 누가 흔들더라도 미혹되지 않고 꾸준히 절개를 지켜가는, 정조를 지켜가는 신앙인이 되어 하나님의 영생의 복을 받아 누리기를 주의 이름으로 축원합니다.

● 계21:2 / 2 또 내가 보매 거룩한 성 새 예루살렘이 하나님께로부터 하늘에서 내려오니 그 예비한 것이 신부가 남편을 위하여 단장한 것 같더라

거룩한 성 예루살렘! 고향을 떠나 가나안에 갔던 아브라함도 고향으로 돌아갈 그런 기회가 있었지만 고향으로 돌아가지 않고 거룩한 성 그 한 성을 위해서 힘들고 어려운 나그네 생활을 하

다가 죽어서 거룩한 성 예루살렘에 가게 되었습니다.

요한계시록 21장을 보면 하늘에서 남편을 위하여 단장한 것 같은 신부가 내려오고 있습니다. 거룩한 성은 곧 하늘나라의 본부입니다. 하늘나라를 대표합니다.

베드로후서 3장에 보면 그 거룩한 성 새 예루살렘에 들어가기 위한 제 1목적으로 신앙생활을 하는 자는 어떻게 신앙생활을 하는지 구체적으로 나와 있습니다.

● 벧후3:10-13 / 10 그러나 주의 날이 도적같이 오리니 그 날에는 하늘이 큰 소리로 떠나가고 체질이 뜨거운 불에 풀어지고 땅과 그 중에 있는 모든 일이 드러나리로다(타지리라) 11 이 모든 것이 이렇게 풀어지리니 너희가 어떠한 사람이 되어야 마땅하뇨 거룩한 행실과 경건함으로 12 하나님의 날이 임하기를 바라보고 간절히 사모하라 그 날에 하늘이 불에 타서 풀어지고 체질이 뜨거운 불에 녹아지려니와 13 우리는 그의 약속대로 의의 거하는 바 새 하늘과 새 땅을 바라보도다

10절 마지막에 "드러나리로다"는 번호가 있습니다. 성경 난하주에 보면 "타지리라"로 되어있습니다. 즉 주예수의 재림 때에 불 심판 받는다는 뜻입니다.

그 다음 11절의 이 새 하늘과 새 땅이 새 예루살렘의 본부가 있는 새 하늘과 새 땅입니다. 그러니까 새 예루살렘 성에 들어가 하늘나라에 가서 살게 되는 자는 거룩한 행실을 하고 경건하게 살라는 말입니다. 그래서 우리는 이 땅 위에서 반드시 남은 자가 되어서 구별된 믿음 생활을 해야 영생의 복을 누린다는 말

씀입니다.

그렇기 때문에 거룩한 안식일에 우리는 신령과 진리로 예배
드려야 됩니다. 강도 굴혈, 장사굴이 되어버린 성전에서 신앙생
활을 해서는 안되고, 자아와 욕심을 버리고 거룩한 신앙생활을
하도록 가르치는 그런 교회에서 신앙생활을 잘 해야만 합니다.
거룩한 주의 종의 가르침을 받아서 양육을 받으면서 신앙생활
을 해야만 합니다. 뿐만 아니라 거룩하신 하나님 외에 다른 어
떤 신앙도, 종교도 인정하지 말고, 미혹되지 말고, 받아들이지
말아야 합니다. 오직 예수 신앙으로 달려가야만 하나님이 주시
는 영생의 복을 누리게 됩니다.

11) 예루살렘 큰 거리에서 공의를 행하며 진리를 구하는 자를 한사
람이라도 찾으면 이 성을 용서하시리라고 경계 하셨으므로

● 렘5:1 / 1 너희는 예루살렘 거리로 빨리 왕래하며 그 넓은 거
리에서 찾아보고 알라 너희가 만일 공의를 행하며 진리를 구하는
자를 한 사람이라도 찾으면 내가 이 성을 사하리라
이 말씀도 정말로 영생 얻을 수 있는 공의를 구하며 진리를
구하는 신앙의 사람은 적다는 겁니다.
구약 시대의 이스라엘 민족들이 그렇게 민족적으로는 하나님
이 사랑해서 하나님 믿고 신앙생활 하도록 하셨지만, 그 중에서
적은 수만 하나님 앞에 영생 얻을 수 있는 믿음 생활을 해서 영
생을 얻은 것처럼 그래서 오늘날 신약시대의 우리 기독교계의

믿는다는 자들도 많고 교회도 많지만 진짜 영생 얻을 수 있는 목사, 신자는 적을 수 있음을 아시기 바랍니다.

그것은 광야시대 광야교회의 이스라엘 백성이 다수는 열심히 신앙생활 했지만 하나님이 기뻐하시지 않아서 버림당하고 소수만이 영생 얻은 것처럼 오늘날의 현대교회도 바로 그와 같을 수 있음을 알기 바랍니다.

우리의 믿음 생활을 위해서 교회는 존재하고 또 교회를 다닙니다. 교회는 목사나 성도들을 천국가게 하려고 존재하는 것입니다. 교회는 예수님의 머리요, 예수님의 몸으로 예수님이 십자가에 죽으시고 세우신 곳입니다. 이 세상에 예수님의 몸이고 예수님의 머리인 다른 기관이 있습니까? 오직 교회만 그렇습니다. 예수님의 머리고 예수님의 몸인 교회를 이 땅위에 세운 것은 예수님이 십자가에 죽으시고 부활하셔서 가신 저 천국을 가게하려고 그런 것입니다.

교회 존재의 제1목적이 뭡니까?

그것은 천국 들어갈 수 있는 믿음, 그 믿음을 갖게 안내하는 곳이 바로 교회입니다. 설교를 통해서 특히 예배를 통해서 성경 말씀으로 믿음을 갖게하고 바른 성경 지식을 갖게됩니다. 성경 지식이 바르게 들어와야 천국 들어갈 수 있는 믿음이 생기고 천국을 가게 되기 때문입니다.

그러니까 성경은 해석해서 구체적으로 풀어서 배워야 되는 겁니다. 우리 모두가 다 광야교회나 고린도교회 또 현대교회처럼 하나님이 기뻐하시지 않는 다수에 속하지 말고 하나님이 기뻐하시는 소수에 속하시기를 바랍니다.

●렘5:1 / 1 너희는 예루살렘 거리로 빨리 왕래하며 그 넓은 거
리에서 찾아보고 알라 너희가 만일 공의를 행하며 진리를 구하는
자를 한 사람이라도 찾으면 내가 이 성을 사하리라

이 말씀에서 우리는 세 가지 진리를 상고하게 됩니다.

예루살렘 거리는 이스라엘 민족의 수도이며 그곳에는 신앙의
본고지인 예루살렘 성전이 있습니다. 예루살렘 거리를 다니는
사람들은 신앙의 사람들입니다.

첫째, 이것은 오늘날 성도들을 말하는 것이고, 성도들로 하여
금 영생을 얻기를 바라시고 원하시는 하나님의 그 크신 사랑을
보여주고 있습니다.

둘째, 성도들 중에서 "말세의 심판의 때"에 심판받아 멸망하지
않고 영생 얻을 성도는 심히 적다고 하신 말씀입니다.

셋째, 우리에게 보여준 진리는 공의를 행하며 진리를 구하는
성도가 돼야만 한다는 말씀입니다.

그러면 공의를 행한다는 말이 무슨 뜻인가 알아봅시다. 어떤
성경에는 '정의를 행하며'라고 기록되어 있습니다. 정의를 행한다
는 말이나 공의를 행한다는 말이나 옳게 산다는 말이나 의롭게
산다는 말이나 다 같은 말입니다.

예레미야 3장에는 북쪽이 이스라엘의 죄악을 답습하는 남쪽
유다를 향해서 회개를 촉구하고 심판을 경고한 말씀이 기록돼
있습니다. 예레미야 4장에는 북쪽 이스라엘의 죄악을 답습하는
남쪽 유다에 대해서 예레미야의 애절한 애가와 멸망의 참상에

대해서 기록했습니다.

5장1절로 13절에는 유다에 대한 심판이 불가피한 이유를 다 기록하고 있습니다. 1절로 6절에는 유다가 하나님의 말씀을 청종치 않고 거역하며 하나님의 징계에도 불구하고 완악하여 돌이키지 아니하였기 때문이라고 기록되어 있고, 7절로 9절에는 우상 숭배하는 영적 간음죄 때문에 이들을 심판한다고 했습니다. 11절로 13절에는 여호와 하나님을 인정하지 않고 참 선지자의 말을 듣지 않았기 때문에 하나님께서 불가불 남쪽 유다를 심판한다고 기록이 되어 있습니다.

그런가하면 14절로 19절에는 유다를 심판하는 방법에 대해서 기록을 했습니다. 우리가 잘 아는 대로 BC 586년에 바벨론 느부갓네살 왕의 군대들이 와서 이스라엘과 예수살렘 성전 등을 멸할 것을 말씀했습니다. 그 다음 20절로 30절 마지막 부분에는 회개치 아니한 유다의 어리석음에 대해서 기록되어 있습니다. 그렇기 때문에 "공의를 행하며"라는 말씀은 하나님의 말씀을 청종하며 순종하며 완악하지 않으며 우상숭배를 하지 않는 즉, 영적으로 간음하지 않으며 오직 여호와 하나님을 믿으며 참 선지자의 말을 듣고 순종하는 신앙생활을 의미합니다.

그것은 한 마디로 말하면 마태복음 7장 15절 이하 말씀처럼 "나더러 주여 주여 하는 자마다 저 천국에 갈 게 아니요 내 아버지의 뜻대로 행하는 자라야 들어간다"는 말씀도 되고, 7장 23절 "불법을 행하는 자여, 내게서 떠나가라"는 말씀처럼 불법을 행치 않는 자를 뜻합니다.

예레미야서 5장 4절로 5절에는 "하나님의 법을 알지 못하니"라고 했고, "하나님의 법을 안다 하였더니 그들도 일제히 그 멍에를 꺾고 결박을 끊은지라"라고 했습니다. 즉, 하나님의 법을 예레미야 시대에도 안 지켰고 곧 불법을 행했다는 말씀입니다. 불법을 행한 것은 하나님의 법을 지키지 않는 것으로 새 계명을 지키지 않는 것을 말합니다 그렇기 때문에 우리가 영생을 얻으려면 하나님의 뜻대로 살아야 하고, 불법을 행하지 않고 하나님의 법을 지켜야 합니다. 곧 새 계명을 지켜야 된다는 말씀입니다. 그렇기 때문에 누가복음 10장 25절 이하에 어느날 율법사가 예수님을 시험하려고 찾아와서 "선생님이여 내가 어떻게 해야 영생을 얻겠습니까?"라는 질문을 던질 때 예수님께서 "너는 새 계명을 지키라"고 말씀하셨습니다.

우리가 불법을 행치 아니하고 하나님의 법 곧 새 계명을 지켜서 영생을 얻는 그런 공의를 행하는 자가 되려면 내 생각, 내 감정, 내 의지를 버리고 자아와 욕심을 처리한 신앙생활을 해야만 됩니다. 그런 사람이 되어야 과거 바벨론에게 멸망을 당한 이스라엘 백성처럼 앞으로 적그리스도의 세력에게 우리가 멸망을 당하지 않고 신랑 예수님을 맞이해서 영생을 얻게 된다는 말씀입니다. 이것이 바로 "공의를 행하며"라는 말씀입니다.

다음으로 "공의를 행하며 '진리를 구하는 자' 한사람만 있으면 내가 이 성을 사한다"고 하신 것은 진리를 구하는 자가 되어야지 공의만 행한다고 되는 게 아니라는 말씀입니다. 그러면 진리를 구하는 자는 어떤 자입니까? 진리를 구하는 자는 하나님의 진리의 말씀을 사모하고 갈망하는 자입니다. 즉 진리 차원의 신앙에 이르는 하나님의 진리의 말씀을 사모하고 갈망하는 자를 말합니다. 그러면 이 진리가 무엇인가를 구체적으로 알아보겠습니다.

요한복음 14장6절에 "나는 길이요 진리요 생명이니 나로 말미암지 않고는 아버지께 올 자가 없다"고 그랬습니다. 그러므로 진리 되신 분은 바로 예수님입니다. 이 땅으로 오신 예수님이 진리이신 분입니다.

요한복음 1장14절은 "말씀이 육신이 되어 오신 진리가 충만하신 예수님"이라고 말씀하십니다. 말씀이 육신이 되어서 이 땅에 오신 예수님, 그 예수님이 바로 진리이신 예수님입니다. 이 땅 위에 오신 예수님이 "나는 길이요, 진리"라고 했는데 "예수님은 말씀이 육신이 되어 이 땅에 오신 분" 즉, 성육신(incarnation) 한 분입니다. 그러므로 이 땅에 오신 예수님은 하나님의 말씀이 육신이 되어 오신 진리이신 예수님입니다.

요한복음 6장 67-68절에 보면 예수님의 제자가 되겠다고 찾아든 사람 중 모두 떠나고 열 두 제자만 남았습니다. 예수님께서 "너희들도 가려느냐?" 물어보시니 수제자 베드로가 "영생의 말씀이 계시오매"라고 말합니다.

"영생의 말씀이 계시오매 우리가 뉘에게로 가오리까?"

이런 믿음이 있었기에 베드로를 위시해서 제자들은 그렇게 어려운 일을 당하고 도저히 견뎌낼 수 없는 그런 상황에 처해 있어도 다른 이에게로 가지 않고 끝까지 예수님을 따르고 사명을 잘 감당했습니다. 이렇게 예수님은 "영생의 말씀이 육신이 되어 오신 진리이신 분"입니다.

요한복음 18장 3절로 38절에는 빌라도가 예수님께 "네가 이스라엘 왕이라고 했느냐?"며 다그칩니다. 그러니까 예수님께서 "내 나라는 이 세상에 속하지 아니했다"면서 "내가 진리를 위해서 났으며 왔노라"고 답합니다. 이 세상에 속하지 않는 나라의 왕으로 오신 진리이신 예수님입니다. 그것은 천년왕국과 하늘나라 곧 천국의 왕으로 오신 진리이신 예수님이라는 뜻입니다. 그 진리이신 예수님은 기복신앙 차원이 아니고 상급신앙 차원의 진리이신 예수님입니다. 하늘나라 가서 영생복락을 누리고 상급 받으라고 하는 진리이신 예수님이라는 말씀입니다.

기적 위주의 신앙차원의 진리이신 예수님이 아니고 말씀 위주의 신앙차원의 진리이신 예수님이고, 어린 아이를 위한 젖의 말씀의 진리이신 예수님이실 뿐만 아니라 장성한 자가 먹는 밥의 말씀의 진리이신 예수님이란 말씀입니다. 뿐만 아니라 육신에 속한 자가 먹는 젖의 말씀의 진리가 아니고 신령한 자 곧 영에 속한 자가 먹는 밥의 말씀의 진리이신 예수님입니다.

이른 비 성령, 젖의 말씀의 진리이신 분일뿐만 아니라 늦은 비 성령, 밥의 말씀의 진리이신 예수님, 이른 비 성령, 은사 충만의 진리의 말씀되신 예수님일 뿐만 아니라 진리의 성령으로 모든 진리 가운데로 인도한 진리의 말씀이신 예수님이며, 은혜의 시대에 은혜 복음의 예수님일 뿐만 아니라 환난시대의 영원한 복음의 말씀의 진리이신 예수님입니다.

디모데전서 2장4절에 보면 "하나님은 모든 사람이 구원을 얻으며 진리에 이르기를 원하시니라"라고 되어 있습니다. 하나님이 원하시고 바라시는 구원을 얻을 뿐만 아니라 진리의 지식에 이르기를 원하시는 그 예수님이란 말씀입니다.

우리도 이 진리를 구해야 하는데, 이를 위해서는 다윗처럼 해야 합니다.

다윗이 얼마나 진리를 사모하고 갈망해서 구했는지는 시편 119편에 나와 있습니다. 시편 119편 82절은 "내 눈이 주의 말씀을 바라기에 피곤하니이다"라고 되어 있습니다. 주의 말씀은 바로 진리의 말씀입니다. 눈이 피곤하도록 그렇게 진리를 구했다고 말하고 있습니다.

시편 119편 131절, "내가 주의 계명을 사모하므로 입을 열고 헐떡였나이다"에서 말하는 주의 계명이 바로 진리의 말씀입니다. 진리의 말씀으로 이 땅위에 오신 예수님이란 말씀인 것입니다. 이 진리의 말씀을 사모하기에 입을 열고 헐떡였습니다.

시편 119편 127절, "그러므로 내 주의 계명을 금 곧 정금보다 더 사랑하나이다"에서 다윗은 내 주의 계명이 진리의 말씀이라 이를 정금보다 더 사랑한다고 했습니다. 다윗 시대에는 최고의 보물이 정금인데, 진리의 말씀을 정금 사랑한 것보다 더 사랑 한다고 하였습니다.

시편 119편 147절, "내가 새벽 전에 부르짖으며 주의 말씀을 바랐사오며" 고백을 할 때 다윗은 이스라엘 나라의 2대 왕으로 왕의 자리에 있으면서 이렇게 진리의 말씀을 사모하고 갈망하고 구했단 말씀입니다. 특히 "내가 새벽 전에 부르짖으며"라고 했는데, 어떤 문제를 해결해 달라고 부르짖는 게 아니고 진리의 말씀을 알려 달라고 사모하고 구하는 이 간절한 마음으로 새벽이 되기 전에 부르짖었다는 것입니다.

이와 같이 우리가 진리의 차원에 이르러야, 그래서 진리를 구하는 자가 되어야만 합니다. 우리가 이렇게 진리의 말씀을 구하고 사모해서 진리 차원에 이르기를 주의 이름으로 부탁하고 축원합니다.

이렇게 진리의 말씀을 구하고 사모하고 진리의 말씀 차원에 이른 다윗이었기 때문에 일생동안 하나님이 함께 하셨고 영생의 복과 최고의 의인의 형통의 복을 누릴 수 있었습니다.

이와는 반대로 사울을 봅시다.

사무엘상 15장23절에 "이는 거역하는 것은 사술의 죄와 같고 완고한 것은 사신 우상에게 절하는 죄와 같음이라 왕이 여호와의 말씀을 버렸으므로 여호와께서도 왕을 왕이 되지 못하게 하셨나이다"고 하셨습니다. 시편 51장 11절은 "내게서 성신을 거두지 마옵소서"라고 기록되어 있습니다.

다윗은 성령을 충만히 받은 분이었습니다. 사울도 성령을 받을 뿐만 아니라 예언 은사도 받아서 예언도 잘 했습니다(삼상 10:9-13). 다윗은 진리의 말씀을 사모하고 갈망하고 구했지만 사울은 그렇지를 않았습니다. 그렇기 때문에 사울은 하나님께로부터 버림받고 마지막에는 신접한 여인을 찾아갑니다. 결국 사울 왕은 마귀 사탄에 끌려 다니는 처참한 인생을 삽니다.

사울은 성령 충만, 은사 충만 까지 받았지만 진리 즉 하나님의 말씀을 버려서 하나님께 버림받았습니다. 사울이 "여호와의 말씀을 버렸다"는 말은 진리의 말씀을 사모하지 않고 구하지 않았다는 뜻입니다. 다윗도 사울도 성령 충만, 은사 충만 까지 받았지만 사울은 다윗처럼 진리의 말씀을 구하지 않았기 때문에 버림받았고, 다윗은 진리의 말씀을 사모해서 진리의 차원에 이르는 신앙의 사람이 됐기 때문에 일생동안 하나님이 그와 함께 하셨고 영생의 복과 의인의 형통의 복을 받아 누릴 수 있었습니다. 즉, 다윗은 공의를 행하며 진리를 구하는 자, 사울은 공의를 행치 아니하며 진리를 구하지 않은 자라고 보면 되겠습니다.

다윗은 공의를 행했고, 하나님의 말씀대로 일생을 살았습니다. "하나님을 마음 다하고 뜻 다하고 힘을 다하고 지혜를 다하고 성품을 다하고 목숨까지 다해서 사랑하고 네 이웃을 네 몸처럼 사랑하라"는 새 계명을 지키는 생활을 했습니다. 그런 가운데 진리를 사모해서 진리를 구하는 그런 신앙의 사람이었습니다.

그런데 사울은 성령 충만, 은사 충만은 받았지만 공의를 행하지 않고 하나님의 말씀대로 살지 못했습니다. 하나님의 뜻대로 행하지 않았습니다. 하나님의 법을 지키지 않았고, 새 계명을 지키지 않았습니다. 하나님의 말씀을 버리고 진리를 구하지 않았습니다.

우리도 공의를 행하려면 진리를 구하는 자가 되어야 합니다. 진리를 구해서 진리의 사람이 되어야 내 속에 있는 자아가 처리가 됩니다.

성령 충만 은사 충만 받아서 아무리 기도하고 아무리 고생을 해도 안 됩니다. 진리를 구해서 진리 차원에 이르러야 태어날 때부터 가지고 나온 범죄, 한 아담으로부터 가지고 온 자아인 내 생각, 내 감정, 내 의지가 처리됩니다.

우리는 "공의를 행하며 진리를 구하는 자 한 사람만 있어도 이 성을 사하리라"는 이 말씀에 입각해서 성령 충만 은사 충만 그 차원에 머뭇거리지 말고 이제는 진리 차원에 이르러 이 자아를 처리하고 공의를 행해야 합니다.

하나님의 뜻과 말씀대로 그 새 계명을 지키며 욕심 부리지 않는 선한 생활을 해서 우리 모두가 다 구약의 느부갓네살 군대처럼 적그리스도의 세력이 우리 기독교도를 삼키러 와도 무너지지 않고 신랑 예수님 맞이해서 영생의 복을 누리시기를 바랍니다.

3. 악을 즐겨하는 신앙을 가진 성도들이 되지 말 것

● 고전10:6-7 / 6 그런 일은 우리의 거울이 되어 우리로 하여금 저희가 악을 즐겨한 것같이 즐겨하는 자가 되지 않게 하려 함이니 7 저희 중에 어떤 이들과 같이 너희는 우상 숭배하는 자가 되지 말라 기록된 바 백성이 앉아서 먹고 마시며 일어나서 뛰논다 함과 같으니라
● [킹 제임스] 이런 일들은 우리의 본보기가 되어 그들이 악을 열망 하던 것 같이 우리도 악을 열망 하는 자가 되지 않게 함이니라

너희는 그들 중에 어떤 사람들처럼 우상 숭배자가 되지 말라

● 〔현대인〕 이런 일은 우리에게 거울이 되어 우리도 그들처럼 악을 좋아해서는 안 된다는 것을 경고해 주었습니다 그들 가운데 어떤 사람들처럼 여러분은 우상숭배 하지 마십시오

고린도전서 10장6절로 7절에 의하면 과거에 광야교회 성도들은 악을 즐겨했기 때문에 가나안 땅 곧 저 천국을 들어가지 못했다고 했습니다. 가나안 땅 곧 천국에 들어가지 못하게 하는 그 악은 구체적으로 온전히 하나님을 믿지 않고 우상숭배와 간음과 시험과 원망 이 네 가지입니다.

골로새서 3장5절에 보면 특별히 바울사도가 탐심은 우상숭배라고 해석해서 기록해 놓았습니다. 그와 마찬가지로 이 악도 문자 그대로 볼 것이 아니고 해석을 해서 알아야 합니다. 우상숭배는 말할 것도 없이 욕심이고 간음을 하는 것도 정욕이라는 욕심 때문에 하는 겁니다. 하나님을 온전히 믿지 못하고 시험하는 것도 다 자기 욕심 때문입니다.

하나님을 원망하는 일, 사람을 원망하는 일도 자기의 이해타산에 맞지 않기 때문에 그렇게 하는 겁니다. 이래서 악은 이 네가지 욕심을 뜻하는 것으로 해석해서 알아야 합니다.

(1) 악을 즐겨하는 신앙은 욕심으로 즐거워하는 신앙임

1) 악은 욕심(탐심)을 뜻한 것임

① 악한 짐승이 요셉을 잡아먹었다고 했으므로

● 창37:18-20 / 18 요셉이 그들에게 가까이 오기 전에 그들이 요셉을 멀리서 보고 죽이기를 꾀하여 19 서로 이르되 꿈꾸는 자가 오는도다 20 자, 그를 죽여 한 구덩이에 던지고 우리가 말하기를 악한 짐승이 그를 잡아먹었다 하자 그 꿈이 어떻게 되는 것을 우리가 볼 것이니라 하는지라

● 창37:33 / 33 아비가 그것을 알아보고 가로되 내 아들의 옷이라 악한 짐승이 그를 먹었도다 요셉이 정녕 찢겼도다 하고

창세기 37장에서 원래 형들은 요셉을 시기하고 미워했는데 그런 가운데 형들이 양을 치고 있는 그곳에 아버지의 명령을 받고 찾아가게 되었지요? 그러자 그 형들이 저 멀리서 오는 동생 요셉을 보고 "잘 됐다. 저놈을 우리가 잡아 죽이고 아버지에게 가서는 악한 짐승이 저를 잡아먹었다고 하자고 하였습니다.

그리고 37장 33절에서 아버지가 그 아들들의 말을 듣고 내 아들이 '악한 짐승'에게 먹힘을 당했도다하면서 슬피 애통하는 내용이 기록되어 있습니다. 형들이 구덩이에다가 던져서 죽이려고 했는데 마침 애굽으로 내려가는 장사꾼들을 보고 기왕이면 팔아서 돈이나 벌자 죽이는 것보다 낫지 않겠느냐면서 팔아먹었습니다. 그리고 요셉이 입고 있던 채색 옷에 짐승의 피를 발라가지고 아버지에게 그 옷을 갖다 주면서 "악한 짐승이 요셉을 먹

고 옷만 이렇게 남아있어서 가지고 왔습니다"라고 거짓말을 하였습니다. 그러자 아버지도 그것을 알아보고 요셉이 악한 짐승에게 잡아먹힌 줄 알고 심히 통곡합니다.

그러면 왜 형들이 하필이면 "요셉이 악한 짐승에게 잡혀 먹었다"고 아버지께 거짓말을 했을까요? 이 악한 짐승은 바로 요셉을 죽이려고 묶어서 함정에다 던져놓고 기왕이면 돈이나 벌자고 요셉을 팔아먹은 형들을 그들 스스로가 지칭하는 것입니다. 요셉의 형들의 신앙을 말하는 것입니다. 요셉이 악한 짐승에게 찢김 당하고 잡아먹힘 당했다라고 거짓말을 한 것은 자기들의 신앙고백이란 말입니다.

이스라엘의 아들들로써 다 하나님을 믿는다는 신앙의 가정에서 신앙생활 하는 이들이 자기 동생에게 그렇게 못된 짓을 한 것은 이 형들의 신앙이 욕심을 버리지 못한 차원이었기 때문에 악한 짐승으로 비유적으로 성경에 기록해 놓은 줄 아시기 바랍니다.

열두 명중에서 요셉의 형들은 열 명이었습니다.

오늘날에도 요셉의 형들처럼 예수님을 속이고 하나님을 속이고 못된 짓을 하는 하나님의 양떼를 팔아먹는 욕심이 가득한 종이라는 사람들이 많습니다. 그런 자들은 누구를 막론하고 하늘나라에 못 들어가고 영생의 복을 누릴 수 없다는 사실을 확실히 알고 악 곧 욕심을 온전히 버리는 신앙차원에 이르기를 바랍니다.

●막10:23-27 / 23 예수께서 둘러보시고 제자들에게 이르시되 재물이 있는 자는 하나님의 나라에 들어가기가 심히 어렵도다 하시니 24 제자들이 그 말씀에 놀라는지라 예수께서 다시 대답하여 가라사대 얘들아 하나님의 나라에 들어가기가 어떻게 어려운지 25 약대가 바늘귀로 나가는 것이 부자가 하나님의 나라에 들어가는 것보다 쉬우니라 하신대 26 제자들이 심히 놀라 서로 말하되 그런즉 누가 구원을 얻을 수 있는가 하니 27 예수께서 저희를 보시며 가라사대 사람으로는 할 수 없으되 하나님으로는 그렇지 아니하니 하나님으로서는 다 하실 수 있느니라

마가복음 10장에 "예수께서 제자들에게 이르시되, 재물이 있는 자는 하나님의 나라에 들어가기가 심히 어렵도다 하시니"라는 말에 제자들이 심히 놀랐습니다. 왜 놀랐을까요? 재물이 있는 자가 하늘나라에 들어가기가 심히 어렵다고 했을 때 놀란 것은 재물 있는 자가 하늘나라에 들어가기가 심히 어렵지 않을 줄 아는 신앙을 가졌기 때문입니다. 그러니까 예수님께서 이번에는 "제자들아"라고 하지 않고 "얘들아"라고 했습니다. 영어 성경에는 처음에 제자 "disciples"라고 했는데 나중에는 "children"이라고 했습니다. 킹 제임스 성경에는 "자녀들아"라고 하였습니다. 그러면 왜 여기서 얘들아 라고 했을까요?

제자들은 부자가 천국에 들어가기가 약대가 바늘귀로 나가는 것보다 더 어렵다고 하는 말씀이 안 믿어지는 신앙입니다. 낙타가 바늘귀로 어떻게 들어가겠습니까? 하늘나라 들어가기는 그렇게 어렵다고 하니 심히 놀라서 "그러면 누가 구원을 얻는답니까,

누가 하늘나라 들어갑니까, 누가 영생을 얻는단 말입니까"라고 하면서 제자들이 자기들끼리 수군수군하고 있습니다. 그러니까 예수께서 저희를 보며 가라사대 "사람으로는 할 수 없으되 하나님으로는 그렇지 아니하니 하나님으로서는 다 하실 수 있느니라"고 하셨습니다.

여기서 얘들아, 재물 있는 자, 부자, 약대, 바늘귀 이것은 다 해석해서 알아야 합니다. 우상숭배는 욕심과 탐심으로 해석해서 알아야 하고, 악도 욕심으로 해석해서 알아야 되는 것처럼 여기서 예수님이 말씀하신 재물 있는 자, 곧 부자도 문자 그대로 알지 않고 해석해서 알아야 합니다. 우상숭배라 하면 실제로 만들어진 형상의 그런 우상을 섬기지 않아도 마음속으로 욕심 부리면 그게 우상숭배인 것을 알아야 합니다.

예수님이 "제자들아"라고 하지 않고 "얘들아"라고 하셨습니다. 이것은 제자들의 신앙이 어린아이 신앙이라고 해석해야 합니다. 집도 버리고 가족도 버리고 직장도 버리고 예수님 따라다녔지만 아직도 제자들의 신앙은 어린 아이 신앙이라는 뜻입니다. 제자들은 욕심까지 버려야만 한다는 그 신앙까지는 아직 갖지 못한 것입니다.

약대도 욕심을 말하는 것입니다. 바늘귀는 천국 들어가는 문이 좁다는 것을 말합니다. 이렇게 성경은 해석을 해서 알아야 제대로 아는 것입니다. 그래서 제자들이 심히 놀라서 서로 말하되 그런즉 "누가 구원을 얻을 수 있는가" 하니 이제 예수님이 말씀하십니다.

"사람으로는 할 수 없으되 하나님으로는 그렇지 아니하니 하나님
으로서는 다 하실 수 있느니라."

사람으로서는 도저히 욕심까지 버려서 저 천국에 들어가는
영생의 복을 받을 수 없으나 하나님으로서는 하실 수 있다고 하
셨습니다. 하나님으로서는 하실 수 있다는 말은 하나님이 저 천
국 들어갈 수 있도록 욕심까지 버리는 신앙생활을 하도록 은혜
를 베풀어 주신다는 말씀입니다.

욕심을 버리지 못한 제자들과 같이 어린 아이 신자도 욕심 버
리지 못한 어린 아이 신앙을 가진 자를 욕심 버린 장성한 신앙
의 사람이 되도록 하나님께서는 은혜를 주신단 것입니다. 우리
가 그 은혜를 받아서 장성한 자가 되고 욕심까지 버린 자가 됩
니다.

하나님은 전능하시기 때문에 그런 어린이 신앙, 욕심 버리지
못한 신앙의 사람을 욕심 버린 신앙의 사람, 장성한 자가 되도록
하나님은 은혜와 사랑을 베풀어 진리의 말씀으로 양육을 받아
서 욕심 부리지 않는 장성한 자, 신령한 자, 거룩한 자, 하나님에
게로 난 자의 신앙 차원에 이르도록 해주신다는 뜻입니다. 이런
은혜 받아서 영생을 얻으라는 말씀인 것을 분명히 알아야겠습
니다. 이렇게 성경 말씀은 해석해야 비로소 옳게 알 수 있기 때
문에 (골2:8)에 성경 말씀은 고등학문이고 철학은 초등학문이라
고 한 것입니다.

● 고전6:9-11 / 9 불의한 자가 하나님의 나라를 유업으로 받지 못할 줄을 알지 못하느냐 미혹을 받지 말라 음란하는 자나 우상 숭배하는 자나 간음하는 자나 탐색하는 자나 남색하는 자나 10 도적이나 탐람하는 자나 술 취하는 자나 후욕하는 자나 토색하는 자들은 하나님의 나라를 유업으로 받지 못하리라 11 너희 중에 이와 같은 자들이 있더니 주 예수 그리스도의 이름과 우리 하나님의 성령 안에서 씻음과 거룩함과 의롭다 하심을 얻었느니라

고린도전서 6장 9절 이하에 고린도교인들도 우상숭배 하고, 갖가지 욕심을 부려서 영생을 얻지 못할 어린아이 신앙의 사람들이었는데 그런데 그 중에 그렇지 않은 자가 있었습니다.

"너희 중에 이와 같은 자들이 있더니 주 예수 그리스도 이름과 우리 하나님의 성령 안에서 씻음과 거룩함과 의롭다하심을 얻었느니라"

바로 이 사람들이 광야교회의 여호수아 갈렙처럼 남은 자입니다.

고린도교인들 전체가 주 예수 그리스도의 이름과 우리 하나님의 성령 안에서 씻음과 거룩함과 의롭다함을 얻은 것이 아니고 광야교회의 1세들 60만 명 중에서 여호수아 갈렙만 욕심까지 버려서 가나안에 들어간 것처럼 그 많은 고린도 교인들, 성령충만 은사충만하다는 고린도 교인들 가운데 적은 수만 욕심까지 버려서 영생 얻은 자가 있었다는 말씀입니다. 이 숫자가 항상 적은 것을 기억하기 바랍니다.

어떤 사람은 이 땅 위에서 육신 가지고 죄악 세상에 살면서 어떻게 자아와 욕심까지 버리고 신앙생활을 하느냐고 합니다.

천지는 변해도 한 점 한 획도 변치 않는 성경 66권에는 이 땅 위에서 내 생각, 내 감정, 내 의지에 의해서 생기는 갖가지 자아와 욕심을 해결해주시는 하나님이라고 기록 되어 있습니다. 그리고 "예수 예수 믿는 것은 받은 증거 많다"고 한 찬송가 가사처럼 받은 자는 아는 줄로 믿습니다. 아직도 우리가 모르는 것은 아직 못 받았기 때문입니다.

● 행5:1-11 / 1 아나니아라 하는 사람이 그 아내 삽비라로 더불어 소유를 팔아 2 그 값에서 얼마를 감추매 그 아내도 알더라 얼마를 가져다가 사도들의 발 앞에 두니 3 베드로가 가로되 아나니아야 어찌하여 사단이 네 마음에 가득하여 네가 성령을 속이고 땅 값 얼마를 감추었느냐 4 땅이 그대로 있을 때에는 네 땅이 아니며 판 후에도 네 임의로 할 수가 없더냐 어찌하여 이 일을 네 마음에 두었느냐 사람에게 거짓말 한 것이 아니요 하나님께로다 5 아나니아가 이 말을 듣고 엎드러져 혼이 떠나니 이 일을 듣는 사람이 다 크게 두려워하더라 6 젊은 사람들이 일어나 시신을 싸서 메고 나가 장사하니라 7 세 시간쯤 지나 그 아내가 그 생긴 일을 알지 못하고 들어오니 8 베드로가 가로되 그 땅 판 값이 이것뿐이냐 내게 말하라 하니 가로되 예 이뿐이로라 9 베드로가 가로되 너희가 어찌 함께 꾀하여 주의 영을 시험하려 하느냐 보라 네 남편을 장사하고 오는 사람들의 발이 문 앞에 이르렀으니 또 너를 메어 내가리라 한 대 10 곧 베드로의 발 앞에 엎드러져 혼이 떠

나는지라 젊은 사람들이 들어와 죽은 것을 보고 메어다가 그 남편 곁에 장사하니 11 온 교회와 이 일을 듣는 사람들이 다 크게 두려워하니라

우리는 위 사건을 오순절 교회를 통해서도 너무나도 잘 알고 있습니다. 사도행전 5장1절로 2절 중반에 보면 "아나니아라 하는 사람이 그 아내 삽비라로 더불어 소유를 팔아 그 값에서 얼마를 감추매 그 아내도 알더라"라고 했습니다. 이것은 두 부부가 욕심을 부렸다는 뜻입니다.

다음 2절 중반 절에 보면 "얼마를 가져다가 사도들의 발 앞에 두니"라고 했습니다. 이것은 물질을 들여 주님 앞에, 교회 앞에, 주의 종 앞에 봉사하는 신앙입니다.

3절 상반 절에 보면 베드로가 가로되 "아나니아야 네가 어찌하여 사탄이 네 마음에 가득하여"라고 했습니다. 이 말씀은 성령충만 은사충만한 아나니아의 마음속에 욕심의 본체인 사탄이 가득히 들어있다는 것입니다. 고린도 교회처럼 오순절 초대교회도 성령충만 은사충만한 교회 중의 교회였던 것을 우리는 잘 알고 있습니다. 그런 오순절 교회의 아나니아, 삽비라가 욕심을 부렸는데, 그 욕심의 본체는 사탄입니다. 자아의 본체도 사탄이지요. 이 사탄이 가득했다는 말입니다. 이말은 천지는 변해도 변치 않는 하나님의 말씀이지요.

3절 하반 절, "네가 성령을 속이고 땅값 얼마를 감췄느냐"는 욕심쟁이인 사탄은 성령충만 은사충만 받은 성도들로 하여금 욕심을 부리게 한다는 뜻입니다. 성령충만 은사충만한 성도들에게

욕심을 부리게 하는 것도 모두 사탄 때문인 것을 기억하기 바랍니다.

이제 4절에 봅니다.

"땅이 그대로 있을 때에는 네 땅이 아니며 땅 판 후에도 네 임의로 할 수가 없더냐. 어찌하여 이 일을 네 마음에 두었느냐 사람에게 거짓말 한 것이 아니요 하나님께로다."

이 말씀은 성령충만 은사충만한 성도인 아나니아가 마귀에게 사로잡힌 마귀의 자식이 되었다는 뜻입니다.

이 말씀을 잘 이해 할 수 있도록 요한복음 8장44절 말씀을 보면 됩니다.

"너희는 너희 아비 마귀에게서 났으니 너희 아비의 욕심을 너희도 행하고자 하느니라 저는 처음부터 살인한 자요 진리가 그 속에 없으므로 진리에 서지 못하고 거짓말을 말할 때마다 제 것으로 말하나니 이는 저가 거짓말쟁이요 거짓의 아비가 되었음이니라"

이 사탄은 욕심쟁이일 뿐만 아니라 거짓말쟁이이고, 거짓의 아비가 되고, 살인자란 말입니다.

예수님 당시의 예루살렘 성전에서 열심히 신앙생활 잘한다는 바리새인과 서기관들에게 예수님이 한 말씀입니다. 네 아비가 마귀인데 마귀는 거짓말쟁이고 욕심쟁이고 살인자라고 말씀하셨습니다.

바리새인과 서기관들은 아비는 마귀지만 하나님의 집 예루살렘 성전에서 안식일에는 예배를 잘 드렸고, 기도도 열심히 했고,

금식도 일주일에 두 차례씩 꼬박꼬박 했으며 육지는 말할 것도 없고 바다까지 다니면서 전도도 했습니다. 그런데도 아비가 마귀라고 했습니다.

아나니아와 삽비라도 기도했습니다. 날마다 성전에 모여 기도에 힘쓴 게 오순절 초대교회 아니었습니까? 날마다 성전에 모였으니까 주일도 아주 잘 지켰습니다. 전도도 열심히 했습니다. 예수는 그리스도라고 가르치고 전도하는 일에 힘쓴 교회에서 교회생활을 했습니다만 욕심까지 버리지 못한 것은 성령 충만 은사 충만 받았다 하더라도 아무리 교회생활 신앙생활 기도생활 잘했다해도 저 천국을 못 들어갈수 있다는 사실을 아시기 바랍니다.

눅16:12-14 / 12 너희가 만일 남의 것에 충성치 아니하면 누가 너희의 것을 너희에게 주겠느냐 13 집 하인이 두 주인을 섬길 수 없나니 혹 이를 미워하고 저를 사랑하거나 혹 이를 중히 여기고 저를 경히 여길 것임이니라 너희가 하나님과 재물을 겸하여 섬길 수 없느니라 14 바리새인들은 돈을 좋아하는 자라 이 모든 것을 듣고 비웃거늘

누가복음 16장에 "바리새인들은 돈을 좋아하는 자라. 이 모든 것을 듣고 비웃거늘 예수님이 두 주인을 섬기면 곧 하나님과 재물을 섬기면 안 된다"고 하셨습니다. 오직 하나님만 잘 섬기라고 즉 욕심 버리는 신앙생활을 하라는 말씀입니다. 바리새인들은 돈을 좋아해서 하나님도 섬기고 돈도 섬기니까 욕심 버리지 못했다는 것입니다. 그러니 자기들 양심에 찔려 오히려 예수님 하신 말씀을 비웃었습니다. 예수님이 하신 말씀을 그대로 믿어도 시원치 않을 판인

데 비웃는다는 것은 믿지 않는다는 것입니다.

　그러면 구체적으로 이 욕심이 무엇인지 한 번 짚고 넘어가겠습니다. 욕심, 탐심이 무엇일까요? 두 주인 곧 돈 섬기고 하나님 섬기는 게 뭐 그리 문제가 되는가에 대해 성경 여기저기에서 많이 말씀하고 계시지만 우리 예수님이 이 땅 위에 계실 때 가르쳐준 말씀으로 가십시다.

●눅12:13-15 / 13 무리 중에 한 사람이 이르되 선생님 내 형을 명하여 유업을 나와 나누게 하소서 하니 14 이르시되 이 사람아 누가 나를 너희의 재판장이나 물건 나누는 자로 세웠느냐 하시고 15 저희에게 이르시되 삼가 모든 탐심을 물리치라 사람의 생명이 그 소유의 넉넉한 데 있지 아니하니라 하시고

　누가복음 12장은 우리가 잘 아는 말씀이지만 또 함께 상고하면 크게 유익할 것으로 생각합니다.

　첫째는 욕심 버리지 않은 신앙이 뭐고 욕심 버린 신앙이 뭔가를 여기서 예수님이 하신 말씀을 통해 알아야 합니다.

　무리 중에 한 사람이 즉 예수님 따르는 여러 사람 중에 한 사람이 "선생님, 내 형을 명하여 유업을 나와 나누게 하소서 하니" 즉, "예수님께서 내 형에게 아버지 유산을 나하고 나누게 해달라고 말 좀 해주세요"라고 합니다. 즉 형은 아버지 유산을 동생에게 안줬는지 성경에 구체적으로 나와 있지 않으니 잘 알 수 없지만, 주기는 줘도 동생에게는 조금만 주려는 사람인 것 같습니다. 하여튼 아버지에게 받은 유산 문제로 형과 아우 사이에 이렇게 재

산문제가 생겼다는 것입니다.

오늘날에도 아버지 유산을 놓고 형제들끼리 이런 일들이 있습니다. 있을 뿐만 아니라 많습니다. 가난한 자녀들 가운데도 그럴 수 있지만 돈 많은 재벌의 유산을 받은 형제간끼리는 더합니다. 이런 유산문제는 지금만 아니고 이 말씀을 보니 2천 년 전에도 있었던 것입니다. 그런데 이 형제들은 믿는 자들 일지 모릅니다. 설마 예수님을 안 믿는데 형에게 재산을 혼자만 갖지 말고 또는 불공평하게 욕심 부리지 말고 나에게 좀 나눠주도록 해달라는 부탁을 예수님께 했겠습니까? 예수를 믿는 사람이었던 것 같습니다.

예수 믿는 신앙의 사람들 중에는 부모 재산 가지고 형제간끼리 서로 가지려고 욕심 안 부립니까? 예수님 당시에 있었으면 지금도 있고 장래에도 있습니다.

부모의 유산 갖고 형제들끼리 서로 많이 가지려는 것, 불공평하게 가지려는 것도 아무리 성령 충만 은사 충만해서 기도 많이 하고 전도도 많이 하고 금식을 많이 했다하더라도 욕심 못 버린 신앙 차원입니다.

"형제끼리 유산가지고 서로 많이 가지려는 것은 욕심이니 그런 짓 하지 말라"고 말씀하셨습니다.

두 번째로 예수님께서 욕심 부리는 것을 구체적으로 말씀하셨습니다.

● 눅12:16-21 / 16 또 비유로 저희에게 일러 가라사대 한 부자가 그 밭에 소출이 풍성하매 17 심중에 생각하여 가로되 내가 곡

식 쌓아 둘 곳이 없으니 어찌할꼬 하고 18 또 가로되 내가 이렇게 하리라 내 곡간을 헐고 더 크게 짓고 내 모든 곡식과 물건을 거기 쌓아 두리라 19 또 내가 내 영혼에게 이르되 영혼아 여러 해 쓸 물건을 많이 쌓아 두었으니 평안히 쉬고 먹고 마시고 즐거워하자 하리라 하되 20 하나님은 이르시되 어리석은 자여 오늘 밤에 네 영혼을 도로 찾으리니 그러면 네 예비한 것이 뉘 것이 되겠느냐 하셨으니 21 <u>자기를 위하여 재물을 쌓아 두고 하나님께 대하여 부요치 못한 자</u>가 이와 같으니라

16절부터 봅니다.

농경시대에 농사를 잘 지어 대풍이 들어 기존 곡간 가지고는 안 될 정도가 되었습니다. 그래서 곡간을 크게 짓고 새 곡간에 까지 곡식이 가득 찼다는 뜻입니다. 부자가 "내가 편히 먹고 마시고 편히 쉬고 즐거워하리라"하며 실컷 먹고 마시고 편안히 그 날 밤 잠자리에 들어갔는데 하나님께서 나타나십니다. "내가 오늘 밤 네 영혼을 데려간다"고 하셨는데, 하나님이 데려간다고 하니 저 천국으로 데려가겠습니까? 여기서는 이 부자를 내가 죽이겠다는 말씀입니다. 그런데 그 영혼은 천사를 보내서 데려 오라고 하지 않고 옥졸에게 붙이겠다는 것입니다.

그러면 우리가 농사소출이 많거나 사업이 잘되고 번성하여 돈을 많이 벌면 안 되겠다고 생각해야 되는 것이 아니라 사업을 하면 사업이 잘되도록 하나님께 기도도 하고 하나님의 일에 드려야 된다는 것입니다. 직장생활 하는 분도 직장생활이 불통하면 안 되니 하나님께 기도 해야 합니다.

중요한 것은 하나님 앞에 인색하면 안 된다는 것입니다. 하나님 앞에 부요치 못한다는 말은 하나님께 인색하다는 뜻입니다. 하나님께는 인색하고 자기한테나 자식한테나 친구한테나 직장과 사업에는 부요하고 하나님 앞에는 인색하면 오늘밤 내 영혼은 하나님이 옥졸에게 끌려가게 하시겠다는 겁니다.

그래서 우리는 욕심까지 버린 신앙의 차원에 이르러서 곧 그것은 성령 충만 은사 충만 차원에서, 젖의 말씀만 먹는 자가 되지 말고 진리 차원에 이르는 밥의 말씀을, 나아가서 예언의 말씀까지 가감하지 말고 먹고 먹어서 자아를 처리시키고 욕심 버리는 그런 신앙의 삶을 살아야겠습니다..

4. 4가지 악을 즐겨하는 신앙을 가진 성도들이 되지 말 것(4가지 악에 대해 구체적으로)

●고전10:7-10 / 7 저희 중에 어떤 이들과 같이 너희는 우상 숭배하는 자가 되지 말라 기록된 바 백성이 앉아서 먹고 마시며 일어나서 뛰논다 함과 같으니라 8 저희 중에 어떤 이들이 간음하다가 하루에 이만 삼천 명이 죽었나니 우리는 저희와 같이 간음하지 말자 9 저희 중에 어떤 이들이 주를 시험하다가 뱀에게 멸망하였나니 우리는 저희와 같이 시험하지 말자 10 저희 중에 어떤 이들이 원망하다가 멸망시키는 자에게 멸망하였나니 너희는 저희와 같이 원망하지 말라

(1) 우상숭배 하지 말 것

광야 교회의 다수의 성도들이 악을 행함으로 목적지인 가나안 땅에 들어가지 못하고 광야에서 멸망을 당했습니다. 그 이유는 본문에 기록되어 있는 것처럼 하나님을 믿지 않고 우상 숭배와 간음과 하나님을 시험하며 원망한 이 네 가지 악을 범했기 때문입니다.

이 네 가지 악 가운데 첫 번째로 '우상 숭배'에 대한 말씀을 깨달아서 온전히 우상 숭배를 버릴 수 있는 은혜를 받으시기를 주의 이름으로 부탁드립니다.

고린도전서 10장 7절 말씀에 나오는 사람들은 '우상을 숭배'했기 때문에 가나안 땅에 들어가지 못했습니다. 율법을 지켜 행하지 못했기 때문에 영생을 얻지 못한 것입니다. 여기의 율법은 구약성경 전체를 말하기도 합니다. 그리고 율법을 요약하면 십계명으로 축약됩니다.

우리가 잘 아는 대로 십계명 중 첫 번째 계명은, "나 외에 다른 신들을 네게 있게 말라"입니다. 두 번째 계명은 "우상을 섬기지 말라"이고, 세 번째 계명은 "여호와의 이름을 망령되게 일컫지 말라"입니다. 네 번째 계명은 모두가 잘 알고 있는데로 바로 안식일을 거룩하게 지키라는 계명입니다.

다섯 번째 계명은 "네 부모를 공경하라"이고, 여섯째 계명은 "살인하지 말라", 일곱 번째 계명은 "간음하지 말라"입니다. 그리고 여덟 번째 계명은 "도둑질하지 말라", 아홉 번째 계명은 "이웃을 거짓 증거하지 말라"이고, 마지막 열 번째는 "네 이웃의 것을 탐내지 말라"입니다. 이렇게 하나님께서 이스라엘 백성에게 십계명을 비롯하여 율법을 주신 목적은 하나님의 백성에게 삶의 기준을 주어 가나안 땅에 들어가시는 복을 주시기 위해서입니다. 하나님은 이스라엘 백성이 출애굽하여 광야생활을 시작할 때 모세를 시내 산으로 올라오라고 해서 40일 금식을 시키시면서 율법을 다 가르쳐 주셨습니다. 모세가 시내 산에서 받아서 이스라엘 백성, 곧 광야 교인들에게 지켜 행하라고 가르치기 시작한 것이 최초의 율법, 곧 십계명입니다.

이스라엘 백성이 애굽에서 나와 홍해를 건널 때는 성령을 충만하게 받았음을 상징합니다. 홍해를 건넌 후에는 반석에서 솟아난 신령한 샘물을 마시는 등 갖가지 놀라운 은혜도 체험했습니다. 그 후에 하나님께서는 모세를 통해 율법을 주시면서 지켜 행하라고 하셨습니다. 그래야 그들의 목적지인 가나안에 들어간다는 것입니다.

그러나 이스라엘 백성은 가나안 땅에 들어가지 못했습니다. 왜냐하면 하나님께서 모세를 통해 지키라고 주신 율법을 지키지 않았기 때문입니다.

하나님이 모세를 통해 주신 십계명 중 첫 번째 계명이 "다른 신들을 네게 있게 말라" 두 번째 계명이 "우상을 섬기지 말라"입니다. 그런데 이스라엘 백성은 광야에서 금송아지 우상을 만들어 놓고 금신과 금송아지를 섬기면서 번제와 화목제 드리며 춤을 추었습니다. 하나님 외에 다른 신을 섬겼으므로 1계명과 2계명을 범한 것입니다. 그 결과 그들은 모두 광야에서 죽었습니다. 하나님께서 레위 족속을 통해서 이스라엘 백성을 다 쳐 죽이라고 하신 것입니다. 아무리 성령 충만 은사 충만 받아서 신앙생활을 열심히 해도 이렇게 다른 신을 섬기면 영생을 얻지 못합니다. 주 예수께서 재림하실 때에 심판을 받아 천국에 가지 못하고 둘째 사망, 유황불 못으로 가는 것입니다.

구약성경 레위기 24장 10-14절에 보면 여호와의 이름을 훼방하는 자는 돌로 쳐 죽이라고 하였습니다. 여호와의 이름을, 하나님의 이름을 훼방하는 것은 세 번째 계명을 범한 것입니다. 세 번째 계명이 무엇입니까? "여호와의 이름을 망령되게 일컫지 말라"입니다. 여호와의 이름을 훼방하는 자는 돌로 쳐 죽이라고 했습니다. 돌로 쳐 죽인다는 것은 뜨인 돌이 열 발가락을 쳐서 심판하는 "말세의 심판의 때"에 주 예수의 재림 때에 신랑 예수를 맞이하지 못하고 유황불구덩이에 떨어지게 한다는 것을 상징합니다 (단2:45).

그 다음으로 네 번째 계명이 "안식일을 거룩하게 지키라"입니다. 민수기 15장 32절 이하에 보면 안식일에 일을 한 사람의 최후가 나옵니다. 이스라엘 백성 가운데 안식일에 산에 가서 나무하는 사람들이 있었는데 하나님께서 그들을 돌로 쳐 죽이라고 하신 것입니다. 이 말씀은 율법시대의 말씀으로, 신약 시대에는 주일을 안식일로 지키는데 구약시대이든 신약시대이든 안식일을 지키는 성도들이 되어 재림 예수를 기쁘게 기다려야 합니다.

다음으로 다섯 번째 계명, "네 부모를 공경하라"입니다. 출애굽기 21장 15절에 보면 "자기 아비나 어미를 치는 자는 반드시 죽일지니라"라고 하였고, 17절에도 "그 아비나 어미를 저주하는 자는 반드시 죽일지니라"라고 하였습니다. 그리고 신명기 27장 16절에 "그 부모를 경홀히 여기는 자는 저주를 받을 것이라 할 것이요 모든 백성은 아멘할지니라"라고 하였습니다.

부모를 공경하지 못한 자는 이 세상에서 잘되지 못하고, 오래 살지 못하고, 일찍 죽는다고 에베소서 6장 1~3절에 기록돼 있습니다.

우리는 부모님을 공경해야 합니다. 주 안에서 부모를 공경해야 합니다. 부모님이 주님 뜻대로 행하시는데 부모님 말씀 안 듣고 불효하면 안 됩니다. 부모님은 우리를 천국에 갈 수 있도록 인도하지 지옥으로 인도하지 않습니다.

그 다음으로 여섯 번째 계명이 "살인하지 말라"입니다. 율법에 살인을 한 자는 죽이라고 하였습니다. 오늘날 일부 사람들은 사형 제도를 폐지해야 한다고 합니다. 믿지 않는 자나 다른 종교인들은 그렇게 말할 수 있습니다. 그러나 우리 예수 믿는 사람들은 사형 제도를 폐지하면 안 됩니다. 성경에 그렇게 기록되어 있기 때문입니다.

일곱 번째 계명은 "간음하지 말라"입니다. 사람들은 현장에서 간음하다가 붙잡혀 온 여자를 돌로 쳐 죽이려고 했습니다. 그러나 예수님은 죽이지 말라고 하셨습니다. 왜냐하면 그 여자가 회개했기 때문입니다. 물론 성령 충만 은사 충만한 신앙생활을 하면서 간음죄를 짓고도 회개하고 이후로 다시 똑같은 죄를 짓지 않으면 용서해 주십니다.

여덟 번째 계명은 "도둑질하지 말라"입니다. 출애굽기 22장 2절에 보면 "도적이 뚫고 들어옴을 보고 그를 쳐 죽이면 피 흘린 죄가 없으나"라고 하였습니다. 도둑이 밤에 도둑질하려고 침입해 들어오면 쳐 죽여도 죄가 안 된다는 것입니다.

아홉 번째 계명은 "거짓 증거하지 말라"입니다. 신명기 19장 16-20절에 보면 "만일 위증하는 자가 있어 아무 사람이 악을 행하였다 말함이 있으면 그 논쟁하는 양방이 같이 하나님 앞에 나아가 당시 제사장과 재판장 앞에 설 것이요 재판장은 자세히 사실하여 그 증인이 위증인이라 그 형제를 거짓으로 무함한 것이 판명되거든 그가 그 형제에게 행하려고 꾀한 대로 그에게 행하여 너희 중에서 악을 제하라"라고 하였습니다. 이 말씀은 재판장에 가서 사형선고를 받지 않을 자를 사형선고를 받도록 거짓 증언을 한 자에 대한 말씀입니다. 요즘 우리나라에도 거짓 증인을 서서 상대방에게 피해를 주는 사람들이 많은데 거짓 증인 노릇을 하지 말라는 것입니다.

마지막 열 번째 계명은 "네 이웃의 것을 탐내지 말라"입니다. 지난 시간에도 상고했지만 욕심을 버리지 못하는 자, 즉 이웃의 것을 탐내는 자는 영생을 얻지 못합니다. 율법의 핵심은 십계명을 범한 사람입니다. 십계명을 지켜 행하지 않으면 하나님의 심판이 있었습니다. 하나님께서 광야생활을 하는 이스라엘 백성에게 율법을 지켜 행하게 하시고 가나안에 들어갈 수 있는 복을 받도록 하셨습니다.

예수님도 마태복음 5장 17-18절에서 "내가 율법이나 선지자나 폐하러 온 줄로 생각지 말라 폐하러 온 것이 아니요 완전케 하려 함이로다 진실로 너희에게 이르노니 천지가 없어지기 전에는 율법의 일점 일획이라도 반드시 없어지지 아니하고 다 이루리라"라고 말씀하셨습니다. 이 말씀은 예수님이 십자가에서 죽으심으로 율법을 완성시키셨다는 뜻입니다. 예수님이 십자가에서 죽으신 것은, 위로는 하나님사랑 옆으로는 이웃사랑을 새로운 계명으로 완성시키신 것입니다. 그러나 일부 목회자들은, 예수님은 십자가에서 죽으시기까지 사랑을 실천하셔서 율법을 완성하셨으므로 율법을 지킬 필요가 없다고 가르칩니다.

그러나 19-20절에서 "누구든지 이 계명 중에 지극히 작은 것 하나라도 버리고 또 그같이 사람을 가르치는 자는 천국에서 지극히 작다 일컬음을 받을 것이요 누구든지 이를 행하며 가르치는 자는 천국에서 크다 일컬음을 받으리라 내가 너희에게 이르노니 너희 의가 서기관과 바리새인보다 더 낫지 못하면 결단코 천국에 들어가지 못하리라"라고 하였습니다. 이 말씀은 예수님이 십자가에서 죽으심으로 구약의 율법을 완성시키셨지만 구약의 율법을 바로 알고 가르치라는 것입니다.

로마서 3장 31절에도 "그런즉 우리가 믿음으로 말미암아 율법을 폐하느뇨 그럴 수 없느니라 도리어 율법을 굳게 세우느니라"라고 하였습니다. 우리가 믿음으로 율법을 폐할 수 없고 도리어 율법을 굳게 세운다고 말씀하신 것입니다. 예수님이 십자가에서 죽으심으로 율법을 새 계명으로 완성시켜 주셨기 때문입니다.

다음으로 우리가 율법에 대해서 알아야 할 것 중 두 번째입니다.

십계명을 봅시다. 하나님께서는 이스라엘 백성에게 "나 외에 다른 신을 섬기지 말라"라는 첫 번째 계명을 주셨습니다. 이 말씀에 대하여 신명기 13장 6절 이하에 자세히 기록되어 있습니다.

"네 동복형제나 네 자녀나 네 품의 아내나 너와 생명을 함께하는 친구가 가만히 너를 꾀어 이르기를 너와 네 열조가 알지 못하던 다른 신들 곧 네 사방에 둘러 있는 민족 혹 네게서 가깝든지 네게서 멀든지 땅 이 끝에서 저 끝까지 있는 민족의 신들을 우리가 가서 섬기자 할지라도 너는 그를 좇지 말며 듣지 말며 긍휼히 보지 말며 애석히 여기지 말며 덮어 숨기지 말고 너는 용서 없이 그를 죽이되 죽일 때에 네가 먼저 그에게 손을 대고 후에 뭇 백성이 손을 대라."

우리나라도 옛날에는 하나님을 섬기지 않고 이방 백성이 섬기는 신을 섬겼습니다. 우리나라뿐만 아니라 세계 모든 민족이 그랬습니다. 일본에는 무려 8만 신이 있다고 하는데 이것이 모두 하나님 외에 다른 신입니다.

본문 말씀을 보면 "네 열조가 알지 못하던 다른 신들 곧 네 사방에 둘러 있는 민족 혹 네게서 가깝든지 네게서 멀든지 땅이 끝에서 저 끝까지 있는 민족의 신들"이라고 하였습니다. 이스라엘 백성이 섬겨야 할 신은 오직 하나님 한 분뿐인데 이방 사람들이 서로 자기네 신을 섬기자고 유혹을 한다는 겁니다. 그때 이스라엘 백성은 사정을 보지 말고 긍휼히 보지도 말고 그것들을 돌로 쳐 죽이라고 했습니다. 그렇지 않으면 그 신을 섬기자고 유혹한 자나 그를 따라 그 신을 섬긴 자도 돌멩이에 맞아 죽습니다.

그리고 10-11절에 보면 "그는 애굽 땅 종 되었던 집에서 너를 인도하여 내신 네 하나님 여호와에게서 너를 꾀어 떠나게 하려 한 자니 너는 돌로 쳐 죽이라 그리하면 온 이스라엘이 듣고 두려워하여 이 같은 악을 다시는 너희 중에서 행하지 못하리라"라고 하였습니다. 이 말씀은 이방 신을 섬기자고 유혹하는 자들, 즉 하나님을 섬기고 있는 이스라엘 백성을 유혹해서 다른 신을 섬기자고 하는 자들은 악을 행하는 것이라는 말씀입니다.

고린도전서 10장에도 광야에서 이스라엘 백성 다수가 우상을 숭배하는 악을 행했다고 하였습니다. 그들은 광야에서 우상을 숭배했고, 음란을 행했으며, 하나님을 시험하고 원망했습니다. 사람들이 하나님 외에 다른 신을 섬기는 것은 욕심 때문입니다.

하나님께서 왜 자기를 섬기라고 하십니까?

영생의 복을 주시기 위함입니다. 반면에 이 땅의 이방인들이 섬기는 모든 신들은 이 세상의 복을 준다는 것입니다. 욕심이 있는 사람은 영생을 얻을 생각은 하지 않고 이 세상에서 잘 먹고 잘 살려고 합니다. 그들은 명예, 권세, 물질을 얻으려고 이방

신을 섬깁니다. 욕심 때문에 이방 신을 섬깁니다. 그러나 영생을 얻기 위해서 하나님을 섬기는 사람은 이 땅 위에서 무언가를 소유하며 이룩하려고 욕심을 부리지 않습니다. 다만 자기도 영생 얻고 남도 영생을 얻게 하기 위해 애를 씁니다.

이처럼 십계명 중 첫 계명인 "나 외에 다른 신을 섬기지 말라"라는 계명을 지켜 행치 않고 다른 신을 섬기는 자는 악을 행하는 자입니다. 그는 욕심을 채우기 위해 다른 신을 섬기는 것입니다. 다른 신을 섬기지 말라는 것은 욕심을 부리지 말라는 말씀입니다.

그런데 이 십계명 중 마지막 계명이 무엇입니까? "네 이웃의 것을 탐내지 말라"입니다. 명예, 권세, 물질을 탐내지 말라는 것입니다. 이것은 다른 말로 욕심을 부리지 말라는 말씀입니다. 이렇게 십계명은 욕심을 부리지 말라는 것으로 시작해서 욕심을 부리지 말라는 것으로 끝이 납니다. 이것은 율법이 의미하는 바입니다. 율법 전체에 흐르는 메시지가 욕심을 부리지 말라는 것입니다. 이스라엘 백성이 우상을 숭배했기 때문에 가나안에 들어갈 수 없었듯이 오늘 우리도 욕심을 버리지 않으면 하늘나라에 들어갈 수 없습니다.

우리는 율법에 대해서 또 한 가지를 알아야 합니다.

하나님께서 이스라엘 백성에게 율법을 주신 것에 대하여 바울 사도가 신약성경 갈라디아서 3장에 기록했습니다. 24절입니다.

"이같이 율법이 우리를 그리스도에게로 인도하는 몽학선생이 되

어 우리로 하여금 믿음으로 말미암아 의롭다 함을 얻게 하려 함이
니라."

율법이 우리를 그리스도에게로 인도하는 개인교사라는 말입
니다.

로마서 3장 20절에는 "율법으로는 죄를 깨달음이니라"라고 하였
습니다. 죄를 깨닫게 하려고 율법을 주셨다는 말씀입니다. 그리
고 로마서 13장 10절을 비롯해서 성경 곳곳에 보면 율법을 주
신 것은 새 계명을 지키게 하기 위해서라고 하였습니다. 그렇기
때문에 우리는 이제 새 계명을 지켜야만 합니다.

율법을 문자적으로 지켜야 가나안 땅에 들어간다고 기록된
것은 욕심을 버리는 신앙의 사람이 되어야 영생을 얻는다는 진
리도 되고, 그 다음에 사랑의 새 계명을 지키는 신앙의 사람이
되어야 영생을 얻는다는 진리입니다.

누가복음 10장 25-28절에 보면 "어떤 율법사가 일어나 예수를 시
험하여 가로되 선생님 내가 무엇을 하여야 영생을 얻으리이까 예수께
서 이르시되 율법에 무엇이라 기록되었으며 네가 어떻게 읽느냐 대답
하여 가로되 네 마음을 다하며 목숨을 다하며 힘을 다하며 뜻을 다하
여 주 너의 하나님을 사랑하고 또한 네 이웃을 네 몸과 같이 사랑하라
하였나이다 예수께서 이르시되 네 대답이 옳도다 이를 행하라 그러면
살리라"라고 하였습니다. 율법사, 즉 율법을 전문적으로 해석하
고 가르치는 유태인이 예수님께 와서 "선생님이여, 내가 어떻게 하
면 영생을 얻겠습니까?" 하고 물었습니다. 이에 예수님께서는 "너는
율법사인데 율법에 뭐라고 기록되어 있느냐?" 하고 반문하셨습니다.

율법사는 새 계명을 지키라고 했다고 대답했습니다. 그랬더니 예수님께서 "영생을 얻으려면 네가 방금 말한 대로 해라. 그리하면 영생을 얻을 것이다"라고 하셨습니다.

우리 믿는 자들 중 어떤 사람들은 요한복음 3장 16절에 "하나님이 세상을 이처럼 사랑하사 독생자를 주셨으니 이는 저를 믿는 자마다 멸망치 않고 영생을 얻게 하려 하심이니라"라고 기록되어 있으니 예수님을 믿기만 하면 영생을 얻을 수 있다고, 새 계명을 안 지켜도 된다고 말을 합니다. 그러나 요한복음 3장 16절도 예수님의 말씀이고, 누가복음 10장 25절 이하도 예수님의 말씀입니다. 우리가 예수님을 믿고 있다면 우리는 누가복음 10장 25절 이하의 말씀처럼 새 계명을 지키는데 힘써야 합니다.

예수님을 믿되 새 계명까지 지키라는 예수님의 구체적인 말씀이 4 복음서에 많이 나오는데 마태복음 24장에 나오는 말씀은 요한계시록에 대하여 말씀하신 것이고, 25장에는 "말세의 마지막 때"에 신랑 예수를 맞이하는 말씀이 기록되어 있습니다. 첫 번째 열 처녀의 비유를 비롯해서 세 가지 비유가 있는데, 두 번째는 달란트 비유이고 세 번째는 양과 염소의 비유입니다.

먼저 양과 염소의 비유부터 생각해 봅시다. 마태복음 25장 37절에 보면 "이에 의인들이 대답하여 가로되 주여 우리가 어느 때에 주의 주리신 것을 보고 공궤하였으며 목마르신 것을 보고 마시게 하였나이까"라고 하였습니다. 양들은 지금 영생을 얻었습니다. 신랑 예수를 맞이해서 천년세계 하늘나라에 간 것입니다. 그런데 이 양들이 예수님을 '주'라고 하였습니다. 예수님을 잘 공경했다는 말입니다. 사랑의 새 계명을 지킨 것입니다. 주님이 주리신 것을 보고 먹을 것을 대접하고, 목마르신 것을 보고 마시게 했습니다. 이것은 확실히 사랑의 새 계명을 지켰다는 뜻입니다.

그런데 44절에 보면 염소들이 나옵니다. 인자가 오셔서 양은 오른편에, 염소는 왼편에 갈라 놓으셨습니다. 그런데 염소들도 한 마디 합니다.

"주여 우리가 어느 때에 주의 주리신 것이나 목마르신 것이나 나
그네 되신 것이나 벗으신 것이나 병드신 것이나 옥에 갇히신 것을
보고 공양치 아니하더이까."

염소들도 양들처럼 "주여"라고 하였습니다. 그러나 이들은 예수님이 주리실 때에 먹을 것을 주지 아니하였고, 목마를 때에 마시게 하지 아니하였으며, 나그네 되었을 때에 영접하지 아니하였고, 병들었을 때와 옥에 갇혔을 때에 돌아보지 아니하였습니다. 그들은 새 계명을 지키지 않은 것입니다.

신랑 예수 맞이해서 하늘나라에 갈 자들이나 신랑 예수 맞이하지 못해서 지옥에 갈 자들이 다 예수님께 "주여"라고 했습니다. 요한복음 3장 16절은 믿는 자에 대한 말씀이고, 누가복음 10장 25절 이하는 사랑의 새 계명에 대한 말씀입니다. 양은 이 말씀들을 지키고, 염소는 지키지 않았습니다. 그러므로 우리는 믿음 안에서 새 계명까지 지키길 바랍니다.

마태복음 25장 14절 달란트 비유를 봅시다. 각각 다섯 달란트, 두 달란트, 한 달란트를 맡은 세 종이 있었는데 다섯 달란트와 두 달란트를 맡은 종은 주인에게 칭찬을 받고 영생을 얻었습니다. 그러나 한 달란트를 맡은 사람은 영벌에 처한다고 했습니다. 여기서 주인은 재림 예수이고 달란트는 성령 충만하여 받은 은사를 말합니다. 우리는 예수님을 믿음으로 보혈의 피로 죄 사함을 받고 거듭나야 합니다. 거듭난 우리는 이제 성령을 충만히 받아야 합니다. 하나님은 성령 충만 받은 자에게 은사를 주십니다. 고린도전서 12장 7절 이하에 기록된 성령의 아홉 가지 은사 외에도 다른 많은 은사가 있습니다.

달란트비유에서 다섯 달란트, 두 달란트, 한 달란트를 맡은 이들을 '종'이라고 하였습니다. '종'은 천한 일을 하는 사람을 말하는 것이 아니라 주의 종을 말합니다. 평신도 중에서 은사를 받은 사람을 '종'이라고 하기도 합니다. 이들은 요한복음 3장 16절을 믿는 주의 종입니다. 믿어도 아주 잘 믿는 주의 종입니다. 한 달란트를 맡은 종도 요한복음 3장 16절을 잘 믿었습니다. 그러나 그 사람은 주인이 달란트를 맡기면서 장사해서 남기라고 했음에도 받은 달란트를 땅에 묻어 두었습니다. 반면에 각각 다섯 달란트와 두 달란트를 맡은 종들은 장사를 해서 두 배를 남겼습니다. 요한복음 14장 21절에 "나의 계명을 지키는 자라야 나를 사랑하는 자니 나를 사랑하는 자는 내 아버지께 사랑을 받을 것이요 나도 그를 사랑하여 그에게 나를 나타내리라"라고 하였습니다. 예수님의 계명을 지켜 행하는 자라야 하나님의 사랑을 받고, 예수님의 사랑을 받습니다. 재림 예수가 신랑으로 오셔서 그를 신부로 맞이해서 하늘나라로 데려간다는 말씀입니다.

요한복음 14장 23절에 "예수께서 대답하여 가라사대 사람이 나를 사랑하면 내 말을 지키리니 내 아버지께서 저를 사랑하실 것이오 우리가 저에게 와서 거처를 저와 함께 하리라"라고 하였습니다. 이 말씀은 예수님을 잘 믿으며 말씀을 지키는 사람은 하나님께 사랑을 받고 예수님께 사랑을 받아서 예수님과 함께 하늘나라에 가서 예수님과 함께 영생을 누린다는 뜻입니다. 두 달란트와 다섯 달란트를 받은 종은 그것을 가지고 장사를 해서 두 배를 남겼습니다. 주인이신 예수님의 말씀을 그대로 지켜 행한 것입니다. 그들은 예수님을 사랑한 것이지요. 그런데 한 달란트를 맡은 사람은 장사하라고 달란트를 맡겨 주었더니 땅에다가 묻어 놓고 주인이 하라는 대로 하지 않았습니다. 그는 주인이신 예수님을 사랑하지 않은 것입니다. 그러므로 그는 영벌에 처한다고 했습니다.

예수님께서는 율법사일지라도 "나를 믿고 새 계명까지 지켜야 한다"고 하셨습니다. 양과 염소의 비유나 달란트비유는 예수님이 직접 하신 말씀입니다. 예수님의 새 계명을 지키는 신앙의 사람이 되어야합니다.

우상을 숭배한 광야의 이스라엘 백성은 율법을 지키지 못했습니다. 욕심을 버리지 못한 것입니다. 그렇기 때문에 그들은 광야에서 죽을 수밖에 없었습니다.

(2) 간음하지 말 것

● 고전10:8 / 8 저희 중에 어떤 이들이 간음하다가 하루에 이만
삼천 명이 죽었나니 우리는 저희와 같이 간음하지 말자

고린도전서 10장 8절에 보면 이스라엘 백성이 광야에서 행한
4가지 악 가운데 두 번째로 간음하는 죄를 지었기 때문에 그들
의 목적지인 가나안 땅에 들어가지 못하고 광야에서 멸망당했
다는 말씀에 대해 알아보겠습니다.

광야의 이스라엘 백성이 간음을 행하므로 가나안에 들어갈
수 없었습니다.

그러면 구체적으로 간음을 하는 사람은 왜 가나안에 들어가
지 못합니까? 그것은 첫째로 악, 곧 욕심을 버리지 못했기 때문
입니다. 욕심 부리는 신앙생활을 했기 때문입니다.

● 신22:22-24 / 22 남자가 유부녀와 통간함을 보거든 그 통간
한 남자와 그 여자를 둘 다 죽여 이스라엘 중에 악을 제할찌니라
23 처녀인 여자가 남자와 약혼한 후에 어떤 남자가 그를 성읍 중
에서 만나 통간하면 24 너희는 그들을 둘 다 성읍 문으로 끌어내
고 그들을 돌로 쳐죽일 것이니 그 처녀는 성읍 중에 있어서도 소
리 지르지 아니하였음이요 그 남자는 그 이웃의 아내를 욕보였음
이라 너는 이같이 하여 너의 중에 악을 제할찌니라

신명기 22장 22절에 보면 남자가 유부녀와 간통을 하면 둘
다 죽이라고 했습니다. 간음은 악한 죄입니다. 악이 무엇이라고
했습니까? 욕심입니다.

또 신명기 22장 23-24절에 보면 "처녀인 여자가 남자와 약혼한 후에 어떤 남자가 그를 성읍 씀에서 만나 통간하면 너희는 그들을 둘 다 성읍 문으로 끌어내고 그들을 돌로 쳐 죽일지것이니 그 처녀는 성읍 중에 있어서도 소리 지르지 아니하였음이요 그 남자는 그 이웃의 아내를 욕보였음이라 너는 이같이 하여 너의 중에 악을 제할지니라"라고 하였습니다. 어떤 못된 놈이 다른 사람과 약혼한 처녀와 성 안에서 간음을 했다면 둘 다 죽이라는 것입니다.

이렇게 간음을 행한 자들은 모두 죽여서 악을 제해 버리라고 하였습니다. 간음을 행하는 것은 악을 행하는 것이라는 말씀입니다. 그런데 성경에서는 악을 또 욕심이라고 말하고 있습니다. 간음죄를 범하는 것은 정욕 때문입니다. 그리고 돈을 좋아해서 돈을 탐내는 것은 물욕, 권세가 탐이 나서 수단 방법을 가리지 않고 권력을 얻고 권세를 잡으려고 하는 것은 권세욕입니다.

간음죄를 지어서 가나안에 들어가지 못하는 또 한 가지 이유가 있습니다. 십계명 중에 일곱 번째 계명이 "간음하지 말라"입니다. 출애굽기 20장에 십계명이 나오는데, 14절에 보면 "간음하지 말라"라는 일곱 번째 계명이 나옵니다. 그러므로 간음을 행한 자는 십계명, 곧 율법을 어기는 것이 됩니다. 간음죄를 지으면 율법을 어기는 사랑의 새 계명을 행하지 못하는 것입니다.

요한계시록 21장 8절에 보면, "그러나 두려워하는 자들과 믿지 아니하는 자들과 흉악한 자들과 살인자들과 행음자들과 술객들과 우상 숭배자들과 모든 거짓말 하는 자들은 불과 유황으로 타는 못에 참예하리니 이것이 둘째 사망이라"라고 하였습니다. 여기서 '행음자'는 간음을 행한 자라는 말씀입니다. 천국에 들어가지 못하고 둘째 사망, 유황불 못 지옥으로 들어가는 것들 여덟 가지 중에 다섯 번째가 행음자입니다.

그 다음으로 요한계시록 22장 15절에 보면, "개들과 술객들과 행음자들과 살인자들과 우상 숭배자들과 및 거짓말을 좋아하며 지어내는 자마다 성 밖에 있으리라"라고 하였습니다. 여기의 "성 밖에 있으리라"라는 말씀은 하늘나라에 들어가지 못하고 둘째 사망 유황불 못에 들어간다는 말씀입니다. 여기에는 여섯 가지 부류가 나오는데 세 번째로 행음자가 나옵니다.

그러면 이제 간음죄에 관한 진리의 말씀을 더 구체적으로 아는 것이 중요합니다. 고린도전서 6장 18절에 "음행을 피하라 사람이 범하는 죄마다 몸 밖에 있거니와 음행하는 자는 자기 몸에게 죄를 범하느니라"라고 하였습니다. 이 땅 위에 죄의 종류가 너무 많습니다. 요한계시록 21장 8절에만 해도 지옥에 갈 자들이 여덟 부류가 나오고, 22장 15절에는 여섯 가지 부류가 나옵니다.

그런데 그런 죄 가운데 다른 죄는 자기 몸 밖에서 일어나는 것이지만 간음을 행하는 것은 자기 몸에 죄를 짓는 것입니다. 요한복음 8장 3-11절에 보면 간음을 하다가 현장에서 붙잡혀서 예수님께 끌려온 여자가 나옵니다. 바리새인과 서기관들은 이 여자를 돌로 쳐서 죽이려고 했습니다. 율법에 간음죄를 지은 자는 돌로 쳐 죽이라고 했기 때문입니다. 그들은 예수님을 시험해 보기 위해 "율법에 이런 여자를 돌로 쳐서 죽이라고 명령하였습니다. 그런데 선생님은 이 일을 놓고 뭐라고 하시겠습니까?"라고 물었습니다. 이에 예수님께서는 "너희 가운데서 죄 없는 자가 먼저 이 여자에게 돌로 치라"라고 말씀하시고는 땅에다가 무엇인가를 쓰셨습니다. 이 말씀을 들은 사람들은 양심에 가책을 받아 하나하나 돌아가고 마침내 예수님과 그 여자만 남았습니다. 예수께서 몸을 일으켜서 여자에게 말씀하셨습니다.

"여자여 너를 고소하던 그들이 어디 있느냐 너를 정죄한 자가 없느냐"

여자가 대답했습니다.

"주여 없나이다."

예수께서는 그 여자에게 "나도 너를 정죄하지 아니하노니 가서 다시는 죄를 범치 말라" 라고 말씀하셨습니다.

간음죄는 다른 죄보다 유혹이 강합니다. 그리고 간음죄는 다른 죄보다 발각될 염려가 적습니다. 그래서 성령의 은사는 받았지만 간음죄를 짓는 사람들도 있습니다. 그렇기 때문에 예수님은 그 여자에게 다시는 죄를 짓지 말라고 말씀하신 것입니다.

바리새인들의 예수님을 시험하는 물음에 예수님께서는 "너희 가운데 죄 없는 자가 먼저 돌로 치라"라고 하셨습니다. 그랬더니 이 말씀을 듣고 어른들로부터 젊은이까지 양심의 가책을 받아 하나씩 하나씩 돌아갔습니다. 그들이 왜 양심의 가책을 받았습니까? 그리고 왜 돌아갔습니까? 왜 돌로 치지 않고 그냥 돌아갔습니까? 그들도 그런 짓을 했기 때문입니다.

그러면 현장에서 간음하다가 잡혀 온 여자를 돌로 쳐 죽이려고 한 사람들은 하나님을 믿는 자입니까, 안 믿는 자입니까? 그들은 조상 대대로 하나님을 믿어온 자들입니다. 그러나 그들 중에도 간음죄를 지은 사람이 있었던 것입니다.

간음죄에 관한 진리의 말씀을 또 한 가지 살펴보면, 우리는 마음속으로라도 간음죄를 지으면 안 됩니다. 마태복음 5장 27-28절에 예수님께서 말씀하시기를, "또 간음치 말라 하였다는 것을 너희가 들었으나 나는 너희에게 이르노니 여자를 보고 음욕을 품는 자마다 마음에 이미 간음 하였느니라"라고 하였습니다.

구약시대에는 육체적으로 간음을 행하는 것을 간음죄라고 했는데 율법을 완전케 하러 오신 우리 예수님께서는 마음으로 음욕을 품는 것도 간음죄라고 하셨습니다. 그래서 성 프란치스 같은 성자는 길을 지나다가 여자를 보고 마음으로 죄를 지었다고 하여 회개했습니다.

그리고 역대상 5장 25절에 보면 "저희가 그 열조의 하나님께 범죄하여 하나님이 저희 앞에서 멸하신 그 땅 백성의 신들을 간음하듯 섬긴지라"라고 하였습니다. 이방 신을 섬기는 것을 간음죄를 지었다고 한 것입니다. 이스라엘 백성은 이방 신, 즉 가나안 족속들이 섬기던 신들을 섬기다가 앗수르의 포로로 잡혀 가 망해 버렸습니다.

이사야서 57장 3-9절에도 음욕에 대한 내용이 나옵니다. 5절 말씀입니다.

"너희가 상수리나무 사이, 모든 푸른 나무 아래서 음욕을 피우며 골짜기 가운데 바위 틈에서 자녀를 도살하는도다."

여기서 이스라엘 백성이 바위틈에서 자녀를 도살했다는 것은 자녀를 죽여서 제물로 바쳤다는 뜻입니다. 이스라엘 백성은 상수리나무 사이, 모든 푸른 나무 그리고 바위틈에서 우상을 섬긴 것입니다. 다시 말해서 정신적으로 음욕을 품어서 간음을 한 것입니다.

에스겔 23장 36-39절에도 행음한 내용이 나옵니다.

"여호와께서 또 내게 이르시되 인자야 네가 오홀라와 오홀리바를 국문 하려느냐 그러면 그 가증한 일을 그들에게 고하라 그들이 행음하였으며 피를 손에 묻혔으며 또 그 우상과 행음하며 내게 낳아준 자식들을 우상을 위하여 화제로 살랐으며."

하늘나라는 영의 나라이고, 하나님은 영이시며, 예수님도 신령한 영체를 가지고 하늘나라에 가 계십니다. 그리고 하늘나라의 천사들도 영체입니다. 그렇기 때문에 우리가 이 땅 위에서 다른 신, 즉 우상을 섬기면 간음죄를 지은 것이 되는 것입니다.

●계14:9-12 / 9 또 다른 천사 곧 세째가 그 뒤를 따라 큰 음성으로 가로되 만일 누구든지 짐승과 그의 우상에게 경배하고 이마에나 손에 표를 받으면 10 그도 하나님의 진노의 포도주를 마시리니 그 진노의 잔에 섞인 것이 없이 부은 포도주라 거룩한 천사들 앞과 어린 양 앞에서 불과 유황으로 고난을 받으리니 11 그 고난의 연기가 세세토록 올라가리로다 짐승과 그의 우상에게 경배하고 그 이름의 표를 받는 자는 누구든지 밤낮 쉼을 얻지 못하리

라 하더라 12 성도들의 인내가 여기 있나니 저희는 하나님의 계
명과 예수 믿음을 지키는 자니라

요한계시록 14장 9-12절 말씀입니다.

우리 앞에 인류 역사상 가장 힘든 환난의 때, 창세 이후로 없
는 환난이요 개국 이후로 없는 환난의 때가 다가오는데 그때에
적그리스도, 즉 본문 말씀의 '짐승'이 나타나 "내가 하나님이요,
내가 재림 예수다"라고 하면서 자기에게 경배하라고 합니다. 자
기를 섬기라는 것입니다.

어떻게 적그리스도가 하나님이 될 수 있으며, 어떻게 적그리
스도가 예수님이 될 수 있습니까? 적그리스도를 섬기는 것은 다
른 신을 섬기는 것입니다. 그런가 하면 적그리스도는 짐승의 우
상을 만들어 놓고 그 짐승 우상에게 경배하라고 합니다. 짐승
우상에게 경배를 하면 이마와 오른손에 짐승의 표인 666을 찍
어준다는 것입니다. 짐승의 표를 받아야만 매매를 할 수가 있
고, 짐승의 표를 받아야만 세금도 낼 수 있고, 짐승의 표를 받
아야만 주유소에 가서 차에 기름을 넣을 수가 있다는 것입니다.
666, 즉 짐승의 표가 화폐 역할을 하는 시대가 온다는 것입니
다. 그때 그 짐승 우상에게 경배하는 자는 위에 기록한 말씀대
로 영적 간음을 행하는 것입니다. 그런 자는 누구든지 쉼을 얻
지 못하고 세세토록 지옥에서 고통을 당합니다.

요한계시록 14장 12절에 보면 "성도들의 인내가 여기 있나니 저희
는 하나님의 계명과 예수 믿음을 지키는 자니라"라고 하였습니다. 우
리는 오직 예수님만을 믿음과 동시에 하나님의 계명을 지켜야

합니다. 하나님이 주신 계명 중에 7계명이 바로 "간음하지 말라"는 계명입니다. 그러므로 우리는 육체적으로나 영적으로 간음하지 말고 철저히 신앙생활을 해 나가야 합니다. 인류 역사상 마지막인 환난시대에, 적그리스도가 나타나서 자기에게 경배하게 하고 자기의 우상에게 경배해서 666 표를 받게 하는 그 시대에 우리는 절대로 거기에 경배하고 표를 받으면 안 됩니다. 우리는 믿음과 계명을 잘 지켜서 영생의 복을 받아 누릴 뿐만 아니라 잠시 살다 가는 이 땅에서도 강건하고 의인의 형통한 복도 받아 누리시기를 주의 이름으로 축원합니다!

(3) 하나님을 시험하지 말 것

●고전10:9 / 9 저희 중에 어떤 이들이 주를 시험하다가 뱀에게 멸망하였나니 우리는 저희와 같이 시험하지 말자

이스라엘의 광야교회 성도들은 하나님을 시험하는 일로 가나안 땅에 갈 수가 없었습니다. 광야교회 성도들이 하나님을 시험했기 때문입니다, 그 결과 그들은 뱀에게 물려 죽을 위기에 처했는데 그것이 오늘날 우리의 모습입니다. 신앙생활을 한다고 하면서 하나님을 시험하면 천국에 가지 못합니다.

●민14:22-23 / 22 나의 영광과 애굽과 광야에서 행한 나의 이적을 보고도 이같이 열 번이나 나를 시험하고 내 목소리를 청종치 아니한 그 사람들은 23 내가 그 조상들에게 맹세한 땅을 결단코 보지 못할 것이요 또 나를 멸시하는 사람은 하나라도 그것을 보지

못하리라

●시78:18 / 18 저희가 저희 탐욕대로 식물을 구하여 그 심중에 하나님을 시험하였으며

●시78:40-41 / 40 저희가 광야에서 그를 반항하며 사막에서 그를 슬프시게 함이 몇 번인고 41 저희가 돌이켜 하나님을 재삼 시험하며 이스라엘의 거룩한 자를 격동하였도다

추가말씀 : (시95:8-9) (시106:14) (출17:1-2) (신6:16) (히3:8-9)

그러면 과연 '하나님을 시험한다'는 것이 무엇일까요?

우리는 이것을 구체적으로 잘 알아야 '하나님을 시험'하지 않는 신앙생활을 할 수 있습니다. 민수기 14장 22-23절에 보면 이스라엘 백성이 광야생활을 할 때에 '하나님을 열 번이나 시험'했다고 했습니다. 하나님의 영광을 보고, 또 애굽과 광야에서 행한 하나님의 이적을 보았는데도 열 번이나 '하나님을 시험'하였습니다.

여기서 이스라엘 백성이 광야생활 40년 동안 하나님을 열 번 시험했다는 것은 실제로 정확하게 열 번 시험을 했다는 것이 아니라 이스라엘 백성의 변함없는 죄악성을 말하는 것입니다. 그들은 계속해서 하나님을 시험한 것입니다. 오늘날 신약 교회 성도들도 광야의 이스라엘 백성처럼 신앙생활을 한다고 하면서 하나님을 시험합니다. 그런 자들은 천국에 들어갈 수 없습니다.

그러면 하나님을 시험하면 왜 하늘나라에 들어가지 못할까요? 이제 구체적으로 상고해 보겠습니다.

첫째로 고린도전서 10장 9절에 보면 "저희 중에 어떤 이들이 <u>주</u> <u>를 시험하다가 뱀에게 멸망하였나니</u> 우리는 저희와 같이 시험하지 말자"라고 하였습니다. 그러므로 우리가 신앙생활을 한다고 하면서 하나님을 시험하는 생활을 하면 천국에 들어가지 못하는 것입니다.

그리고 민수기 14장 22-23절에 보면 이스라엘 백성이 하나님을 열 번이나 시험했기 때문에 그 조상들에게 맹세한 땅을 결단코 보지 못할 것이라는 말은 가나안 땅에 들어가지 못한다는 말입니다. 하나님을 시험하면서 신앙생활을 한다는 사람은 결단코 천국에 들어갈 수 없는 것입니다.

출애굽기 17장 7절 말씀을 통해서도 우리가 신앙생활을 한다고 하면서 하나님을 시험하면 천국에 가지 못한다는 사실을 알 수 있습니다.

"그가 그곳 이름을 맛사라 또는 므리바라 불렀으니 이는 이스라엘 자손이 다투었음이요 또는 그들이 여호와를 <u>시험하여 이르기를</u> <u>여호와께서 우리 중에 계신가 아닌가 하였음이더라.</u>"

이스라엘 백성은 출애굽하여 홍해를 건넌 후 광야에 들어갔습니다. 그런데 광야는 사막이기 때문에 몹시 더웠고 물도 없었습니다. 이스라엘 백성은 목이 마르고 갈증이 나서 죽을 지경이었습니다. 그때 이스라엘 백성은 모세를 원망했습니다. 우리를 애굽에서 여기까지 끌고 나왔으면 먹을 것과 마실 것을 책임져야지 여기서 목말라 죽게 하느냐는 것입니다. 애굽에는 마실 물이 흘러넘쳤는데 이곳 사막에는 물이 없어 목말라 죽겠다는 것입니다.

　이때 모세는 하나님께 부르짖으며 기도했습니다. 그랬더니 하나님께서 모세에게 말씀하시기를, "네 지팡이를 가지고 호렙 산에 가서 반석을 치라"고 하셨습니다. 그래서 모세가 하나님의 말씀에 순종하여 호렙 산에 가서 하나님이 시키신 대로 하였더니 물이 터져 나왔습니다. 이스라엘 백성이 그곳에서 여호와께 대들었다고 해서 '므리바'라고 부르기도 하고, 여호와께서 우리 가운데 계신가 안 계신가 하며 여호와를 시험했다고 해서 '맛사'라고 부르기도 했습니다.

　사막에서 물을 구하지 못해 목이 말랐던 이스라엘 백성은 하나님이 계신가 안 계신가 의심했습니다. 만일 하나님이 계신다면 우리를 물도 없는 사막으로 끌고 와 목말라 죽게 하시지 않을 것이라며 원망했습니다. 모세는 하나님의 뜻에 따라 여러 가지 이적을 행했습니다. 즉 애굽에 열 가지 재앙을 내렸고, 홍해를 갈라 이스라엘 백성이 건너게 했습니다. 그럼에도 이스라엘 백성은 물이 없어 목마르다고 하나님이 계신가 안 계신가를 의심한 것입니다. 이스라엘 백성은 하나님이 계신 것을 온전히 믿지 못했습니다. 그래서 하나님을 의심하고 시험했던 것입니다.

　하나님은 천지만물을 창조하기 전, 즉 영원 전부터 계셨습니다. 그리고 하나님은 우주만물을 창조하셔서 모든 것을 주관하시고 우리의 삶도 주관하십니다. 그런데 우리는 어려움을 당할 때 하나님이 계시다면 왜 나에게 이런 어려움이 오게 하시는가

하고 의심을 합니다. 또 기도를 했는데도 문제가 해결되지 않으면 열심히 충성 봉사하는데 왜 일이 뜻대로 되지 않는가 하고 의심합니다. 광야의 목마른 이스라엘 백성처럼 하나님이 계신지 안 계신지 의심이 되고 원망을 하는 것입니다. 그것이 바로 하나님을 시험하는 것입니다. 하나님은 그런 믿는다고 하면서도 믿음이 없는 사람들을 하늘나라로 데려가지 않으십니다. 그런 사람들은 영생을 얻지 못합니다. 하나님을 시험하는 것은 하나님이 계심을 온전히 믿지 못하는 것인데 하나님이 계심을 온전히 믿지 못하는 사람들은 아무리 교회생활을 잘 하고 충성 봉사해도 영생을 얻지 못하게 됩니다.

시편 106편 14절에 보면 "광야에서 욕심을 크게 발하며 사막에서 하나님을 시험하였도다"라고 하였습니다. 이 말씀에서 보면 하나님을 시험한 것과 욕심이 관계가 있습니다. 시편 78편 18절에 보면 그것이 정확하게 나와 있습니다.

"저희가 저희 탐욕대로 식물을 구하여 그 심중에 하나님을 시험하였으며."

이 말씀은 하나님을 시험하는 것이 욕심을 부리는 것이라는 말입니다.

이스라엘 백성은 애굽에서 종살이를 하면서 고기를 많이 먹었습니다. 애굽 사람들이 이스라엘 사람들을 노예로 부리기 위해서는, 즉 이스라엘 백성으로 하여금 비돔 성과 라암셋 성과 같은 거대하고 견고한 성을 쌓게 하기 위해서는 떡과 고기를 배불리 먹여야 했던 것입니다.

이스라엘 백성이 애굽에 있을 때는 비록 힘든 일을 하기는 했지만 고기를 많이 먹었는데 광야에 나오니 고기를 구경할 수가 없었습니다. 그래서 이스라엘 백성은 모세에게 애굽에 있을 때처럼 고기를 달라고 요구하며 우리를 굶겨 죽일 작정이냐고 원망했습니다. 그때 하나님께서 이스라엘 백성이 원망하는 소리를 듣고 모세에게 말씀하셨고, 다시 모세가 이스라엘 백성에게 전하였습니다.

"너희는 저녁이 되면 고기를 먹고, 아침에는 떡으로 배불리 먹을
것이다."

하나님은 약속하신 대로 아침이면 만나를 내려주셨고, 저녁에는 메추라기를 보내셨습니다. 그런데 이스라엘 백성이 온종일 메추라기를 모아 맛있게 먹을 때 하나님께서 진노하셔서 그들을 큰 재앙으로 치셨습니다(민11:32-34). 이스라엘 백성이 고기를 달라고 한 것은 욕심 때문에 그런 것입니다. 이스라엘 백성은 애굽과는 환경이 다른 광야에서 식욕이라는 욕심을 이기지 못해 모세에게 고기를 달라고 아우성을 쳤는데 그러면서도 '과연 하나님께서 고기를 주실 수 있을까' 하며 의심을 한 것입니다. 그러므로 하나님을 시험하는 것은 욕심 채우려는 것임을 알아야 합니다. 욕심은 악입니다. 그 옛날 광야 교인들은 악, 곧 네 가지 욕심을 부려서 가나안 땅에 들어가지 못했습니다. 여기의 네 가지 악이란 우상 숭배, 간음, 하나님을 시험하는 것 그리고 원망입니다. 그러므로 하나님을 시험하는 것도 악에 속한다는 말입니다.

하나님을 온전히 믿지 못하는 것도 사실은 욕심 때문입니다. 이스라엘 백성이 신 광야에서 나와 맛사 혹은 므리바에서 반석을 쳐서 물을 마시기 전에도, 하나님이 계시다면 우리를 이곳에 끌고 와 이렇게 목말라 죽게 하겠느냐고 의심했습니다. 이스라엘 백성이 하나님을 의심하고 시험한 것은 갈증을 해결하려는 욕심 때문이었습니다.

히브리서 3장 8절에 보면 "오늘날 너희가 그의 음성을 듣거든 노하심을 격동하여 광야에서 따라서 시험하던 때와 같이 마음을 강퍅케 하지 말라"라고 하셨습니다. 이스라엘 백성은 마음이 강퍅해져서 하나님을 시험한 것입니다. 여기의 '강퍅'은 욕심과 자기주의에서 비롯된 것입니다. 강퍅은 자기주의, 즉 자아와 욕심인데 자아는 내 감정, 내 생각, 내 의지를 말합니다. 그렇기 때문에 하나님을 시험하는 것은 강퍅해서, 즉 자기 생각으로 하는 것입니다. 하나님을 믿는다고 하면서 아직 내 감정, 내 의지, 내 생각을 버리지 못한 것입니다. 그래서 '하나님이 정말 살아 계시다면 왜 나에게 이런 시련이 올까?' '하나님이 과연 이 문제를 해결해 주실 수 있을까?' 하고 생각합니다. 그러나 하나님은 모든 문제를 해결해 주실 수 있는 분입니다. 하나님은 전능하신 분이기 때문에 어떤 문제도, 어떤 난관도 해결해 주십니다.

그런데 때로는 아무리 기도해도 문제가 해결되지 않을 때가 있습니다.

그것은 하나님이 문제를 해결해 주시지 않기 때문이 아니라 하나님의 때가 아직 안 되었기 때문입니다. 하나님은 적절한 시기에 우리의 문제를 해결해 주십니다. 그러므로 아직 하나님의 때가 되지 않았음에도 마음이 조급해져서 '하나님이 계시다면 왜 이렇게 어려운 문제를 해결해 주시지 않는 것인가?' 하고 의심하는 것은 자기의 생각입니다. 내 생각, 내 감정, 내 의지가 앞서서 욕심을 부리는 것입니다.

우리가 '하나님이 계시는 것일까?' '하나님이 계시다면, 능력이 많으시다면 왜 이렇게 응답을 하지 않으시는 것일까?' 하고 생각할 때는 어려움에 처했을 때입니다. 만사가 순조롭고 평안할 때는 하나님을 의심하지 않습니다.

제가 종종 말씀드렸듯이 우리의 영은 성장해서 어른이 되어야 합니다. 어린아이 신앙이 어른신앙이 되려면 어린아이 신앙 때 먹었던 젖은 그만 먹고 이유식을 하고 밥을 먹어서 어른이 되어야 합니다. 하나님의 입으로부터 나오는 모든 말씀, 곧 창세기부터 요한계시록까지 성경 전체를 먹어야 어른이 됩니다. 기도를 많이 한다고 해서 어른신앙이 되는 것이 아니라는 말입니다.

우리의 믿음이 장성하려면 다른 방법이 없습니다.

성경 66권의 말씀을 계속 온전히 먹어야 장성한 자가 됩니다. 오늘날 교회는 요한계시록의 라오디게아 교회처럼 책망만 받는 교회가 되었기 때문에 하나님의 말씀인 성경 66권을 온전히 해석해서 먹이는 교회가 많지 않습니다. 하나님을 시험함으로 이스라엘 백성이 가나안 땅에 들어가지 못했다는 말씀도 이렇게 구체적으로 잘 파악을 해야 합니다. 이렇게 성경 말씀을 해석해서 알기가 어렵기 때문에 바울사도가 성경 말씀은 고등학문이고 철학은 초등학문이라고 기록한 것입니다.

●골2:8 / 누가 철학과 헛된 속임수로 너희를 노략할까 주의하라
이것이 사람의 유전과 세상의 초등 학문을 좇음이요 그리스도를
좇음이 아니니라

예수님 당시를 생각해 보겠습니다. 그때에도 예수님을 시험하
는 자들이 있었습니다. 누가복음 11장 15-16절입니다.

"그 중에 더러는 말하기를 저가 귀신의 왕 바알세불을 힘입어 귀
신을 쫓아낸다 하고 또 더러는 예수를 시험하여 하늘로서 오는 표
적을 구하니."

사람들이 예수님께 와서 하늘로부터 내리는 표적을 요구했습
니다. 여기서 표적이란 이적을 말합니다. 예수님은 많은 이적을
베푸셨습니다. 가나의 혼인잔치에 가서 물로 포도주를 만드신
것을 비롯해서 많은 이적을 행하면서 천국복음의 사역을 감당하
고 계셨습니다. 그런 예수님께 바리새인 서기관들이 와서 하늘
로부터 내리는 표적을 보여 달라고 요구한 것입니다. 그들이 그
렇게 요구한 것은 예수님이 귀신의 왕 바알세불의 힘을 빌려서
귀신을 쫓는 등의 사역을 한다고 생각했기 때문입니다. 이들은
예수님을 온전히 믿지 못했기 때문에 시험을 한 것입니다.

그러나 예수님께서는 그들의 생각을 아시고 이렇게 말씀하셨
습니다.

"스스로 분쟁하는 나라마다 황폐하여지며 스스로 분쟁하는 집은
무너지느니라."(눅11:17)

그리고 마태복음 16장 1-4절에도 같은 내용이 나옵니다.

"바리새인과 사두개인들이 와서 예수를 시험하여 하늘로서 오는 표적 보이기를 청하니 예수께서 대답하여 가라사대...악하고 음란한 세대가 표적을 구하나 요나의 표적 밖에는 보여줄 표적이 없느니라." 예수님께 와서 표적을 보여 달라고 한 바리새인과 서기관들은 욕심 때문에 예수님을 시험했습니다.

마가복음 8장 11-13절에도 "바리새인들이 나와서 예수께 힐난하며 그를 시험하여 하늘로서 오는 표적을 구하거늘...이 세대에게 표적을 구하느냐 내가 진실로 너희에게 이르노니 이 세대에게 표적을 주시지 아니하리라 하시고 저희를 떠나 다시 배에 올라 건너편으로 가시니라"라고 하였습니다. 여기서 예수님을 힐난했다는 것은 예수님을 비웃고 조롱했다는 뜻입니다. 그들이 예수님을 비웃고 조롱한 것은 예수님을 하나님의 아들로, 메시야로, 구세주로 온전히 믿지 않았기 때문입니다. 자기 생각, 자기 감정, 자기 의지가 살아 있고 욕심이 처리되지 못했기 때문입니다.

이런 바리새인과 서기관들이 조상 대대로 하나님을 열심히 믿는 자들이었던 것입니다. 안식일이면 무슨 일이 있어도 예배에 참석했고, 하루에 세 차례씩 기도했습니다. 그리고 바다와 육지를 다니면서 전도하고 성경을 배웠음에도 그들은 예수님이 하나님의 아들이신 것을, 메시야이신 것을 온전히 믿지 못했습니다.

예수님을 시험하는 자들 가운데는 이혼문제를 가지고 시험한 자들도 있었습니다. 마태복음 19장 3-6절 말씀입니다.

"바리새인들이 예수께 나아와 그를 시험하여 가로되 사람이 아무

연고를 물론하고 그 아내를 내어버리는 것이 옳으니이까 예수께서 대답하여 가라사대 사람을 지으신 이가 본래 저희를 남자와 여자로 만드시고 말씀하시기를 이러므로 사람이 그 부모를 떠나서 아내에게 합하여 그 둘이 한몸이 될지니라 하신 것을 읽지 못하였느냐 이러한즉 이제 둘이 아니요 한 몸이니 그러므로 하나님이 짝지어 주신 것을 사람이 나누지 못할지니라."

예수님을 시험하는 자들이 다시 묻습니다.

"여짜오되 그러하면 어찌하여 모세는 이혼 증서를 주어서 내어버리라 명하였나이까"(마19:7).

그러니까 예수님이 또 대답하십니다.

"예수께서 가라사대 모세가 너희 마음의 완악함을 인하여 아내 내어버림을 허락하였거니와 본래는 그렇지 아니하니라"(마19:8).

바리새인들이 이혼에 대한 질문을 던진 이유는 예수를 시험하기 위함이었습니다. 아내가 아닌 다른 여자가 욕심이 나서 이혼을 하든 아내가 싫증이 나서 이혼을 하든 이혼은 욕심 때문에 하는 것입니다. 다른 여자에 대한 욕심 혹은 더 이상 아내를 보고 싶지 않다는 욕심 때문입니다. 이 바리새인들은 간음한 여인을 현장에서 붙잡아 와서 예수님을 시험했던 것처럼 이혼 문제를 가지고 예수님을 시험했던 것입니다. 때를 따라 기도하고 율법을 철저히 지키는 자들이 예수님을 시험했습니다. 이것은 하나님을 시험한 것이고 성령님을 시험한 것입니다.

그뿐 아니라 새 계명 문제를 가지고 예수님을 시험한 자들도 있었습니다. 누가복음 10장 25-27절 말씀입니다.

"어떤 율법사가 일어나 예수를 시험하여 가로되 선생님 내가 무엇을 해야 영생을 얻으리이까 예수께서 이르시되 율법에 무엇이라 기록되었으며 네가 어떻게 읽느냐 대답하여 가로되 네 마음을 다하며 목숨을 다하며 힘을 다하며 뜻을 다하여 주 너의 하나님을 사랑하고 또한 네 이웃을 네 몸과 같이 사랑하라 하였나이다."

그랬더니 율법사가 "그러면 내 이웃이 누구오니이까"(눅 10:29) 하고 묻습니다. 자기 이웃이 누군지도 모르는 자가 이웃을 내 몸처럼 사랑할 수 있습니까? 내 이웃을 내 몸처럼 사랑하려면 내 이웃이 누군지를 알아야 하는 것입니다. 혹 내 이웃이 누군가 안다고 해도 사랑하기 어려운데 이 사람은 자기 이웃이 누군가도 모르고 있습니다.

예수님께 와서 "어떻게 하여야 영생을 얻을 수 있습니까?" 하고 질문했던 율법사도 마찬가지입니다. 이들이 예수님을 시험한 것은 아직도 새 계명을 지키는 신앙을 가지지 못했기 때문인 것입니다. 그리고 우리가 지난 시간에 상고한 대로 현장에서 간음하다가 붙잡힌 여인을 돌로 쳐 죽이려고 한 바리새인과 서기관들도 영적인 간음죄를 지은 자들이었습니다.

우리는 위에 언급한 예수님을 시험한 바리새인과 서기관들을 거울삼아 하나님을 시험하는 생활을 버려야 합니다. 그렇지 않으면 광야에서 하나님을 시험하다가 가나안 땅에 들어가지 못한 이스라엘 백성처럼 천국에 들어가지 못합니다. 아무리 열심히 예수님을 믿는다면서 충성 봉사해도 천국에 들어갈 수 없습니다. 우리는 어떤 혹독한 환경이 몰아치더라도 하나님은 전지전능하시며 모든 문제의 해결자가 되신 것을 온전히 믿고 의심 없는 신앙생활을 해야 합니다. 그러므로 우리는 이제 진리의 말씀을 계속 먹고, 먹어서 자아와 욕심을 잘 처리하는 장성한 신앙의 차원에 이르도록 합시다.

(4) 원망하지 말 것

●고전10:10 / 10 저희 중에 어떤 이들이 원망하다가 멸망시키는 자에게 멸망하였나니 너희는 저희와 같이 원망하지 말라

고린도전서 10장 10절 이하에 광야의 이스라엘 백성들이 행한 네 가지 악 중에 네 번째로 원망하는 악 곧 욕심을 부리다가 가나안 땅에 들어가지 못하고 광야에서 멸망 받았다고 하는 이 말씀을 통해서 우리의 거울과 경계로 기록한 말씀으로 아시고 우리 모두가 다 원망하는 신앙을 버리고 늘 아버지께 감사하는 신앙생활을 잘 해서 여호수아, 갈렙 같이 가나안 땅 곧 천년 세계와 하늘나라 가서 영생의 복을 받고 또 범사가 잘 되고 강건의 복도 풍성히 받아 누리실 수 있기를 바랍니다.

1) 마라에서 물이 쓰다고 원망함
: 꿀 같은 말씀을 자아와 욕심 때문에 먹지 못해 원망한 광야교회 성도들의 모습

●출15:22-25 / 22 모세가 홍해에서 이스라엘을 인도하매 그

들이 나와서 수르 광야로 들어가서 거기서 사흘 길을 행하였으나 물을 얻지 못하고 23 마라에 이르렀더니 그 곳 물이 써서 마시지 못하겠으므로 그 이름을 마라라 하였더라 24 백성이 모세를 대하여 원망하여 가로되 우리가 무엇을 마실까 하매 25 모세가 여호와께 부르짖었더니 여호와께서 그에게 한 나무를 지시하시니 그가 물에 던지매 물이 달아졌더라 거기서 여호와께서 그들을 위하여 법도와 율례를 정하시고 그들을 시험하실새

출애굽기 15장에 보면 출애굽 한 이스라엘 백성들이 홍해바다를 건너는 것은, 성령을 충만히 받았음을 의미합니다. 그 후 광야 길을 행하다가 마라에 와서 물이 쓰니까 원망을 하고 있습니다. 하나님이 거기에 한 나무를 지시하시며 모세에게 물속에 집어넣어라 하셔서 집어넣었더니 물이 달게 되어 단물을 먹고 원망을 않았다는 것입니다. 말씀을 청종하고 단물을 먹으니까 원망이 없어졌는데 이것은 여호와의 말씀을 잘 들으라 하나님의 말씀을 삼가 들으라는 것입니다.

하나님의 말씀을 듣되 성경을 가르치는 주의 종의 말씀을 잘 들어야 되는데 가감하지 않는 밥의 말씀을 먹어야 원망이 없어진다는 것입니다. 그렇지 못하고 하나님의 말씀을 성령 충만 은사 충만 받아서 문자적 역사적 문화적 원어적 풍습적인 계란껍데기 같은 말씀을 먹으면 아무리 기도하고 찬송하고 인내하려고 하여도 마음은 원이로되 육신이 따라주질 않고 원망이 나온다는 것입니다.

이 단물은 바로 우리의 자아를 처리시켜서 욕심도 버리게 하

는 하나님의 말씀이므로

하나님 계명에 귀를 기울여 모든 율례를 지키도록 하는 그 하나님의 말씀을 잘 들어야 된다는 뜻입니다. 또 단물을 먹으면 애굽 사람들에게 내린 질병이 이스라엘 백성에게는 내리지 않는다고 하셨습니다. 즉 애굽은 적 그리스도의 세력과 세상 사람들의 대표고 그림자고 모형입니다. 애굽에서 이스라엘 백성들은 나왔습니다.

애굽 사람들은 택함 받지 못한자들을 말하고 이스라엘 백성들은 택함 받은자를 말합니다. 그러니까 택자들인 영적 이스라엘 백성들은 육신을 가지고 이 땅 위에 소망만 두고 사는 애굽 사람처럼 살지 않고 저 천국에 소망을 두고 살며, 하나님께서 의인의 형통의 복을 받게 해 주신다는 뜻입니다.

2) 엘림과 시내 산(山) 사이 광야에서 온 회중을 주려 죽게 한다고 원망함

: 영생의 말씀인 만나를 먹지 못해서 원망한 광야교회의 성도들

: 욕심의 말씀(가감한 말씀)을 버리지 못해서 영생의 말씀인 만나를 먹지 못하고 원망한 광야교회 성도들

● 출16:1-12 / 1 이스라엘 자손의 온 회중이 엘림에서 떠나 엘림과 시내 산 사이 신 광야에 이르니 애굽에서 나온 후 제 이 월 십오일이라 2 이스라엘 온 회중이 그 광야에서 모세와 아론을 <u>원망하여</u> 3 그들에게 이르되 우리가 애굽 땅에서 고기 가마 곁에 앉

았던 때와 떡을 배불리 먹던 때에 여호와의 손에 죽었더면 좋았을 것을 너희가 이 광야로 우리를 인도하여 내어 이 온 회중으로 주려 죽게 하는도다 4 때에 여호와께서 모세에게 이르시되 보라 내가 너희를 위하여 하늘에서 양식을 비같이 내리리니 백성이 나가서 일용할 것을 날마다 거둘 것이라 5 제 육 일에는 그들이 그 거둔 것을 예비할찌니 날마다 거두던 것의 갑절이 되리라 6 모세와 아론이 온 이스라엘 자손에게 이르되 저녁이 되면 너희가 여호와께서 너희를 애굽 땅에서 인도하여 내셨음을 알 것이요 7 아침에는 너희가 여호와의 영광을 보리니 이는 여호와께서 너희가 자기를 향하여 원망함을 들으셨음이라 우리가 누구관대 너희가 우리를 대하여 원망하느냐 8 모세가 또 가로되 여호와께서 저녁에는 너희에게 고기를 주어 먹이시고 아침에는 떡으로 배불리시리니 이는 여호와께서 자기를 향하여 너희의 원망하는 그 말을 들으셨음이니라 우리가 누구냐 너희의 원망은 우리를 향하여 함이 아니요 여호와를 향하여 함이로다 9 모세가 또 아론에게 이르되 이스라엘 자손의 온 회중에게 명하기를 여호와께 가까이 나아오라 여호와께서 너희의 원망함을 들으셨느니라 하라 10 아론이 이스라엘 자손의 온 회중에게 말하매 그들이 광야를 바라보니 여호와의 영광이 구름 속에 나타나더라 11 여호와께서 모세에게 일러 가라사대 12 내가 이스라엘 자손의 원망함을 들었노라 그들에게 고하여 이르기를 너희가 해 질 때에는 고기를 먹고 아침에는 떡으로 배부르니 나는 여호와 너희의 하나님인 줄 알리라 하라 하시니라

광야 생활 40년 간 광야교회 성도들이 원망하다가 광야에서

멸망을 당했다고 본문에 기록이 되어 있죠? 그래서 우리는 원망하는 생활 곧 욕심 부리는 생활 곧 자아와 욕심이 처리되지 못한 생활을 하면 저 천국에 갈 수 없다는 이 진리를 잘 알고 계신 줄 압니다.

출애굽기 16장 말씀을 봅시다.

이스라엘 백성이 애굽에서 1월 15일 날 나왔습니다. 14일 날 저녁에 유월절 지키고 바로 15일 날에 나왔다고 아시면 됩니다. 그리고 2월 15일이 되도록 광야 여기저기를 헤매고 다녔지만 먹을 것이 부족해서 배가 고픕니다. 애굽에 살 때는 고기도 많이 먹었는데 광야에 오니까 고기도 없고 먹을 것도 없고 어쩌면 좋으냐고 원망을 합니다. 그러니까 하나님께서 만나를 내려 주셨습니다. 먹을 것이 없어서 원망하고 있으니까 먹을 것을 주면 원망하지 않도록 하나님께서는 만나를 주셨습니다. 또 메추라기도 주셨습니다.

우리가 원망하지 않으려면 뭘 먹어야 되겠습니까? 메추라기를 먹어야 됩니까? 만나를 먹어야 됩니까?

"너희가 해질 때에는 고기를 먹고 아침에는 떡으로 배부르리니" 하였습니다. '해질 때에는 고기를 먹고'라는 말씀은 광야 이스라엘 백성이 계속해서 고기를 달라고 하니까 하나님께서 해질 때에, 저녁 때에 메추라기를 주셨습니다. 이스라엘 백성이 고기를 맛있게 먹고 있는 그 때에 하나님께서 진노하사 큰 재앙으로 그들을 치셨고, 그 곳 이름을 '기브롯 핫다아와'라 칭하였으니 탐욕을 낸 백성을 거기 장사했으므로 탐욕의 무덤이라고 하였습니다.

그래서 메추라기는 욕심이고 탐심입니다. 저녁에 메추라기가 내리고 저녁에 먹으란 것은 우리가 욕심을 부리면 밤의 아들 어둠의 아들이 되어가지고 어둠의 밤만 있는 지옥으로 간다는 뜻입니다.

출애굽기 16장 12절에 "아침에는 떡으로 배부르리니"는 만나를 아침에 내리고 아침에 먹도록 하는 것은 낮의 아들 빛의 아들이 되어서 빛의 나라인 낮만 있는 천국에 가서 영생복락을 누리게 하려고 하신 것입니다. 우리가 과연 무엇을 먹어야 되겠습니까?

데살로니가전서 5장 4절로 6절에서 "형제들아 너희는 어둠에 있지 아니 하매 그날이 도적 같이 너희에게 임하지 못하리니 너희는 다 빛의 아들이요 낮의 아들이라 우리가 밤이나 어둠에 속하지 아니하리니 그러므로 우리는 다른 이들과 같이 자지 말고 깨어 근신하라" 라고 말씀 하셨습니다. 우리는 낮의 아들이 되고 빛의 아들이 되어서 낮만 있고 빛만 있는 저 천국에 가서 영생복락을 누리기 위해서는 근신하여 깨어서 만나를 열심히 먹어야 됩니다.

- ●출16:13-14 / 13 저녁에는 메추라기가 와서 진에 덮이고 아침에는 이슬이 진 사면에 있더니 14 그 이슬이 마른 후에 광야 지면에 작고 둥글며 서리같이 세미한 것이 있는지라
- ●민11:9 / 9 밤에 이슬이 진에 내릴 때에 만나도 같이 내렸더라

이렇게 광야 지면에 있는 작고 둥글고 서리 같이 세미한 만나를 이스라엘 사람들이 먹어야 원망이 없어지기 때문에 먹으라고 했습니다.

만나가 이슬과 함께 내렸단 말은 성령과 함께 진에 내렸다는 것이고 진에 내렸다는 말은 교회에 내려온다는 말씀입니다.

그런데 이 만나를 먹을 때는 이슬이 마른 후에 먹으라 했습니다. 왜 이슬이 말라서 없어진 다음에 만나를 먹으라 했을까요? 그것은 이 만나가 하나님의 입으로 나오는 모든 말씀 곧 성경 66권의 진리의 말씀이기 때문입니다. 하나님의 말씀, 성경 66권의 말씀을 먹되 원망이 안 나오도록 하려면 이슬이 마른 후에 만나를 먹어야 됩니다. 이슬과 함께 있는 만나를 먹으면 원망이 안 없어집니다.

이슬이 마른 후에 먹어야 될 이 만나가 무엇인지 고린도전서 13장 8절로 11절에 해석을 해서 기록했습니다.

●고전13:8-11 / 8 사랑은 언제까지든지 떨어지지 아니하나 예언도 폐하고 방언도 그치고 지식도 폐하리라 9 우리가 부분적으로 알고 부분적으로 예언하니 10 온전한 것이 올 때에는 부분적으로 하던 것이 폐하리라 11 내가 어렸을 때에는 말하는 것이 어린아이와 같고 깨닫는 것이 어린아이와 같고 생각하는 것이 어린아이와 같다가 장성한 사람이 되어서는 어린아이의 일을 버렸노라

이슬은 이른 비 성령의 역사를 말합니다. 이러한 이른 비 성령 역사에 의해서 예언도 하고, 방언도 하고, 갖가지 은사도 받아서 신앙생활을 하면 원망이 안 없어지고 욕심을 부리게 됩니다.

이스라엘 백성들은 홍해 바다 건널 때 이른 비 성령을 충만히 받았습니다. 출애굽기 15장에 보면 굉장히 긴 찬송가를 작사 작곡해서 미리암이 인도를 하니까 그 모든 이스라엘 백성들이 성

령 충만을 받고 기뻐 춤을 추며 찬송을 불렀습니다. 성령 충만 받으면 기뻐서 찬송과 춤이 저절로 나오는 줄 아시기 바랍니다.

그런 그들에게 갖가지 은사가 왔습니다.

민수기 11장 24절에 보면 장로 70명이 장막에서 여호와의 신이 임하여 예언을 하고 또 엘닷과 메닷은 회막에 나가지도 않고 자기 진에 있었는데도 예언을 했다는 기록이 있습니다.

그러니까 원망하는 것을 없애려면 이른 비 성령 받고 갖가지 은사 받고 젖의 말씀만 먹어봐야 안 됩니다. 자아를 처리시켜서 원망 안하게 하려고 하나님께서 만나를 이슬과 함께 내리게 하셨는데 만나를 먹되 이슬이 마른 후에 먹으라고 하셨습니다.

고린도전서 13장 11절에 어린아이 차원을 버리고 그치라고 했습니다. 그런 의미에서 이슬이 마른 후에 만나를 먹으라 하였습니다. 그런가 하면 만나를 먹되 작은 만나요 둥근 만나요 서리 같이 세미한 3가지 만나를 먹으라고 했습니다(출16:14).

① '작은 만나'라는 말씀은 작은 자가 되게 하는 하나님의 말씀이라는 뜻입니다. 성경 66권의 하나님의 말씀 안에 자아를 처리해 주는 하나님의 말씀이 있는데 그 말씀을 먹으라는 것입니다. 왜냐하면 자아가 처리되어 원망하지 않는 신앙의 사람이 되려면 작은 만나를 먹어야 하기 때문입니다. 작은 만나 작은 성경 말씀은 곧 우리 자아를 처리시키는 말씀이기 때문에 우리를 작게 만듭니다. 작은 만나처럼 우리를 작게 만드는데 그것은 자아가 처리된 것입니다.

마태복음 18장 1절~3절에 보면 예수님의 제자들이 자기들끼리 서로 높은 자가 되려고 하는 사건이 기록되어 있습니다. 예수님이 한 어린 아이를 큰 자가 되려고 하는 제자들 가운데에 세우셨습니다. 그리고 "진실로 진실로 너희에게 이르노니 너희가 돌이켜 어린 아이들과 같이 되지 아니하면 결단코 천국에 들어가지 못하리라" 라고 말씀하십니다.

그러니 큰 자 되려고 하는 건 지금 만나를 먹되 큰 만나만 먹었고 그동안에 예수님의 입에서 나오는 말씀을 먹기는 먹어도 성경 66권 말씀 중에 작은 만나인 자아 처리시키는 말씀을 먹지 않았다는 뜻입니다.

예수님이 "누구든지 어린 아이 같이 자기를 낮추는 그 이가 천국에서 큰 자니라"라고 하셨는데, 자기를 낮추는 자가 겸손한 자라는 것입니다. 겸손한 자가 바로 자아가 처리된 자입니다. 자아가 처리되면 원망을 안 하게 되는데 어린 아이와 같이 자아가 처리된 겸손한 자가 되게 하는 만나가 작은 만나인 것입니다.

큰 자인 사울은 문자적 역사적 문화적 원어적으로 구약성경을 잘 아는 구약성경 박사였는데 스데반을 잡아 죽이는 등의 못된 짓 하는 마귀의 종으로 살았습니다. .

그런 사울이 다메섹에서 거꾸러지고 직가 거리의 여관에서 성령 충만한 예수님의 제자 아나니아에게 안수기도 받을 때 성령 충만 받고(행9:17) 광야로 들어가서 14년 동안 하나님과 깊이 교제하는 가운데 비로소 예수그리스도의 계시 은사를 받아서 작은 만나를 먹었습니다. 아라비아 광야에 들어가서 작은 만나를 먹고 나오니까 사울이 변해서 바울이 되고 자아가 처리 된 겁니다. 하나님의 참된 사도 중에서도 제일가는 사도가 된 것입니다.

② '둥근 만나'를 먹으라 하는데 하나님의 말씀을 먹기는 먹되 둥근 만나를 먹으란 말은 무슨 뜻입니까? 만나를 먹되 둥근 만나를 먹어야 원망이 안 나옵니다. 둥근 만나란 말은 영생 얻게 하는 하나님의 말씀을 먹는 것입니다. 영생 얻게 하는 성경 말씀은 영생 얻게 하시는 예수님에 대한 기록입니다. 천국 가는 둥근 만나 말씀을 예수님도 처음부터 전한 걸 아시기 바랍니다. 베드로를 위시해서 예수님 제자들도 성경 말씀을 알되 둥근 만나인 성경 말씀을 알고 예수님 제자 노릇 했습니다.

③ '세미한 만나'를 먹으라고 했습니다. 그러면 이 말씀이 무슨 뜻인가를 알아야 되겠지요?
성경 66권 안에 있는 서리 같이 '세미한 하나님의 말씀' 그 말씀을 먹어야 원망이 없어진단 뜻입니다.

● 왕상19:11-12 / 11 여호와께서 가라사대 너는 나가서 여호와의 앞에서 산에 섰으라 하시더니 여호와께서 지나가시는데 여호와의 앞에 크고 강한 바람이 산을 가르고 바위를 부수나 바람 가운데 여호와께서 계시지 아니하며 바람 후에 지진이 있으나 지진 가운데도 여호와께서 계시지 아니하며 12 또 지진 후에 불이 있으나 불 가운데도 여호와께서 계시지 아니하더니 불 후에 세미한 소리가 있는지라 13 엘리야가 듣고 겉옷으로 얼굴을 가리우고 나

가 굴 어귀에 서매 소리가 있어 저에게 임하여 가라사대 엘리야야
네가 어찌하여 여기 있느냐

열왕기상 19장에 하나님의 종 엘리야에게 하나님께서 "어느
날 내가 너에게 나타날 테니 네가 나를 보라"고 하셨습니다. 하
나님을 직접 본다는 건 굉장한 축복인 것입니다. 엘리야는 하나
님이 나를 만나주려고 오시는 구나 하면서 기다렸습니다. 그러
나 하나님께서는 크고 강한 바람이 산을 가르고 바위를 부수나
바람가운데 계시지 않았고 바람 후에 지진이 있으나 그 가운데
도 계시지 않았고 지진 후에 불이 있으나 불 가운데도 안 계셨
습니다. 그런데 마지막으로 세미한 음성이 들려옵니다. 설마 세
미한 음성 가운데 하나님이 나타나실까? 그래서 이번에는 반신
반의 했는데 진짜 하나님이 나타나셨습니다. 세미한 음성 가운
데 하나님은 나타났고 그래서 엘리야가 그 하나님을 만나봤다
는 것입니다. 이 세미한 음성 가운데 나타나신 하나님이 바로 서
리 같이 '세미한 만나' 입니다.

하나님께서는 보는 차원에 이르라고 하십니다. 신앙차원에는
듣는 차원과 보는 차원이 있는데 하나님을 보여 주신다는 말은
보는 차원의 신앙에 이르기 위해서는 이렇게 하나님의 서리 같
이 세미한 하나님의 말씀을 듣고, 세미한 하나님의 말씀을 먹어
야 엘리야가 하나님을 본 것처럼 우리의 신앙이 보는 차원이 되
는 것입니다. 우리의 신앙이 보는 차원에 이르러야 합니다.
동방에 큰 자요, 순전하고 정직하며 하나님을 경외하며 악에

서 떠난 자로서 아들들 생일 때면 번제와 화목제를 항상 드리는 신앙생활 열심히 잘 하고 축복도 많이 받은 욥이었지만 그는 여호와를 귀로만 듣는 신앙이었습니다. 그런 욥을 하나님께서는 하나님을 보는 차원에 이르도록 그에게 크신 은총을 베풀어주셨고 오랫동안 고난의 세월을 살아가면서 세미한 서리 같은 세미한 하나님의 말씀 속으로 들어갔던 것입니다(욥42:5).

이와 같이 하나님의 말씀 곧 영의 양식을 공급 받되 '작은 만나' 그 다음에 '둥근 만나' 그리고 세미한 서리 같은 '세미한 만나'의 말씀을 공급 받아서 우리 심비에 새김으로 원망하지 않는 자아와 욕심이 처리된 그런 신앙의 차원에 이르는 줄 아시기 바랍니다.

3) 호르 산에서 홍해 길로 좇아 에돔 땅을 들러 행하려다가 길로 인하여 마음이 상하여 원망함
: 세상 염려와 재리의 유혹과 기타 욕심에 이끌려 말씀이 막혀, 결실치 못한 가시떨기에 뿌린 씨(마13:22)가 되어 끝까지 원망하다가 심판 받은 광야교회의 성도들

●민21:4-9 / 4 백성이 호르 산에서 진행하여 홍해 길로 좇아 에돔 땅을 둘러 행하려 하였다가 길로 인하여 백성의 마음이 상하니라 5 백성이 하나님과 모세를 향하여 <u>원망하되</u> 어찌하여 우리를 애굽에서 인도하여 올려서 이 광야에서 죽게 하는고 이 곳에는 식물도 없고 물도 없도다 우리 마음이 이 박한 식물을 싫어하노라 하매 6 여호와께서 불뱀들을 백성 중에 보내어 백성을 물게

하시므로 이스라엘 백성 중에 죽은 자가 많은지라 7 백성이 모세에게 이르러 가로되 우리가 여호와와 당신을 향하여 원망하므로 범죄하였사오니 여호와께 기도하여 이 뱀들을 우리에게서 떠나게 하소서 모세가 백성을 위하여 기도하매 8 여호와께서 모세에게 이르시되 불뱀을 만들어 장대 위에 달라 물린 자마다 그것을 보면 살리라 9 모세가 놋뱀을 만들어 장대 위에 다니 뱀에게 물린 자마다 놋뱀을 쳐다본즉 살더라

●고전10:9-10 / 9 저희 중에 어떤 이들이 주를 시험하다가 뱀에게 멸망하였나니 우리는 저희와 같이 시험하지 말자 10 저희 중에 어떤 이들이 원망하다가 멸망시키는 자에게 멸망하였나니 너희는 저희와 같이 원망하지 말라

마지막으로 원망한 사건이 민수기 21장 4절로 9절에 보면 광야 길을 가는 동안에 이스라엘 백성들이 아주 힘이 들어서 마음이 상하게 되니까 원망을 하기 시작합니다. 원망을 하니까 불뱀이 나와서 백성을 물어죽이므로 모세가 하나님께 기도합니다. 하나님께서 모세에게 장대위에 놋 뱀을 달고 쳐다보는 자는 죽지 않고 산다고 합니다.

고린도전서 10장 9절 이하에는 하나님을 시험하다가 뱀에게 멸망당했다고, 원망하다가 멸망시키는 자에게 멸망당했다고 되어 있습니다. 광야생활 40년 동안에 뱀에게 물려죽은 사건이 기록된 곳은 여기 밖에 없습니다.

이와 같이 바울사도가 하나님을 원망하다가 불 뱀에게 물려죽은 것을 하나님을 시험하다가 불 뱀에게 물려 죽었다라고 기

록한 것은 제발 하나님 시험하지 말고 원망하지 말라는데 강조
점을 두고 그러한 것입니다.

제 3부 광야교회 고린도교회 마지막교회 성도들의
신앙상태 요약정리

1. 구속받고 거듭나고 성령세례 받은 신앙
   (1) 구속받음 (출12:27-28) (요일1:7) (계1:5)
   (2) 거듭남 (벧전1:23) (요3:3-8)
   (3) 성령세례 받음 (고전10:2)

2. 하나님이 기뻐하지 아니한 다수의 신앙 (고전10:5)
   (1) 상 주시는 하나님을 믿는 신앙이 아니었으므로 (히11:6)
   (2) 휴거할 신앙이 아니었으므로 (히11:5)
   (3) 구원(영생) 얻을 자가 적다고 경계하셨으므로
   1) 좁은 문으로 들어가기를 구하여도 못 찾는 성도가 많다고 경계하셨으
      므로 (눅13:23-30)
   2) 인자가 올 때에 세상에서 믿음을 보겠느냐고 경계하셨으므로 (눅18:8)
   3) 엘리야 때에 이스라엘에 많은 과부 중에 오직 사르밧 한 과부에게만
      보내심 받았다고 경계하셨으므로 (눅4:25-26)
   4) 엘리사 때에 이스라엘의 많은 문둥이 중에 오직 수리아 사람 나아만
      만 깨끗함을 받았다고 경계하셨으므로 (눅4:27)
   5) 이스라엘의 뭇 자손의 수가 비록 바다 모래 같을지라도 남은 자만 구
      원을 얻으리라고 경계하셨으므로 (롬9:27)
   6) 소돔과 고모라 성에 의인 10명이 없어서 심판 받는다고 경계하셨으므
      로 (창18:32)
   7) 롯의 때에 겨우 롯과 두 딸만 구원 얻었다고 경계하셨으므로 (창19:16,

26)

8) 노아 때에 겨우 여덟 식구만 구원 받았다고 경계하셨으므로 (벧전3:20)

9) 딸 시온은 포도원의 망대같이, 원두밭의 상직막같이, 에워싸인 성읍같이 겨우 조금 남겨 두었다고 경계하였으므로 (사1:7-9)

10) 밤나무, 상수리나무가 베임을 당하여도 그 그루터기는 남아 있듯이 이스라엘의 거룩한 씨를 남겨 두었다고 경계하셨으므로 (사6:13)

11) 예루살렘 큰 거리에서 공의를 행하며 진리를 구하는 자를 한 사람이라도 찾으면 이 성을 용서하시리라고 경계하셨으므로 (렘5:1)

3. 악을 즐겨하는 신앙을 가진 성도들이 되지 말 것 (고전10:6-7)

(1) 악을 즐겨하는 신앙은 욕심으로 즐거워하는 신앙임

1) 악은 욕심(탐심)을 뜻한 것임 (창37:18-20) (막10:23-27)

4. 4가지 악을 즐겨하는 신앙을 가진 성도들이 되지 말 것 (4가지 악에 대해 구체적으로)

(1) 우상숭배 하지 말 것 (고전10:7) (신13:6-10)

(2) 간음하지 말 것 (고전10:8) (신22:22-24)

(3) 하나님을 시험하지 말 것 (고전10:9) (민14:22-23)

(4) 원망하지 말 것 (고전10:10)

1) 마라에서 물이 쓰다고 원망함 (출15:22-25)

2) 엘림과 시내산 사이 광야에서 온 회중을 주려 죽게 한다고 원망함 (출16:1-12)

3) 호르산에서 홍해 길로 좇아 에돔 땅을 들러 행하려다가 길로 인하여 마음이 상하여 원망함 (민21:4-9)

하나님이 기뻐하시는
소수의 신앙

●고전10:1-6 / 1 형제들아 너희가 알지 못하기를 내가 원치 아니하노니 우리 조상들이 다 구름 아래 있고 바다 가운데로 지나며 2 모세에게 속하여 다 구름과 바다에서 세례를 받고 3 다 같은 신령한 식물을 먹으며 4 다 같은 신령한 음료를 마셨으니 이는 저희를 따르는 신령한 반석으로부터 마셨으매 그 반석은 곧 그리스도시라 5 그러나 저희의 다수를 하나님이 기뻐하지 아니하신 고로 저희가 광야에서 멸망을 받았느니라 6 그런 일은 우리의 거울이 되어 우리로 하여금 저희가 악을 즐겨한 것같이 즐겨하는 자가 되지 않게 하려 함이니

1. 하나님이 기뻐하시는 여호수아와 갈렙의 신앙

(1) 온전히 순종한 신앙

● 민32:12 / 12 다만 그니스 사람 여분네의 아들 갈렙과 눈의 아들 여호수아는 볼 것은 <u>여호와를 온전히 순종하였음이니라</u> 하시고

● 민14:24 / 24 오직 내 종 갈렙은 그 마음이 그들과 달라서 나를 <u>온전히 좇았은즉</u> 그의 갔던 땅으로 내가 그를 인도하여 들이리니 그 자손이 그 땅을 차지하리라

민수기 32장 12절에 나오는 하나님이 기뻐하셨던 여호수아와 갈렙의 순종한 신앙에 대하여 살펴보겠습니다.

이스라엘 백성은 광야에서 하나님께서 젖과 꿀이 흐르는 가나안 땅을 약속해 주셨음에도 늘 불평하고 원망했고, 하나님으로 만족하지 못하고 우상을 숭배하고 간음을 하면서 하나님을 시험했습니다. 그러나 여호수아와 갈렙은 하나님을 신뢰함으로 약속의 말씀을 믿고 온전히 순종했고 욕심을 부리거나 우상 숭배를 하거나 원망을 하지 않는 신앙으로 가나안 땅에 들어갈 수 있습니다.

● 신1:36 / 36 오직 여분네의 아들 <u>갈렙은 온전히 여호와를 순종하였은즉</u> 그는 그것을 볼 것이요 그가 밟은 땅을 내가 그와 그의 자손에게 주리라 하시고

여분네의 아들 갈렙은 여호와께 온전히 순종하였으므로 그와

그 자손에게 그가 밟은 땅을 주겠다고 하신 것입니다. 갈렙은 여호와의 말씀을 믿고 순종했기 때문에 하늘나라에 가서 영생을 복을 누렸습니다.

●수14:9 / 9 그 날에 모세가 맹세하여 가로되 네가 나의 하나님 여호와를 온전히 좇았은즉 네 발로 밟는 땅은 영영히 너와 네 자손의 기업이 되리라 하였나이다

여호수아는 온전히 여호와를 좇았고 온전히 순종하는 생활을 했기 때문에 그가 밟는 땅을 그와 그 자손에게 주겠다고 하셨습니다.

●히3:18 / 18 또 하나님이 누구에게 맹세하사 그의 안식에 들어오지 못하리라 하셨느뇨 곧 순종치 아니하던 자에게가 아니냐

●히4:6,11 / 6 그러면 거기 들어갈 자들이 남아 있거니와 복음 전함을 먼저 받은 자들은 순종치 아니함을 인하여 들어가지 못하였으므로 11 그러므로 우리가 저 안식에 들어가기를 힘쓸찌니 이는 누구든지 저 순종치 아니하는 본에 빠지지 않게 하려 함이라

히브리서 3장에서 안식에 들어오지 못한다는 것은 가나안 땅에 들어갈 수 없다는 것입니다. 히브리서 기자는 3장과 4장에 광야교회 성도들이 가나안 땅에 들어가지 못한 이유를 기록했습니다. 그리고 4장 11절에서 오늘을 살아가는 우리에게 권면의 말씀을 하고 있습니다. 순종하는 신앙, 즉 욕심을 버린 신앙이 그렇게 중요한 것입니다.

●롬5:19 / 19 한 사람의 순종치 아니함으로 많은 사람이 죄인된 것같이 한 사람의 순종하심으로 많은 사람이 의인이 되리라

우리는 순종하는 신앙과 순종치 않는 신앙에 대해서 구체적으로 알고 있어야 합니다. 로마서 5장 19절의 말씀은 아담 한 사람이 순종하지 않음으로 많은 사람이 죄인이 되었지만 한 사람의 순종함으로 인해 많은 사람이 의인이 될 것이라는 뜻입니다.

●창3:6 / 6 여자가 그 나무를 본즉 먹음직도 하고 보암직도 하고 지혜롭게 할 만큼 탐스럽기도 한 나무인지라 여자가 그 실과를 따먹고 자기와 함께한 남편에게도 주매 그도 먹은지라
●창2:24 / 24 이러므로 남자가 부모를 떠나 그 아내와 연합하여 둘이 한 몸을 이룰지로다

창세기 3장에 보면 하와가 뱀의 꼬임에 넘어가 동산 중앙에 있는 실과, 즉 선악과를 따 먹고 아담에게도 주어서 먹게 하였다고 했습니다. 그러나 다른 곳에서는 아담이 선악과를 따 먹었다고 하였습니다. 이렇게 기록이 다른 것은 부부는 일심동체이기 때문입니다. 창세기 2장에 아담과 하와 부부의 대표를 아담으로 보았기 때문에 성경에 아담이 선악과를 따 먹었다고 한 것입니다.

이와 같이 순종하지 않은 아담 한 사람으로 인해 세상에 죄와 사망이 왔고 죄만 짓고 살다가 둘째 사망, 유황불 못으로 가는 것입니다.

그리고 "한 사람의 순종하심으로 많은 사람이 의인이 되리라" 하신 말씀에서 "한 사람"은 예수님입니다. 십자가를 지는 것은 심한 고통이 따르는 일이기 때문에 예수님도 어쩌면 십자가를 지기 싫

으셨을 수도 있습니다. 그러나 예수님은 하나님의 말씀에 순종해서 십자가를 지셨고, 그로 말미암아 그를 믿는 수많은 믿음의 사람들이 의인이 되어서 하늘나라에 가서 영생을 누릴 수 있게 되었습니다.

●호6:7-8 / 7 저희는 아담처럼 언약을 어기고 거기서 내게 패역을 행하였느니라 8 길르앗은 행악자의 고을이라 피 발자취가 편만하도다

호세아서 6장 7절에 로마서 5장 19절의 말씀과 같이 아담과 하와가 불순종한 말씀에 대해서 구체적으로 언급되어 있습니다. 여기서 "저희"는 북이스라엘을 가리킵니다. 즉 구약 교회를 말하는 것입니다. 구약 교회인 북이스라엘과 남유다의 백성들이 아담처럼 언약을 어겼습니다. 에덴동산에서 아담과 하와가 선악과를 따 먹은 것처럼 호세아 시대에 북 이스라엘이 아담과 같은 죄악을 범했습니다.

그리고 6장 7절 하반절에 이스라엘 백성이 "거기서 내게 패역을 행하였느니라"라고 하였습니다. 여기서 "패역"이란 말은 원어로 '바가드'인데 '속이다', '가증하게 행하다'라는 뜻이며, 신실치 못한 거짓 행위를 말합니다. 그런데 예레미야 3장 6-10절이나 5장 11-13절을 보면 이스라엘 백성이 우상 숭배함으로 패역을 행했다고 하였습니다. "악"은 이스라엘 백성이 우상을 숭배한 것을 말합니다. 또 골로새서 3장 5절에서는 "탐심은 우상 숭배니라"라고 하였습니다. 그러므로 패역이라 함은 욕심 부리는 것을 말합

니다.

호세아 시대에 북이스라엘, 곧 구약 교회는 아담처럼 언약을 어겨 패역을 행했습니다. 그들은 욕심을 부린 것입니다. 아담이 선악과를 따 먹은 것도 욕심 때문이었습니다. 그러므로 우리가 불순종하는 것은 욕심 때문입니다.

호세아서 6장 8절에 길르앗이 행악자의 고을이라는 것은 길르앗이 악을 행한 자들이 살고 있는 마을이라는 뜻입니다. 그러면 길르앗이 어떤 곳이었는지를 구체적으로 살펴보기로 하겠습니다.

길르앗은 여섯 개의 도피성 중에 한 성읍이었습니다. 도피성은 레위 족속과 제사장이 살고 있는 곳이고, 레위 족속은 제사장을 도와서 하나님을 섬기는 하나님의 충성스러운 신앙의 사람들이었습니다. 그런데 레위 족속이 살고 있는 길르앗이 어떤 도시가 되었다고 했습니까? 패역자의 마을이 되었다는 것입니다.

하나님께서는 모든 이스라엘 민족 가운데서도 레위 족속만을 특별히 구별하셨고, 그들만 하나님의 전을 섬기게 하셨습니다. 그것은 레위 족속의 특권이었고, 자랑이었고, 기쁨이었습니다. 그런데 그 제사장과 레위 족속이 행악자가 되었다는 말입니다.

하나님을 섬기며 봉사하는 신앙의 사람으로서 욕심을 부렸다는 것입니다. 욕심 버리지 못하면 제사장이라 할지라도 목사라 할지라도 천국에 들어갈 수 없습니다.

그동안 우리는 욕심을 버리지 못하면 천국에 들어갈 수 없다는 사실에 대하여 말씀을 통해 배웠습니다.

아담의 죄는 언약을 어기고 하나님께 패역을 행한 것이라고 했습니다. 언약을 어기고 선악과를 따 먹은 것은 욕심을 부렸다는 뜻이라고 했는데 그러면 에덴동산에서 아담과 하와가 왜 선악과를 따 먹었는지 구체적으로 알아봅시다.

● 창3:4-6 / 4 뱀이 여자에게 이르되 너희가 결코 죽지 아니하리라 5 너희가 그것을 먹는 날에는 너희 눈이 밝아 하나님과 같이 되어 선악을 알 줄을 하나님이 아심이니라 6 여자가 그 나무를 본즉 먹음직도 하고 보암직도 하고 지혜롭게 할 만큼 탐스럽기도 한 나무인지라 여자가 그 실과를 따먹고 자기와 함께한 남편에게도 주매 그도 먹은지라

창세기 3장에 뱀이 선악과를 따 먹으라고 하와를 미혹했고, 하나님께서 아담과 하와에게 선악과를 먹으면 분명히 죽을 것이라고 말씀하셨음에도 불구하고 하와는 선악과를 따 먹었습니다. 하와가 뱀에게 꼬임을 당하고 나서 선악과를 보았더니 "지혜롭게 할 만큼 탐스러운 나무"라고 생각이 되었는데 이때 하와는 하나님이 선악과를 따 먹지 말라고 한 이유가 하나님처럼 지혜롭게 될까 봐 못 따 먹게 했다고 생각했던 것입니다. 그렇기 때문에 창세기 3장의 "지혜롭게 할 만큼"이라는 구절은 하나님처럼 되고 싶은 욕심 때문이라고 보아야 한다는 것입니다. 하나님처럼 되고 싶다는 것은 명예욕과 권세욕을 말합니다. 즉 아담과 하와는

명예와 권세에 대한 욕심 때문에 선악과를 따 먹은 것입니다. 먹음직스럽다는 것은 물질의 욕심이고, 보암직스럽다는 것은 기적과 이적에 대한 욕심이며, "지혜롭게 할 만큼"이라는 말은 온 세상을 지배하는 만군의 여호와처럼 되려고 하는 욕심을 말하는 것입니다.

"먹음직도 하고 보암직도 하고 지혜롭게 할 만큼 탐스럽기도 한 나무인지라."

여기 나무는 선악과 나무인데 율법을 말합니다. 그렇기 때문에 나무를 보니 보암직도 하고 먹음직도 했던 것입니다. 이것은 물질에 욕심을 부리는 신앙을 가졌다는 말씀입니다. 물질에 욕심 부리는 신앙을 가지고 있으니 먹음직하게 보이고, 이적과 표적에 욕심을 부리는 신앙을 가지고 있으니 보암직했고, 하나님처럼 되고 싶은 명예와 권세에 욕심을 부리는 신앙을 가지고 있으니 자기를 지혜롭게 해 줄 것처럼 탐스럽게 보인 것입니다. 결국 하와는 욕심을 채우려고 선악과를 따 먹었습니다. 그리고 자기와 함께 있던 남편, 즉 아담에게도 주어 아담도 선악과를 먹었습니다.

정리하면, 아담이 선악과를 따 먹은 것은 세 가지 욕심 때문인데, 이 욕심 때문에 하나님이 따 먹지 말라고 한 선악과를 따 먹어 불순종의 죄를 범하였습니다. 에덴동산에서 아담은 욕심으로 인해 불순종했다는 말입니다. 그 결과 아담과 하와는 천년세계와 하늘나라의 모형인 에덴동산에서 쫓겨났습니다. 순종하지 않는 것은 자아에 의해서 욕심을 부리는 신앙이기 때문에 하늘나라에 갈 수 없습니다. 그러한 신앙의 소유자들은 지옥에 갈 수밖에 없습니다.

그러면 이제부터 예수님이 어떻게 하나님께 순종하셨는지를 보겠습니다.

로마서 5장 19절에 "한 사람이 순종하심으로 많은 사람이 의인이 되리라"라고 하였습니다. 하나님의 나라인 천국은 의인이 되어야 갈 수 있습니다. 여기서 의인은 자아를 버리고 욕심을 버린 자를 말합니다. 광야에서 여호수아와 갈렙은 자아와 욕심을 버리고 하나님께 순종했습니다. 예수님도 자아와 욕심을 부리지 않고 하나님께 순종하셨습니다.

첫째 아담이 에덴동산에서 순종하지 못해서, 욕심 때문에 선악과를 따 먹고 죽음에 이르게 되어 에덴동산에서 쫓겨나고 저주를 받았는데 둘째 아담으로 오신 예수님께서는 어떻게 하셨는가 보겠습니다.

●마4:1-11 / 1 그 때에 예수께서 성령에게 이끌리어 마귀에게 시험을 받으러 광야로 가사 2 사십 일을 밤낮으로 금식하신 후에 주리신지라 3 시험하는 자가 예수께 나아와서 가로되 네가 만일 하나님의 아들이어든 명하여 이 돌들이 떡덩이가 되게 하라 4 예수께서 대답하여 가라사대 기록되었으되 사람이 떡으로만 살 것이 아니요 하나님의 입으로 나오는 모든 말씀으로 살 것이라 하였

느니라 하시니 5 이에 마귀가 예수를 거룩한 성으로 데려다가 성전 꼭대기에 세우고 6 가로되 네가 만일 하나님의 아들이어든 뛰어내리라 기록하였으되 저가 너를 위하여 그 사자들을 명하시리니 저희가 손으로 너를 받들어 발이 돌에 부딪히지 않게 하리로다 하였느니라 7 예수께서 이르시되 또 기록되었으되 주 너의 하나님을 시험치 말라 하였느니라 하신대 8 마귀가 또 그를 데리고 지극히 높은 산으로 가서 천하 만국과 그 영광을 보여 9 가로되 만일 내게 엎드려 경배하면 이 모든 것을 네게 주리라 10 이에 예수께서 말씀하시되 사단아 물러가라 기록되었으되 주 너의 하나님께 경배하고 다만 그를 섬기라 하였느니라 11 이에 마귀는 예수를 떠나고 천사들이 나아와서 수종드니라

마태복음 4장 1절과 누가복음 4장 1절에 보면 예수님이 광야에서 뱀에게, 마귀에게 시험을 받은 말씀이 나옵니다. 에덴동산에서 첫 아담은 사탄인 뱀에게 유혹을 받고, 예수님은 광야에서 40일간 금식한 후에 사탄에게 시험을 받습니다.

마태복음 4장 3절에 보면 사탄이 돌로 떡을 만들라고 하는데 이때 예수님께서 "기록되었으되 사람이 떡으로만 살 것이 아니요 하나님의 입으로 나오는 모든 말씀으로 살 것이라 하였느니라"라고 하셨습니다. 여기의 떡은 물질적인 욕심을 말합니다. 예수님은 물질적인 욕심을 갖지 않으셨습니다. 그래서 "사람이 떡으로만 살 것이 아니요 하나님의 입으로 나오는 모든 말씀으로 살 것이라"라고 하신 것입니다. 예수님은 물질에 대한 욕심을 버린 신앙의 소유자이신 것입니다.

그리고 5-6절에서는 사탄이 예수님을 거룩한 성으로 데리고 가서 성전 꼭대기에 세우고 거기서 뛰어내리라고 하면서 "저가 너를 위하여 그 사자들을 명하시리니 저희가 손으로 너를 받들어 발이 돌에 부딪히지 않게 하리로다"라고 했습니다. 그러나 예수님은 "주 너의 하나님을 시험치 말라"라고 하셨습니다. 말씀으로 시험을 이기신 것입니다. 예수님은 이적과 표적에 욕심을 부리지 않는, 욕심을 버린 신앙의 소유자입니다.

다음으로 8-11절에서 사탄은 예수님을 높은 산으로 데리고 가서 세상 모든 나라와 그 영광을 보여 주며, "만일 내게 엎드려 경배하면 이 모든 것을 네게 주리라"라고 하면서 유혹합니다. 이것은 명예욕, 권세욕에 대한 유혹이며 에덴동산에서 마지막에 세 번째 욕심인 지혜롭게 할 만큼 탐스러운 나무를 상징합니다. 즉 사탄이 에덴동산에서 첫 아담을 시험한 것처럼 둘째 아담으로 오신 예수님도 시험한 것입니다.

이에 예수께서는 "사단아 물러가라 기록되었으되 주 너의 하나님께 경배하고 다만 그를 섬기라 하였느니라"라고 말씀하셨습니다. 사탄이 예수님께 이 세상을 다 준다고 했음에도 예수님은 명예욕, 권세욕을 부리지 않았습니다.

예수님은 세 차례에 걸친 사탄의 시험을 이기셨습니다. 예수님은 욕심이 없는 분이셨기 때문에 십자가에 달리는 것이 하나님 아버지의 뜻임을 아시고 하나님의 뜻에 순종하여 십자가 형벌을 순순히 받아들이셨습니다. 이렇게 예수님이 온전히 순종하신 것은 욕심이 없었기 때문입니다.

우리는 욕심을 버리고 온전히 순종한 여호수아와 갈렙, 그리고 죽기까지 온전히 순종하신 예수님을 닮은 신앙인이 되어야 합니다. 그래야 영생의 복을 받고 강건하며 범사가 잘되는 의인의 형통한 복을 받아 누릴 수 있습니다.

(2) 안식일을 거룩히 지킨 신앙

● 겔20:15-16 / 15 또 내가 광야에서 그들에게 맹세하기를 내가 그들에게 허한 땅 곧 젖과 꿀이 흐르는 땅이요 모든 땅 중의 아름다운 곳으로 그들을 인도하여 들이지 아니하리라 한 것은 16 그들이 마음으로 우상을 좇아 나의 규례를 업신여기며 나의 율례를 행치 아니하며 나의 안식일을 더럽혔음이니라

※ 더럽히다 : (히)하랄, 뜻 - ①구멍을 뚫어 못쓰게 하다 ②상
     처를 입히다 ③모독하다

위 말씀에서 여호수아 갈렙의 신앙은 안식일을 더럽힌 광야교회 성도들과 같이 되지 않고 안식일을 거룩하게 지키는 신앙이었다는 것을 알 수 있습니다.

● 출35:2-3 / 2 엿새 동안은 일하고 제 칠일은 너희에게 성일이니 여호와께 특별한 안식일이라 무릇 이날에 일하는 자를 죽일찌니 3 안식일에는 너희의 모든 처소에서 불도 피우지 말찌니라

안식일을 제대로 지키지 않고 더럽힌 신앙생활 그것은 ①잘

사용하는 그릇에 구멍을 뚫어서 못쓰게 하는 것과 같습니다. 또 ②상처를 입혔다는 뜻은 하나님께서는 무슨 일이 있어도 안식일 날은 육신의 일 그 무엇도 하지 말고 거룩하게 예배를 잘 드리라고 했는데 안 드렸다는 것은 건강한 몸에 상처를 낸 것처럼 되었다는 뜻입니다.

하늘에 계신 하나님은 이 땅 위의 어느 누구와도 비교할 수 없는 존귀하신 분이고 위대하신 분이고 높으신 분입니다. 그런 하나님 아버지께서 너희는 무슨 일이 있어도 안식일 오늘날 주일은 내 집에 와서 예배 잘 드리면서 그날은 거룩하게 지키라 했는데 그걸 안 지키면 ③하나님을 모독하는 것입니다. 이스라엘 백성들의 광야생활 40년 동안 하나님께서 안식일은 거룩하게 잘 지키라고 했는데 이들이 거룩하게 지키지 않고 더럽혔다는 말은 원어적으로는 그런 뜻입니다. 왜 하나님이 지키라고 하신 안식일(주일)을 못 지켰을까요? 그 근본 원인은 욕심입니다.

●민15:32-36 / 32 이스라엘 자손이 광야에 거할 때에 <u>안식일</u>에 어떤 사람이 나무하는 것을 발견한지라 33 그 나무하는 자를 발견한 자들이 그를 모세와 아론과 온 회중의 앞으로 끌어왔으나 34 어떻게 처치할는지 지시하심을 받지 못한 고로 가두었더니 35 여호와께서 모세에게 이르시되 그 사람을 반드시 죽일찌니 온 회중이 진 밖에서 돌로 그를 칠찌니라 36 온 회중이 곧 그를 진 밖으로 끌어내고 돌로 그를 쳐죽여서 여호와께서 모세에게 명하신 대로 하니라

민수기 15장32절에 광야교회 생활을 하는 가운데 어떤 자가

어느 안식일에 산에 가서 나무를 했습니다. 그 때는 법이 아직 선포 않은 때이므로 나무한 그 사람을 끌어 왔으나 어떻게 해야 할지 모르고 있었습니다. 하나님께서는 모세에게 이르시되 그 자를 반드시 돌로 쳐 죽이라하셨습니다.

왜 가서 나무를 했겠습니까? 욕심 때문에 가서 나무를 했습니다. 성경에서 말하는 욕심은 하나님의 말씀을 어기고 내 육신을 위해서 갖고 싶고, 이루고, 쌓으려는 것이 바로 욕심입니다.

예수님 믿고 성령 충만 은사 충만 받았지만 욕심 때문에 주일도 제대로 못 지키면 하나님의 뜻을 거슬리는 것입니다.

●눅10:25-28 / 25 어떤 율법사가 일어나 예수를 시험하여 가로되 선생님 내가 무엇을 하여야 영생을 얻으리이까 26 예수께서 이르시되 율법에 무엇이라 기록되었으며 네가 어떻게 읽느냐 27 대답하여 가로되 네 마음을 다하며 목숨을 다하며 힘을 다하며 뜻을 다하여 주 너의 하나님을 사랑하고 또한 네 이웃을 네 몸과 같이 사랑하라 하였나이다 28 예수께서 이르시되 네 대답이 옳도다 이를 행하라 그러면 살리라 하시니

누가복음 10장25절에서부터 보면 어느 날 구약성경을 전문적으로 연구하고 잘 알고 있는 율법사가 예수님께 질문을 합니다.

"선생님 어떻게 하면 제가 영생을 얻을 수 있습니까?" 그러니까 예수님께서 새 계명을 지키라고 했습니다.

십계명에서 첫 계명은 "하나님 외에 다른 신을 섬기지 말라." 둘째 계명은 "우상을 섬기지 말고 만들지도 말라." 셋째 계명이 "여호와의 이름을 망령되게..." 넷째 계명이 "안식일을 기억하여

거룩하게 지키라" 했습니다. 그 네 개의 계명이 위로 하나님을 마음 다하고, 뜻 다하고, 힘 다하고, 성품 다하고 목숨 다해서 사랑하라고 하는 새 계명 속에 들어있습니다.

하나님을 마음 다하고, 뜻 다하고, 힘 다하고 성품 다하고 목숨까지 다해서 사랑하는 자가 일주일 중에서 엿새 동안은 열심히 육신의 일을 하고 그 하루되는 주일만은 아버지 집 즉 교회에 와서 신령과 진리로 예배 잘 드리고 그 날은 무슨 일이 있어도 거룩하게 지키라고 한 그것을 못 지키겠습니까? 진짜 새 계명까지 지키는 신앙을 가진 자는 무슨 일이 있어도 주일을 잘 지키는 줄 아시기 바랍니다.

●레23:3 / 3 엿새 동안은 일할 것이요 일곱째 날은 쉴 안식일이니 성회라 너희는 무슨 일이든지 하지 말라 이는 너희 거하는 각 처에서 지킬 여호와의 안식일이니라

레위기 23장3절에 엿새 동안은 우리가 여러 가지 육신 생활을 위해서 열심히 일하면서 살아야 합니다. 그러나 안식일에는 육신을 위한 일을 하지 말아야 합니다. 즉 욕심을 부리지 말라는 뜻입니다.

●느13:15-22 / 15 그 때에 내가 본즉 유다에게 어떤 사람이 안식일에 술 틀을 밟고 곡식단을 나귀에 실어 운반하며 포도주와 포도와 무화과와 여러 가지 짐을 지고 안식일에 예루살렘에 들어와서 식물을 팔기로 그 날에 내가 경계하였고 16 또 두로 사람이 예루살렘에 거하며 물고기와 각양 물건을 가져다가 안식일에

유다 자손에게 예루살렘에서도 팔기로 17 내가 유다 모든 귀인을 꾸짖어 이르기를 너희가 어찌 이 악을 행하여 안식일을 범하느냐 18 너희 열조가 이같이 행하지 아니하였느냐 그러므로 우리 하나님이 이 모든 재앙으로 우리와 이 성읍에 내리신 것이 아니냐 이제 너희가 오히려 안식일을 범하여 진노가 이스라엘에게 임함이 더욱 심하게 하는도다 하고 19 안식일 전 예루살렘 성문이 어두워 갈 때에 내가 명하여 성문을 닫고 안식일이 지나기 전에는 열지 말라 하고 내 종자 두어 사람을 성문마다 세워서 안식일에 아무 짐도 들어오지 못하게 하매 20 장사들과 각양 물건 파는 자들이 한두 번 예루살렘 성 밖에서 자므로 21 내가 경계하여 이르기를 너희가 어찌하여 성 밑에서 자느냐 다시 이같이 하면 내가 잡으리라 하였더니 그 후부터는 안식일에 저희가 다시 오지 아니하였느니라 22 내가 또 레위 사람들을 명하여 몸을 정결케 하고 와서 성문을 지켜서 안식일로 거룩하게 하라 하였느니라 나의 하나님이여 나를 위하여 이 일도 기억하옵시고 주의 큰 은혜대로 나를 아끼시옵소서

느헤미야서 13장15절로 22절에 보면, 당시의 이스라엘 백성들이 장사를 하려고 예루살렘 성안으로 들어갑니다. 그러나 주일은 장사를 하면 안 됩니다. 장사는 욕심을 채우려고 하기 때문에 욕심을 버려야만 갈 수 있는 천국을 가지 못합니다.

●렘17:19-27 / 19 여호와께서 내게 이같이 말씀하시되 너는 가서 유다 왕들의 출입하는 평민의 문과 예루살렘 모든 문에 서서 20 무리에게 이르기를 이 문으로 들어오는 유다 왕들과 유다 모

든 백성과 예루살렘 모든 거민 너희는 여호와의 말씀을 들을지어다 21 여호와께서 이같이 말씀하시되 너희는 스스로 삼가서 안식일에 짐을 지고 예루살렘 문으로 들어오지 말며 22 안식일에 너희 집에서 짐을 내지 말며 아무 일이든지 하지 말아서 내가 너희 열조에게 명함같이 안식일을 거룩히 할지어다 23 그들은 청종치 아니하며 귀를 기울이지 아니하며 그 목을 곧게 하여 듣지 아니하며 교훈을 받지 아니하였느니라 24 나 여호와가 말하노라 너희가 만일 삼가 나를 청종하여 안식일에 짐을 지고 이 성문으로 들어오지 아니하며 안식일을 거룩히 하여 아무 일이든지 하지 아니하면 25 다윗의 위에 앉는 왕들과 방백들이 병거와 말을 타고 이 성문으로 들어오되 그들과 유다 모든 백성과 예루살렘 거민들이 함께 그리할 것이요 이 성은 영영히 있을 것이며 26 사람들이 유다 성읍들과 예루살렘에 둘린 곳들과 베냐민 땅과 평지와 산지와 남방에서 이르러서 번제와 희생과 소제와 유향과 감사의 희생을 가지고 여호와의 집으로 오려니와 27 너희가 나를 청종치 아니하고 안식일을 거룩케 아니하여 안식일에 짐을 지고 예루살렘 문으로 들어오면 내가 성문에 불을 놓아 예루살렘 궁전을 삼키게 하리니 그 불이 꺼지지 아니하리라 하셨다 할찌니라

예레미야서 17장 19절로 27절에 보면 21절 "안식일에 짐을 지고" 22절 "안식일에 너희 집에서 짐을 내지 말며" 24절 "안식일에 짐을 지고……"

안식일(주일)에는 이사도 하지 말아야 합니다. 이사도 육신을 위해 가는 것입니다. 하나님께서는 안식일에 이사 가는 것에 대해 안식일을 거룩하게 지키지 않고 욕심 부렸다고 말씀하셨습

니다.

그러면 우리가 안식일을 더럽히지 않고 거룩하게 지키려면 어떻게 해야 하는지 구체적으로 알아보겠습니다. 그러려면 예수님께서 안식일을 어떻게 하셨으며 어떻게 가르치셨는지를 상고해 보면 바로 알 수 있습니다.

●마12:9-13 / 9 거기를 떠나 저희 회당에 들어가시니 10 한편 손 마른 사람이 있는지라 사람들이 예수를 송사하려 하여 물어 가로되 안식일에 병 고치는 것이 옳으니이까 11 예수께서 가라사대 너희 중에 어느 사람이 양 한 마리가 있어 안식일에 구덩이에 빠졌으면 붙잡아 내지 않겠느냐 12 사람이 양보다 얼마나 더 귀하냐 그러므로 안식일에 선을 행하는 것이 옳으니라 하시고 13 이에 그 사람에게 이르시되 손을 내밀라 하시니 저가 내밀매 다른 손과 같이 회복되어 성하더라

마태복음 12장9절에서 13절을 보면 예수님은 안식일에 손 마른 자를 고쳐주셨습니다. 손 마른 자를 고쳐주려고 하니까 바리새인 서기관들이 안식일에 일한다고 흠을 잡았습니다. 그러니까 예수님께서 지금 안식일에 선을 행하는 것이 옳지 않느냐 그렇게 말씀하십니다. 선은 욕심에 반대입니다. 예수님이 안식일에 손 마른 자를 고쳐주었다는 것은 욕심 부리지 않고 선을 행하셨다는 말입니다.

그렇기 때문에 우리는 이 안식일 곧 주일은 신령과 진리로 예배를 잘 드리면서 욕심이 제거되는 영의 양식의 말씀을 먹을 뿐

만 아니라 또 욕심을 빼는 신앙생활을 예수님처럼 해야 된다는 말씀입니다.

●눅13:10-17 / 10 안식일에 한 회당에서 가르치실 때에 11 십팔 년 동안을 귀신들려 앓으며 꼬부라져 조금도 펴지 못하는 한 여자가 있더라 12 예수께서 보시고 불러 이르시되 여자여 네가 네 병에서 놓였다 하시고 13 안수하시매 여자가 곧 펴고 하나님께 영광을 돌리는지라 14 회당장이 예수께서 안식일에 병 고치시는 것을 분내어 무리에게 이르되 일할 날이 엿새가 있으니 그 동안에 와서 고침을 받을 것이요 안식일에는 말 것이니라 하거늘 15 주께서 대답하여 가라사대 외식하는 자들아 너희가 각각 안식일에 자기의 소나 나귀나 마구에서 풀어내어 이끌고 가서 물을 먹이지 아니하느냐 16 그러면 십팔 년 동안 사단에게 매인 바 된 이 아브라함의 딸을 안식일에 이 매임에서 푸는 것이 합당치 아니하냐 17 예수께서 이 말씀을 하시매 모든 반대하는 자들은 부끄러워하고 온 무리는 그 하시는 모든 영광스러운 일을 기뻐하니라

누가복음 13장10절로 17절에 18년 동안이나 귀신 들려 몸이 꼬부라져 조금도 펴지 못하는 한 여자가 있었습니다. 안식일에 예수님께서 그 여자를 고쳐주시니 바리새인 서기관들이 안식일을 범한다고 덤벼듭니다. 그러니까 예수님께서 사탄에게 18년 동안이나 얽매여 몸이 굽어 펴지도 못하는 자를 고쳐주어야겠느냐, 안 고쳐줘야 되겠느냐 말씀하시면서 고쳐주셨습니다. 그것도 예수님이 욕심 부리는 일을 하신 것이 아니고, 굽은 몸을 고쳐줘 잘 먹고 잘 살라고 하신 것이 아니고 나 잘 믿어서 영생의

복을 받으라고 고쳐준 것이기 때문에 이건 악을 행한 것이 아닙니다. 욕심 부린 게 아니고 악을 빼는 선을 행한 것인 줄 아시기 바랍니다.

●마12:1-8 / 1 그 때에 예수께서 안식일에 밀밭 사이로 가실새 제자들이 시장하여 이삭을 잘라 먹으니 2 바리새인들이 보고 예수께 고하되 보시오 당신의 제자들이 안식일에 하지 못할 일을 하나이다 3 예수께서 가라사대 다윗이 자기와 그 함께한 자들이 시장할 때에 한 일을 읽지 못하였느냐 4 그가 하나님의 전에 들어가서 제사장 외에는 자기나 그 함께한 자들이 먹지 못하는 진설병을 먹지 아니하였느냐 5 또 안식일에 제사장들이 성전 안에서 안식을 범하여도 죄가 없음을 너희가 율법에서 읽지 못하였느냐 6 내가 너희에게 이르노니 성전보다 더 큰 이가 여기 있느니라 7 나는 자비를 원하고 제사를 원치 아니하노라 하신 뜻을 너희가 알았더면 무죄한 자를 죄로 정치 아니하였으리라 8 인자는 안식일의 주인이니라 하시니라

위의 말씀은 안식일에 예수님께서 밀밭 사이로 가는데 제자들이 시장하여 밀의 이삭을 잘라 먹었습니다. 이것을 바리새인들이 보고 남의 밀을 먹었다고 따진 게 아니고 안식일에 밀을 비벼 먹은 것은 음식을 만들어 먹으려고 일한 것이므로 안식일을 범한 것이라며 덤벼들었습니다.

과거 구약시대에는 금요일이 토요일(안식일)을 지키기 위한 예비일 즉 준비하는 날이었습니다. 음식도 금요일에 먹을 것과 다음

날인 토요일(안식일)에 먹을 것을 미리 다 만들어 놓았다가 토요일(안식일)이 되면 그날은 절대로 음식을 만들어 먹지 않고 전날 만들어 놓은 것만 먹는 것이 안식일을 거룩하게 지키는 것처럼 생각했습니다.

그러나 예수님께서는 제자들이 밀밭 사이로 가다가 음식을 만들어 먹듯이 밀을 잘라서 먹은 것은 잘못이 아니라고 하셨습니다. 안식일은 우리가 욕심을 빼면서 예배도 잘 드리고, 전도도 하고 여러 가지 주의 일을 하는 가운데 미리 만들어 놓은 음식만 먹으란 말이 아니고 만들어 먹으면서 거룩하게 지키면 된다는 말씀으로 알아야 합니다.

구약의 이스라엘 백성은 신약의 우리 기독교 신자들을 상징합니다. 우리 기독교 신자들이 예수님 믿으면서 신앙생활하는 것은 구약의 이스라엘 백성처럼 저 천국 들어가는 복을 받고 영혼이 잘됨같이 범사가 잘되고 강건의 복을 받으려고 믿고 있습니다. 그런데 그 복을 받으려면 반드시 안식일을 거룩하게 잘 지켜야 되는 것입니다.

(3) 육체로 마치지 아니한 신앙

● 시78:38-42 / 38 오직 하나님은 자비하심으로 죄악을 사하사 멸하지 아니하시고 그 진노를 여러 번 돌이키시며 그 분을 다 발하지 아니하셨으니 39 저희는 육체뿐이라 가고 다시 오지 못하는

바람임을 기억하셨음이로다 40 저희가 광야에서 그를 반항하며 사막에서 그를 슬프시게 함이 몇 번인고 41 저희가 돌이켜 하나님을 재삼 시험하며 이스라엘의 거룩한 자를 격동하였도다 42 저희가 그의 권능을 기억지 아니하며 대적에게서 구속하신 날도 생각지 아니하였도다

이 말씀은 광야의 이스라엘 백성에 관한 말씀입니다. 이스라엘 백성이 40년 동안 광야생활을 한 말씀은 출애굽기와 민수기, 신명기에 기록되어 있고, 고린도전서에도 기록되어 있습니다. 그리고 에스겔서와 히브리서 3장과 4장에 소상하게 기록했습니다.

특히 시편 78편은 이스라엘의 지난 역사를 돌아보면서 하나님께서 크신 은혜를 베풀었음에도 이스라엘 백성이 불신앙과 불순종으로 하나님께 책망을 받고 또 하나님의 심판을 받았던 것을 회고하는, 그래서 이제 다시는 그러한 길을 가지 말라고 우리에게 교훈을 주는 은혜의 말씀, 축복의 말씀입니다.

39절에 "저희는 육체뿐이라"라고 하였습니다. 여기서 "육체"는 한 번 가면 되돌아올 수 없는 바람 같은 존재라는 것입니다. 40년간 광야생활을 했던 이스라엘 백성 중에 여호수아와 갈렙을 제외하고는 일세들이 모두 육체가 되었습니다. 그러므로 이스라엘 백성은 광야에서 죽고, 여호수아와 갈렙만 가나안 땅에 들어갔습니다. 욕심을 부리면 육체가 됩니다.

●갈3:1-4 / 1 어리석도다 갈라디아 사람들아 예수 그리스도께서 십자가에 못 박히신 것이 너희 눈 앞에 밝히 보이거늘 누가 너

희를 꾀더냐 2 내가 너희에게 다만 이것을 알려 하노니 너희가 성령을 받은 것은 율법의 행위로냐 듣고 믿음으로냐 3 너희가 이같이 어리석으냐 성령으로 시작하였다가 이제는 <u>육체로</u> 마치겠느냐 4 너희가 이같이 많은 괴로움을 헛되이 받았느냐 과연 헛되냐

이렇듯 광야교회 성도들이 육체가 되었다는 말씀이 무슨 말씀인지 먼저 갈라디아서 3장 1-4절을 보겠습니다. 여기서 "너희가 이같이 어리석으냐 성령으로 시작하였다가 이제는 육체로 마치겠느냐"라는 말씀은 광야교회 성도들이 홍해를 건널 때 성령 충만을 받았지만 그럼에도 불구하고 육체가 되었다는 뜻입니다. 그리고 1절에 "어리석도다"라는 말은 히브리어로 '아노에토이'로, 영적인 판단력이 없고 무지하다는 말입니다. 신앙과 믿음에는 판단력이 없고 육체적인 것에만 판단력이 있는 것입니다.

사도 바울이 갈라디아 교인들에게 이 편지를 쓴 때는 AD53년경 입니다.

이때는 예수님이 십자가에 달려 돌아가신 지 한참이 지난 때였습니다. 그런데도 바울 사도는 <u>"예수 그리스도께서 십자가에 못 박히신 것이 너희 눈앞에 밝히 보이거늘"</u>이라고 하면서 2~30년이나 지난 일에 대하여 마치 눈앞에서 보고 있는 것처럼 기록했습니다. 그것은 성령을 충만히 받고 기도하면 환상도 보이고 천사도 보이고 빛이 내리는 것도 보이고 예수님의 양손과 양발에 새겨진 못자국과 가시 면류관을 쓰고 붉은 피를 뚝뚝 흘리시는 것이 보이기도 합니다.

갈라디아 교인들 중에는 그런 영적 체험을 한 사람들이 꽤 있었던 것 같습니다. 바울 사도도 그런 체험을 했기 때문에 갈라디아 사람들에게 "갈라디아 사람들아 예수 그리스도께서 십자가에 못 박히신 것이 너희 눈앞에 밝히 보이거늘"이라고 했던 것입니다.

그런데 1절 후 반절에 "밝히 보이거늘 누가 너희를 꾀더냐"라고 하였습니다. 이것은 거짓된 사상과 악한 술책으로 갈라디아 교인들의 믿음을 타락시킨다는 뜻입니다. 그리고 2절에 "내가 너희에게 다만 이것을 알려 하노니"라고 한 것은 바울 사도가 갈라디아 교인들이 율법을 지킴으로써 성령을 받은 것인지, 그렇지 않으면 복음을 듣고 믿음으로써 성령을 받은 것인지를 묻고 있는 것입니다. 이 말씀에서 우리는 갈라디아 교인들이 이미 성령을 받았다는 것을 알 수 있습니다. 그리고 그 뒤에 갈라디아 교인들에게 성령으로 시작했다가 육체로 마치겠느냐며 책망하며 경고하고 있습니다.

과연 갈라디아 교인들은 율법을 지킴으로 성령을 받았을까요, 아니면 복음을 듣고 믿음으로 성령을 받았을까요? 우리는 율법을 문자적으로 지켜 행해야 성령을 받는 것이 아닙니다. 복음, 곧 예수님의 말씀을 듣고 회개하고 하나님의 자녀로 거듭나야 성령을 받을 수 있는 것입니다.

갈라디아서 3장 8-14절에 보면 아브라함이 하나님의 복음을 듣고 의로운 자가 되었다고 하였습니다. 이스라엘 백성과 갈라디아 교인들은 율법을 행함으로 성령을 받은 것이 아니고 예수님에 대한 복음을 듣고 회개하고 하나님의 자녀로 거듭났기 때문에 성령을 받을 수 있습니다. 예수님이 부활하신 후 제자들이 오순절에 마가의 다락방에서 성령을 체험했습니다. 예수님이 이 땅에 오셔서 복음을 전하다가 십자가에 달려 돌아가신 후 부활하신 예수님을 두 눈으로 목격한 사람은 약 500명이었습니다(고전15:6). 그런데 그들 중 오순절 마가의 다락방에 모여 성령세례를 받은 자는 120명이었습니다. 그들은 예수님이 천국복음을 전할 때 듣고 하나님의 자녀로 거듭난 사람들이었습니다.

그러나 나머지 380명은 하나님의 자녀로 거듭나지 못하고 성령도 받지 못하고 떠나간 것 같습니다. 하나님의 자녀로 거듭나지 못하면 성령세례를 받을 수가 없습니다. 만약에 하나님의 자녀로 거듭나지 못한 사람들이 성령을 받았다면 마귀의 영을 받은 것입니다. 하나님은 당신의 자녀에게만 성령을 주십니다. 하나님의 자녀로 거듭난 자라야만 성령을 받을 수 있습니다. 3절의 "너희가 이같이 어리석으냐"라는 말은 갈라디아 교회 성도들아 영적으로 "분별력이 없다"는 말입니다. 그리고 3절 후반절에는 "성령으로 시작했다가 이제는 육체로 마치겠느냐"라고 하였는데 성령으로 시작했다는 말은 천국복음을 듣고 회개하여 하나님의 자녀로 거듭나고 성령을 충만히 받았다는 것입니다. 그 다음으로 "육체로 마치겠느냐"라고 하였습니다. 이 말은 자아에 의해 욕심부리는 신앙으로 끝내려 하느냐는 말입니다.

육체란 말은 (헬라어)로 사륵스(Sarx)이고 죄에 오염되어 심히 타락한 인간을 뜻합니다. 영어로는 휴먼(Human)으로 히브리어는 '바스르'라고 하며 죄의 오염으로 심히 타락한 인간이라 말합니다. 즉 성령으로 시작했다가 육체로 마친 사람은, 즉 죄에 오염되어 심히 타락한 인간을 의미합니다.

신랑 예수가 신부로 맞이해 줄 성도는 죄로 오염되지 않고 흠도 없고 티가 없어야 합니다. 성령 충만 은사 충만 받고도 자아와 욕심을 버리지 못하면 결국 육체가 되어 버립니다. 여호수아와 갈렙은 흠과 티가 없었으므로 가나안 땅에 들어갈 수 있었습니다.

●창6:1-3 / 1 사람이 땅 위에 번성하기 시작할 때에 그들에게서 딸들이 나니 2 하나님의 아들들이 사람의 딸들의 아름다움을 보고 자기들의 좋아하는 모든 자로 아내를 삼는지라 3 여호와께서 가라사대 나의 신이 영원히 사람과 함께 하지 아니하리니 이는 그들이 육체가 됨이라 그러나 그들의 날은 일백이십 년이 되리라 하시니라

성령으로 시작했다가 육체로 마친 사람들은 또 있습니다.

노아 때의 "하나님의 아들들"입니다. 창세기 6장 1-3절에 노아 홍수 이전에는 몇 백 살이 보통이었습니다. 므두셀라는 969세까지 살았습니다. 그들은 그렇게 장수하면서 많은 자녀들을 낳았습니다.

그런데 그들에게서 딸들이 나니 하나님의 아들들이 사람의 딸들의 아름다움을 보고 자기들의 좋아하는 대로 아내를 삼았다고 했습니다. 여기의 "하나님의 아들들"과 "사람의 딸"에 대해서

는 신학자마다 해석이 다양합니다. 아무튼 본문 말씀은 하나님의 아들들이 사람의 딸들의 아름다움을 보고 자기 마음에 드는 여자를 아내를 삼았다는 것입니다. 그 결과 여호와의 신이 떠나고 육체가 되었습니다. "하나님의 아들들"은 성령을 받은 성도들을 말합니다. 그리고 "사람의 딸들"은 음녀신앙을 가진 자들을 말합니다. 하나님의 아들들이 사람의 딸들의 아름다움을 보고 저마다 자기들의 마음에 드는 여자를 아내로 삼았다는 말은 신앙적인 아름다움을 보지 않고 육체적인 아름다움을 보았다는 말입니다.

이것은 자아가 살아 있다는 것입니다. 그들은 하나님의 생각대로 한 것이 아니라 자기 생각대로 한 것입니다. 성령님의 감동에 따라서 하나님의 말씀대로 아내를 선택해야 하는데 자기들이 마음에 드는 대로 선택했습니다. 영적 상태는 안 보고 육신의 아름다움만 보고 아내를 취했습니다. 그런데 "사람의 딸들을" 누구라고 했습니까? 음녀라고 했습니다.

창세기 2장24절에 "남자가 부모를 떠나 그 아내와 연합하여 둘이 한 몸을 이룰지로다"라고 하였습니다. 그들은 음녀와 결혼을 했으니 음녀와 한 몸이 된 것입니다. 성령 충만 은사 충만했던 하나님의 아들들이 자아를 버리지 못해서, 내 생각 내 감정을 버리지 못했기 때문에 욕심에 끌려서 음녀신앙이 되어버린 것입니다.

음녀 신앙이 되면 여호와의 신이 떠나고 즉 성령이 떠나고 육체가 되어 버렸다는 것입니다. 그 속에 다른 신이 들어갔다는 말입니다. 그러한 사람은 영생을 얻을 수 없습니다.

●히6:4-6 / 4 한번 비췸을 얻고 하늘의 은사를 맛보고 성령에 참예한 바 되고 5 하나님의 선한 말씀과 내세의 능력을 맛보고 6 타락한 자들은 다시 새롭게 하여 회개케 할 수 없나니 이는 자기가 하나님의 아들을 다시 십자가에 못 박아 현저히 욕을 보임이라

히브리서 6장 말씀처럼 우리는 육체가 되어서 멸망을 당하지 않으려면 진리 속으로 들어가야 합니다. 우리가 사람의 딸들의 아름다움을 보고 아내를 취하지 않으려면 성령 충만 은사 충만 받아서 신앙생활을 하되 진리의 말씀을 먹으면서 신앙생활 해야 한다는 말입니다. 진리의 말씀을 먹으면 자아와 욕심을 버릴 수 있는 것입니다.

(4) 보는 차원의 신앙

●신29:2-4 / 2 모세가 온 이스라엘을 소집하고 그들에게 이르되 여호와께서 애굽 땅에서 너희 목전에 바로와 그 모든 신하와 그 온 땅에 행하신 모든 일을 너희가 보았나니 3 곧 그 큰 시험과 이적과 큰 기사를 네가 목도하였느니라 4 그러나 깨닫는 마음과 보는 눈과 듣는 귀는 오늘날까지 여호와께서 너희에게 주지 아니하셨느니라

신명기 29장 2절에서 4절의 말씀에 의하면 하나님께서 깨닫는 마음을 여호수아와 갈렙에게 주셨다고 했습니다. 즉 가나안

땅에 들어가지 못한, 곧 악을 즐겨한, 곧 욕심을 버리지 못한 이스라엘 백성들은 깨닫는 마음을 갖지 않았고 그와 반대로 가나안땅에 들어간 여호수아와 갈렙은 하나님께서 깨닫는 마음을 가지고 있었습니다.

우리는 신앙생활을 하되 하나님께로부터 깨닫는 마음을 받아야 됩니다. 광야교회 성도들 다수가 깨닫는 마음을 가지지 못했기 때문에 가나안땅에 못 들어간 것처럼 이사야 시대에 이스라엘 백성들도 하나님께로부터 깨닫는 마음이 없었습니다. 예배도 잘 참석하고 신앙생활을 그들 나름대로 열심히 했지만 하나님에 대한 깨닫는 마음이 없었기기 때문에 그들은 바벨론의 침략을 받아서 포로로 잡혀가고 망해버리게 되었습니다. 그것은 곧 우리 신약교회 성도들이 특히 말세성도들이 열심히 신앙생활을 한다고 하지만 하나님께로부터 깨닫는 마음을 받지 못하면 신랑예수 맞이해가지고 천년세계와 하늘나라에 들어가는 것이 아니라 적그리스도의 밥이 되어 둘째 사망 유황불 못으로 들어간다는 진리입니다.

●사6:9-10 / 9 여호와께서 가라사대 가서 이 백성에게 이르기를 너희가 듣기는 들어도 깨닫지 못할 것이요 보기는 보아도 알지 못하리라 하여 10 이 백성의 마음으로 둔하게 하며 그 귀가 막히고 눈이 감기게 하라 염려컨대 그들이 눈으로 보고 귀로 듣고 마음으로 깨닫고 다시 돌아와서 고침을 받을까 하노라

이사야서 6장9절로 10절에 우리가 신앙생활을 하되 하나님께

로부터 깨닫는 마음을 받느냐 못 받느냐가 천국으로 가느냐 못 가느냐, 그리고 의인의 형통의 복을 받느냐 못 받느냐의 중요한 요인입니다.

● 렘5:20-21 / 20 너는 이를 야곱 집에 선포하며 유다에 공포하여 이르기를 21 우준하여 지각이 없으며 눈이 있어도 보지 못하며 귀가 있어도 듣지 못하는 백성이여 이를 들을지어다

그런가하면 예레미야 시대의 이스라엘 백성들의 신앙 역시 하나님께로부터 깨닫는 마음은 못 가졌습니다. 그래서 바벨론의 침략을 받아서 이스라엘은 망하고 백성들은 포로로 잡혀 70년 동안이나 포로생활을 하게 됩니다.

● 겔12:1-3 / 1 여호와의 말씀이 또 내게 임하여 가라사대 2 인자야 네가 패역한 족속 중에 거하도다 그들은 볼 눈이 있어도 보지 아니하고 들을 귀가 있어도 듣지 아니하나니 그들은 패역한 족속임이니라 3 인자야 너는 행구를 준비하고 낮에 그들의 목전에서 이사하라 네가 네 처소를 다른 곳으로 옮기는 것을 그들이 보면 비록 패역한 족속이라도 혹 생각이 있으리라

에스겔 시대에도 이스라엘 백성들이 광야 교회 다수처럼 패역한 신앙생활을 했습니다. 그래서 하나님께서는 에스겔에게 행구를 준비해서 당시에 거주하고 있는 곳에서 다른 곳으로 옮겨가는 것을 백성들이 보도록 "낮에 옮겨가라"고 하셨습니다. 이전부터 에스겔 선지자는 이스라엘 백성들에게 우리가 이렇게 신앙생활을 하면 바벨론 침략 받아서 망하고 포로로 끌려간다고 항상 전했습니다. 그래도 백성들이 말을 안 들으니 하나님께서는 시청각교육으로 그렇게 하신 것입니다. 그러면 이스라엘 백성들의 생

각이 달라질지, 깨달을지 모른다고 생각하신 것입니다.

　구약의 이스라엘 백성들이 그렇게 조상 대대로 하나님을 믿고, 기도도 하고, 거룩하게는 못 지켜도 안식일은 성전에 가서 잘 지켰습니다.

　이스라엘 백성들이 그렇게 한 것은 우리 신약교회의 그림자요, 모형이요, 상징이요, 비유입니다. 오늘날 신약교회 성도들도 주일이면 교회 가서 예배도 잘 드리고, 기도도 잘하고, 전도도 잘하고, 충성봉사 잘해도 하나님께로부터 깨닫는 마음을 못가지게 되면 갈 곳이라고는 이제 앞으로 나타날 적그리스도의 밥이 되어, 적그리스도의 고향 곧 둘째사망 유황 불구덩이로 갑니다. 이렇게 깨닫는 마음이 중요한 것입니다.

●마13:14-15 / 14 이사야의 예언이 저희에게 이루었으니 일렀으되 너희가 듣기는 들어도 깨닫지 못할 것이요 보기는 보아도 알지 못하리라 15 이 백성들의 마음이 완악하여져서 그 귀는 듣기에 둔하고 눈은 감았으니 이는 눈으로 보고 귀로 듣고 마음으로 깨달아 돌이켜 내게 고침을 받을까 두려워함이라 하였느니라

(추가말씀 : 요12:39-40/ 행28:25-27)

　마태복음 13장14절로 15절에 보면 예수님 당시의 이스라엘 백성들은 예루살렘 성전에서 신앙생활을 잘 했습니다. 그랬는데 이 백성들도 하나님께로부터 깨닫는 마음을 못 받아서 주후 70년에 로마 티토 장군에게 침략을 받아 이스라엘은 망하고 백성들은 전부 포로로 끌려가 버렸습니다. 이렇게 깨닫는 마음이 중

요합니다.

●계3:17-18 / 17 네가 말하기를 나는 부자라 부요하여 부족한 것이 없다 하나 네 곤고한 것과 가련한 것과 가난한 것과 눈먼 것과 벌거벗은 것을 알지 못하도다 18 내가 너를 권하노니 내게서 불로 연단한 금을 사서 부요하게 하고 흰 옷을 사서 입어 벌거벗은 수치를 보이지 않게 하고 안약을 사서 눈에 발라 보게 하라

요한계시록 3장17절로 18절의 이 말씀도 깨닫는 마음을 못 가져서 즉, 보는 눈과 듣는 귀가 없는 이 교회가 바로 요한계시록 2장, 3장에 나온 일곱 교회 중 마지막 교회인 라오디게아교회입니다. 라오디게아교회는 오순절 날 성령이 임한 오순절 초대교회로부터 시작해서 오늘날 우리가 살고 있는 이 시대의 교회를 의미하고 있습니다. 7가지 책망만 있고, 칭찬은 한 마디도 없는 라오디게아 교회 시대와 같이 열심히 교회생활, 신앙생활을 한다고 하지만 오늘날 교회들도 하나님으로부터 깨닫는 마음을 받지 못한 것입니다.

그래서 7년 환난시대가 오면 요한계시록 17장, 18장에 있는 큰 음녀 또는 큰 여왕에게로 다 가버립니다. 적그리스도의 아내가 되어서 적그리스도하고 한 몸이 됐으니 적그리스도 고향 둘째사망 유황 불구덩이로 가게 됩니다. 우리 기독계가 이렇게 심각한 상태에 있다는 것을 이 시간을 통해서 확실히 다시 한 번 깨닫고 명심하길 바랍니다. 그래서 우리는 하나님께로부터 깨닫는 마음을 받아야 된다는 겁니다. 깨닫는 마음을 받지 못하면

오늘날도 끝나 버립니다.

그러면 하나님께로부터 깨닫는 마음을 받아야 하는데 그 깨닫는 마음이 무엇인지 우리가 알아야겠지요?

깨닫는 마음은 성경 66권에 기록돼 있는 이 성경 말씀을, 밥의 말씀을 아는 마음입니다. 성경 66권, 창세기 1장부터 요한계시록 22장21절까지 이 성경에 기록되어 있는 말씀은 크게 젖의 말씀이 있고 밥의 말씀이 있습니다.

구약의 이스라엘 백성들이나 또는 예수님 시대의 이스라엘 백성들이나 바울사도가 성령운동을 할 때 성령 받고 은사 받고 신앙생활 열심히 하는 그 때 성도들이나 오늘날 교회 성도들이나 성경말씀을 젖의 말씀은 잘 깨닫습니다. 젖의 말씀을 가르쳐주면 그것은 이해가 잘 갑니다. 좋아서 저절로, 아멘 할렐루야를 외칩니다.

그런데 성경말씀 속에는 밥의 말씀이 있는데 이 밥의 말씀을 가르쳐주면 그것은 이해가 안가고 은혜가 안 된다는 것입니다. 밥의 말씀이 이해가 안 되고 은혜가 안 되는 것은 하나님께로부터 깨닫는 마음을 받지 못해서 즉, 하나님께서 깨닫는 마음을 주시지 않아서 그러는 겁니다.

그러면 이제 깨닫는 말씀, 곧 밥의 말씀을 깨달을 수 있는 마음을 하나님께로부터 받느냐 못 받느냐 하는 것을 구체적으로 상고하겠습니다. 우선 우리 믿음의 조상 아브라함에 대해 알아보겠습니다.

●창15:2-5 / 2 아브람이 가로되 주 여호와여 무엇을 내게 주시려나이까 나는 무자하오니 나의 상속자는 이 다메섹 엘리에셀이니이다 3 아브람이 또 가로되 주께서 내게 씨를 아니주셨으니 내 집에서 길리운 자가 나의 후사가 될 것이니이다 4 여호와의 말씀이 그에게 임하여 가라사대 그 사람은 너의 후사가 아니라 네 몸에서 날 자가 네 후사가 되리라 하시고 5 그를 이끌고 밖으로 나가 가라사대 하늘을 우러러 뭇 별을 셀 수 있나 보라 또 그에게 이르시되 네 자손이 이와 같으리라

창세기 15장 2절로 5절에 보면 아브라함이 사라를 통해서 자식을 한명도 못 낳고 있었습니다. 본처인 사라에게서 아들이 없다는 상황을 여기 기록해 놓은 겁니다.

아브라함이 하나님 앞에 종을 세워서 후계자를 삼겠다고 했습니다. 사라하고 자기 사이에서는 도저히 아들을 낳을 희망이 없고 믿음이 없었기 때문이지요. 그런데 하나님께서 아브라함에게 하늘의 별들을 보라고 하셔서 쳐다보니, 내가 아들을 주고 그 아들을 통해서 후손이 하늘의 뭇별처럼 많으리라고 하셨습니다.

하나님께로부터 깨닫는 마음을 받지 못한 주의 종이나, 신학자나, 부흥사는 이 말씀을 이렇게 해석할 수도 있습니다. 비록 애를 낳을 수 없는 상황이지만 아브라함처럼 믿음만 가지면 이 땅 위에서 하나님께서 기적을 베풀어서 아들을 못 낳은 사람은 아들도 낳고, 그 외에 무슨 문제이든지 믿음만 가지면 전지전능하신 하나님, 좋으신 하나님, 축복의 하나님, 능력의 하나님께서

다 해결해 주신다는 겁니다.

이것은 하나님께로부터 깨닫는 마음을 못 가졌으니 젖의 말씀만 알고 밥의 말씀은 몰라서 그렇습니다.

창세기 15장 2-4절의 말씀 곧 밥의 말씀으로 깨달아 알려면 어떻게 해야 할까요? 로마서 9장7절 이하의 말씀으로 가야됩니다.

● 롬9:7-13 / 7 또한 아브라함의 씨가 다 그 자녀가 아니라 오직 이삭으로부터 난 자라야 네 씨라 칭하리라 하셨으니 8 곧 육신의 자녀가 하나님의 자녀가 아니라 오직 약속의 자녀가 씨로 여기심을 받느니라 9 약속의 말씀은 이것이라 명년 이 때에 내가 이르리니 사라에게 아들이 있으리라 하시니라 10 이뿐 아니라 또한 리브가가 우리 조상 이삭 한 사람으로 말미암아 잉태하였는데 11 그 자식들이 아직 나지도 아니하고 무슨 선이나 악을 행하지 아니한 때에 택하심을 따라 되는 하나님의 뜻이 행위로 말미암지 않고 오직 부르시는 이에게로 말미암아 서게 하려 하사 12 리브가에게 이르시되 큰 자가 어린 자를 섬기리라 하셨나니 13 기록 된 바 내가 야곱은 사랑하고 에서는 미워하였다 하심과 같으니라

여기 말씀을 보면, 사라를 통해서 이삭을 주고 그 이삭을 통해서 수많은 하늘의 별처럼 아브라함의 자손이 나온다는 것은 이 땅 위에 육신적인 자녀를 준다는 말이 아니고 영생 얻을 수 있는, 곧 예수님을 믿어서 영생 얻을 수 있는 아브라함의 자손들이 나온다는 말씀으로 해석해야 됩니다.

아브라함을 통해서 이삭이 나오고 곧 그 이삭은 예수님의 그림자요, 모형입니다. 그래서 예수님을 믿는 그런 신앙의 사람들, 영생 얻을 수 있는 신앙의 사람들이 많이 나오게 된다는 말씀입니다.

아브라함에게 하신 말씀도 이렇게 알 때 바로 밥의 말씀으로 아는 것이고 하나님께로부터 깨닫는 마음을 받은 자이기 때문에 이렇게 아는 것입니다.

●창13:14-15 / 14 롯이 아브람을 떠난 후에 여호와께서 아브람에게 이르시되 너는 눈을 들어 너 있는 곳에서 동서남북을 바라보라 15 보이는 땅을 내가 너와 네 자손에게 주리니 영원히 이르리라

하나님께서 나타나셔서 가나안땅 동서남북을 바라보라고 하십니다. 그래서 바라보니 네가 바라보고 있는 이 가나안땅 그 전부를 내가 너한테 주겠다고 하셨습니다. 그 말씀대로 아브라함과 그 아브라함의 그 후손들이 가나안땅에 지금까지도 살고 있지 않습니까?

그러면 이 말씀도 하나님께서 눈에 보이는 가나안땅을 준다고 보여준 것으로 그렇게만 알면 깨닫는 마음을 가지고 밥의 말씀으로 아는 게 아닙니다. 하나님께로부터 깨닫는 마음을 못 받아서, 성경을 알기는 알되 젖의 말씀만 아는 것이에요.

하나님께로부터 깨닫는 마음을 가져가지고 밥의 말씀으로 아는 것은 무엇입니까? 그것은 창세기 17장 8절을 봐야합니다.

●창17:8 / 8 내가 너와 네 후손에게 너의 우거하는 이 땅 곧 가나안 일경으로 주어 영원한 기업이 되게 하고 나는 그들의 하나님이 되리라

동서남북을 바라보게 해서 네가 보는 대로 이 가나안땅을 너에게 준다고 하였습니다. 보이는 그 땅을 주되 영원한 기업이 되게 한다고 했습니다. 가나안땅을 너에게 줘서 너와 네 자손들이 잘 살게 해 준다 그러지 않고 영원한 기업이 되게 해 준다고 하셨습니다.

영원한 기업이란 하늘나라, 우리 성도들이 가서 살게 될 본고향 저 천국을 말합니다. 성경에서 가나안땅이라고 하면 천년세계와 하늘나라를 의미하는 것으로 해석을 통해서 알아야 된다는 말씀입니다.

아직도 이해가 잘 안 될지 모르니까 말씀을 더 상고하겠습니다.

깨닫는 마음과 보는 눈을 받아가지고 밥의 말씀을 깨달아 먹느냐 못하느냐에 대한 말씀입니다.

●신8:2-3 / 2 네 하나님 여호와께서 이 사십 년 동안에 너로 광야의 길을 걷게 하신 것을 기억하라 이는 너를 낮추시며 너를 시험하사 네 마음이 어떠한지 그 명령을 지키는지 아니 지키는지 알려 하심이라 3 너를 낮추시며 너로 주리게 하시며 또 너도 알지 못하며 네 열조도 알지 못하던 만나를 네게 먹이신 것은 사람이 떡으로만 사는 것이 아니요 여호와의 입에서 나오는 모든 말씀으

로 사는 줄을 너로 알게 하려 하심이니라

이제 광야교회로 갑니다. 신명기 8장2절로 3절에 하나님께서는 광야교회 성도들에게 생선도, 수박도, 참외도, 부추도, 파도, 마늘도 그리고 고기도 주시지 않고 만나만 계속 먹고 가게 한 것은, 육신을 위한 양식이었습니다. 만나만 먹으면 다른 것은 안 먹어도 영양이 부족하지도 않았습니다. 그런데 그것은 육신을 위한 양식인 만나로만 알지 말고 하나님의 입으로 나오는 모든 말씀으로 알라고 그러한 것입니다.

이스라엘 백성들에게 이 만나만 먹여주신 것은 곧 하나님의 입으로 나오는 모든 말씀 곧 성경 66권의 말씀대로 생활을 하라고 주신 것입니다. 이스라엘 백성들은 홍해바다를 건너면서 하나님의 말씀대로 철저하게 지킬 것은 지키고 순종할 건 순종하고, 하기 싫어도 복종할 건 복종하고 아무리 하고 싶고 그래도 하지 말라는 것은 절대로 안하는 신앙생활을 하라는데 목적을 두고 하나님께서 그토록 다른 것은 먹지 말고, 먹여주지도 않고 만나만 먹였던 것입니다. 그런데 이스라엘 백성들은 그것을 못 깨닫고 "왜 우리에게 다른 것 먹고 싶은 것, 육신의 음식은 안 주고 이 만나만 먹으라고 하는가?"라면서 하나님을 원망하고 욕심을 버리지 않았습니다.

이스라엘 백성들 다수들은 하나님께로부터 깨닫는 마음을 못받은 상태로 신앙생활을 했던 것입니다. 그런데 여호수아와 갈렙은 그것을 깨달았습니다. 여호수아와 갈렙은 다른 것을 요구하지 않고 그들은 오직 하나님이 모세를 통해서 주시는 만나만 먹으면서 갔습니다. 그러니까 여호수아와 갈렙은 하나님께로부터 깨닫는 마음을 받아서, 밥의 말씀을 먹으면서 신앙생활을 했기 때문에 가나안땅에 들어 간 것입니다.

●요6:48-52 / 48 내가 곧 생명의 떡이로다 49 너희 조상들은 광야에서 만나를 먹었어도 죽었거니와 50 이는 하늘로서 내려 오는 떡이니 사람으로 하여금 먹고 죽지 아니하게 하는 것이니라 51 나는 하늘로서 내려온 산 떡이니 사람이 이 떡을 먹으면 영생 하리라 나의 줄 떡은 곧 세상의 생명을 위한 내 살이로라 하시니 라 52 이러므로 유대인들이 서로 다투어 가로되 이 사람이 어찌 능히 제 살을 우리에게 주어 먹게 하겠느냐

요한복음 6장48절로 52절에 보면 예수님께서 말씀을 가르쳐 주실 때에 "유대인들이 자기들끼리 서로 다투며 가로되 이 사람이 어찌 능히 제 살을 우리에게 주어 먹게 하겠느냐"고 합니다.

그 당시 유태인들은 예루살렘 성전에서 신앙생활을 잘 했습니다. 그런 유태인들에게 예수님께서 영생하려면 내 살과 내 피를 먹으라고 하셨습니다. 그러나 그들은 그 말씀을 이해하지 못했습니다.

제자들도 이건 너무 어려워서 이해할 수가 없다면서 수군수군 하니, 예수님이 수군수군하는 제자들이나 유태인들에게 "내가 너희에게 이른 말이 영이요, 생명이니라"라고 하십니다.

유태인들이나 제자들은 예수님이 하신 말씀을 영이요, 생명으

로 깨달아 알지 못하고 육신적으로만 깨닫고 있었습니다.

실제적으로 예수님의 말씀 곧 성경 66권의 말씀은 육신적인 말씀으로 써 있기 때문에 아무리 성경을 많이 알아도 썩을 양식, 육신의 말씀만 먹는 것과 같습니다. 그게 젖의 말씀이니 그걸 먹으면 영이요, 생명의 말씀을 깨닫지 못합니다.

성경 66권 말씀 속에는 영이요, 생명의 말씀이 있습니다. 우리가 그것을 깨달아 먹어야만 영생을 얻는 믿음의 사람으로 성숙하게 됩니다. 그러기 위해서는 하나님께로부터 깨닫는 마음과 그런 은혜를 받아야 합니다. 그러면 깨닫는 밥의 말씀을 먹을 수 있는 은혜는 어떻게 받을 수 있을까요?

성령 충만 받은 주의 종, 부흥사 또는 은사 자 그런 분에게 성령 받으라는 은혜의 복음을 들을 때 우리가 성령을 받는 것과 같이, 깨닫는 마음을 가지고 밥의 말씀을, 영이요 생명인 말씀을 전하는 목사님의 말씀을 들을 때 성령님의 도우심으로 깨닫는 마음의 은혜를 받는다는 것입니다. 이게 가장 받기 쉬운 방법입니다.

2. 가나안 땅을 정복하고 큰 안식에 들어가서 거한 신앙

(1) 강하고 담대하며 율법을 지켜 행한 신앙

●수1:6-9 / 6 마음을 강하게 하라 담대히 하라 너는 이 백성으로 내가 그 조상에게 맹세하여 주리라 한 땅을 얻게 하리라 7 오직 너는 마음을 강하게 하고 극히 담대히 하여 나의 종 모세가 네게 명한 율법을 다 지켜 행하고 좌로나 우로나 치우치지 말라 그리하면 어디로 가든지 형통하리니 8 이 율법책을 네 입에서 떠나지 말게 하며 주야로 그것을 묵상하여 그 가운데 기록한 대로 다 지켜 행하라 그리하면 네 길이 평탄하게 될 것이라 네가 형통하리라 9 내가 네게 명한 것이 아니냐 마음을 강하게 하고 담대히 하라 두려워 말며 놀라지 말라 네가 어디로 가든지 네 하나님 여호와가 너와 함께 하느니라 하시니라

1) 먼저 강하고 담대한 마음을 가져야 합니다.

위에 기록된 말씀대로 여호수아는 강하고 담대하고, 말씀을 지키는 신앙을 가졌기 때문에 가나안땅에 들어갔다는 내용입니다. 우리가 영생의 복을 누리려면, 여호수아와 갈렙처럼 강하고 담대하여 말씀을 지켜 행하는 신앙의 사람이 되어야 함을 알기 바랍니다.

여기 보면 세 번이나 "강하고 담대 하라"고 했습니다.

6절에 "마음을 강하게 하라, 담대히 하라"고 했고 그 다음 7절에 보면, "오직 너는 마음을 강하게 하고 담대히 하여 나의 종 모세가 네게 명한 율법을 다 지켜 행하고.." 라고 나와 있습니다. 그런가하면 9절에 또 "내가 네게 명한 것이 아니냐 마음을 강하게 하고 담대히 하라. 두려워 말며 놀라지 말라"고 되어 있습니다.

우리가 말씀을 지켜 행해서 영생의 복을 받고 범사가 잘되고 강건의 복을 받아 누리려면 첫째로 조건이 있는데 그것은 마음을 강하게 하고 담대히 하는 것입니다. "마음을 강하게 한다"는 말은 히브리어로 '하자크'라고 합니다. 이 말은 '강하게 붙잡은 손의 힘' 즉, 무엇을 꽉 붙잡는 손의 힘입니다. 무엇인가를 잡을 때는 온 힘을 다해서 꽉 잡아야 합니다. 팔씨름에서 이기기 위해서 온 팔에 힘을 다주고 손에 힘을 다 주는 것처럼 그런 힘을 '하자크'라 하고, 그것이 '마음을 강하게 하라'는 뜻입니다.

그 다음으로 '담대히 하라'는 말은 히브리어로 '아마츠'인데, 무릎이나 발이 견고한 걸 말합니다. 나이가 들면 무릎에 힘이 빠지고 무릎의 연골 다 닳아서 아프고 힘을 못 씁니다. 또 발도 그래요. 늙어 가면 발에도 힘이 없어집니다. 자칫하면 발을 삐게 되는데 그것은 무릎과 다리에 힘이 없어졌기 때문입니다. '아마츠' 즉 '마음을 담대히 하라'는 이렇게 힘이 없는 나이든 사람의 무릎과 발이 아니라 올림픽 나갈 수 있는 청춘남녀들 무릎, 발처럼 그런 강한 힘을 말하는 겁니다. 문제는 먼저 율법을 지켜 행하는 것은 행위죠? 그런데 율법을 지켜 행하기 전 선제조건은 마음 문제이기 때문에 '마음을 강하게 하고 담대히 하라' 그랬던 것입니다.

그러면 이제 "마음을 강하게 하고 담대히 하라"는 말씀을 구체적으로 해석을 통해서 알아야 합니다. 성경말씀대로 하자면 '강하고 담대 하라'라는 말은 결코 굽히지 않는 강력한 승리의 확신과 용맹성을 가지라는 뜻입니다.

여기 특히 9절에 보면 이렇게 되어 있습니다.

"내가 네게 명한 것이 아니냐 마음을 강하고 담대히 하라 두려워 말며 놀라지 말라."

마음을 강하게 하고 담대히 하란 말과 두려워 말며 놀라지 말란 말씀과 관계가 있습니다. 그러니까 마음을 강하게 담대히 못한 자는 두려워하며 놀란 자란 뜻입니다. 이 뜻이 뭔가를 우리가 알아야 합니다.

●요일4:18 / 18 사랑 안에 두려움이 없고 온전한 사랑이 두려움을 내어쫓나니 두려움에는 형벌이 있음이라 두려워하는 자는 사랑 안에서 온전히 이루지 못하였느니라

요한일서 4장18절에 "두려워하는 자"는 곧 강하고 담대하지 못한 마음을 가진 사람은, 사랑 안에서 온전히 이루지 못한 자라는 그 뜻입니다. 사랑에는 부모와 자식 간의 사랑도 있고, 남녀 간의 사랑도 있고 그런가하면 하나님이 죄인인 우리 인간들을 구원하시려고 독생자까지 십자가에 죽이시는 하나님의 사랑도

있습니다. 지금 여기서는 하나님의 사랑을 말하는 겁니다. 즉, 사람의 마음에 하나님에 대한 사랑이 없기 때문에 두려워하는 마음이 있다는 뜻입니다.

반면에 "마음 다하고, 뜻 다하고, 힘 다하고 목숨까지 다해서 하나님을 사랑하는 그 사랑"이 우리 마음속에 있으면 강하고 담대한 자가 됩니다.

이런 마음을 가진 자는 두려워하는 마음 즉 놀라는 마음이 없습니다. 그런 마음을 가진 자는 하나님의 사랑이 마음에 가득차 있습니다. 그것은 모두 하나님을 마음을 다하고, 뜻을 다하고, 힘을 다하고, 지혜를 다하고, 목숨까지 다해서 사랑하는 사람이라는 말씀입니다.

그러니까 율법을 지켜 행하는 행동을 하기 전에 먼저 마음 속에 하나님을 마음을 다하고, 뜻을 다하고, 힘을 다하고, 목숨까지 다해서 그러니까 세상에 그 무엇보다도, 그 누구보다도 하나님을 최고로 사랑하는, 제일 사랑하는 그런 사랑의 마음을 먼저 가지란 말씀입니다. 결국 하나님을 사랑하는 새 계명의 마음을 마음속에 먼저 가지라는 뜻입니다. 그러면서 말씀대로 살아야 되는 겁니다.

●출15:20-25 / 20 아론의 누이 선지자 미리암이 손에 소고를 잡으매 모든 여인도 그를 따라 나오며 소고를 잡고 춤추니 21 미리암이 그들에게 화답하여 가로되 너희는 여호와를 찬송하라 그는 높고 영화로우심이요 말과 그 탄 자를 바다에 던지셨음이로다

하였더라 22 모세가 홍해에서 이스라엘을 인도하매 그들이 나와서 수르 광야로 들어가서 거기서 사흘 길을 행하였으나 물을 얻지 못하고 23 마라에 이르렀더니 그 곳 물이 써서 마시지 못하겠으므로 그 이름을 마라라 하였더라 24 백성이 모세를 대하여 원망하여 가로되 우리가 무엇을 마실까 하매 25 모세가 여호와께 부르짖었더니 여호와께서 그에게 한 나무를 지시하시니 그가 물에 던지매 물이 달아졌더라

출애굽기 15장입니다.

홍해바다를 건너 좋아서 찬양 부르고 춤춘 사건이 기록되어 있습니다. 불같은 성령을 충만히 받아서 기뻐서 춤추고 좋아하는 그런 말씀입니다

그랬는데 23절에 기뻐 뛰던 그들이 사흘 후에 마라에 와서 물이 써서 마실 수 없으니까 모세를 막 원망합니다. 이렇게 되니까 모세가 "하나님 이거 어쩌면 좋습니까?"하고 하나님께 도움을 구합니다. 그랬더니 하나님께서 "거기 있는 나무를 꺾어가지고 쓴 물에 던져 넣으라"고 하십니다. 말씀대로 하였더니 단물이 되었습니다. 물이 쓰니까 원망했는데 이것은 하나님의 말씀, 단 말씀을 못 먹으면 원망한다는 뜻입니다.

이제 16장으로 가봅시다. 이스라엘 자손의 온 회중이 엘림에서 떠나 엘림과 시내산 사이 신 광야에 왔습니다.

● 출16:1-3 / 1 이스라엘 자손의 온 회중이 엘림에서 떠나 엘림과 시내 산 사이 신 광야에 이르니 애굽에서 나온 후 제 이 월 십

오일이라 2 이스라엘 온 회중이 그 광야에서 모세와 아론을 원망하여 3 그들에게 이르되 우리가 애굽 땅에서 고기 가마 곁에 앉았던 때와 떡을 배불리 먹던 때에 여호와의 손에 죽었더면 좋았을 것을 너희가 이 광야로 우리를 인도하여 내어 이 온 회중으로 주려 죽게 하는도다

신 광야에 두착해서는, "우리가 애굽에 있을 때는 고기가마에서 고기도 먹었는데 여기서는 고기를 위시해서 먹을 음식이 없다"고 원망하고 있습니다.

이리하여 하나님께서 만나를 주시기 시작합니다. 그런데 이 만나를 준 목적이 나왔는데, 이 말씀은 그들이 "나의 율법을 준행할 마음을 가지는가를 시험해 본다"는 뜻입니다. 즉, 율법을 지킬 마음을 시험해 보는 것이란 말씀입니다. 그래서 만나를 먹으면 하나님을 마음 다하고, 뜻 다하고, 힘 다하고, 성품 다하고, 목숨까지 다해서 사랑할 마음이 생긴다는 뜻입니다.

왜 그런지를 알아야 합니다.
요한복음 6장 47절로 51절을 보십시오.
47 진실로 진실로 너희에게 이르노니 믿는 자는 영생을 가졌나니 48 내가 곧 생명의 떡이로다 49 너희 조상들은 광야에서 만나를 먹었어도 죽었거니와 50 이는 하늘로서 내려오는 떡이니 사람으로 하여금 먹고 죽지 아니하게 하는 것이니라 51 나는 하늘로서 내려온 산 떡이니 사람이 이 떡을 먹으면 영생하리라 나의 줄 떡은 곧 세상의 생명을 위한 내 살이로라 하시니라
여기에서 "나는 하늘로써 내려온 떡이니"란 '하늘로써 내려온 만

나라는 뜻입니다. 사람으로 하여금 먹고 죽지 않게 하는 것입니다. "하늘로써 내려온 산 떡이니"에서 '산 떡'이란 이 말씀도 곧 또 내가 하늘로써 내려온 너희 조상들이 먹었던 '만나'라는 뜻입니다.

이렇게 '만나'는 예수님이 이 땅위에 '산 떡'으로 오신 예수님의 그림자요, 모형이요, 상징이요, 예표입니다.

그 만나를 신명기 8장 3절에는 "하나님의 입으로 나오는 모든 말씀"이니까 만나로 오신, 실체로 오신 예수님은 말씀이 육신이 되어 오셨으니, 창세기부터 요한계시록까지 하나님의 입으로 나오는 모든 말씀인 만나 그 모든 말씀이 예수님 안에는 가득 있었다는 것입니다. 그래서 요한계시록도 요한사도가 쓰기도 전에 예수님께서 가르치시기도(마24장) 하셨습니다.

예수님께서 말씀이 육신이 되어 오신 것처럼 우리도 창세기 1장 1절부터 요한계시록 22장 21절까지의 성경 66권 말씀이 마음속에 들어와야만 새 계명의 마음이 생기는 것입니다.

곧 마음 다하고, 뜻 다하고, 힘 다하고, 지혜 다하고, 성품 다하고, 목숨까지 다해서 세상의 누구보다도 무엇보다도 하나님, 예수님을 제일 귀한 분으로 알고 사랑하는 그런 마음이 생깁니다.

기도만 많이 하고 성령을 충만히 받았다고 해서 되는 게 아니라는 겁니다. 광야의 이스라엘 백성들도 홍해바다 건너면서 성령세례 곧 성령도 충만히 받았지만 속에 하나님을 마음 다하고, 뜻 다하고, 힘 다하고, 성품 다하고, 목숨까지 다하는 사랑이 있었습니까? 그러니까 만나를 먹으라는 거 아닙니까? 그래서 하나님이 이들에게 만나를 내려주신 것입니다.

2) 율법을 지켜 행하는 신앙의 소극적, 부정적 측면

여호수아, 갈렙이 사랑의 새 계명을 지켜 행하여 이스라엘 장정 60만 명 중에서 남은 자로 가나안땅에 들어간 것처럼 우리도 먼저 말씀을 상고해야 하는데 첫째로는 소극적인 면, 부정적인 면을 상고하고, 그 다음에 적극적인 면, 긍정적인 면에 대해서 말씀 드리겠습니다.

첫째 소극적인 면 곧 부정적인 면에서 마음속에 사랑의 새 계명을 가지고 생활하지 못한 사례를 살펴보겠습니다.

① 광야 이스라엘 백성 다수의 신앙
● 고전10:1-5 / 1 형제들아 너희가 알지 못하기를 내가 원치 아니하노니 우리 조상들이 다 구름 아래 있고 바다 가운데로 지나며 2 모세에게 속하여 다 구름과 바다에서 세례를 받고 3 다 같은 신령한 식물을 먹으며 4 다 같은 신령한 음료를 마셨으니 이는 저희를 따르는 신령한 반석으로부터 마셨으매 그 반석은 곧 그리스도시라 5 그러나 저희의 다수를 하나님이 기뻐하지 아니하신 고로 저희가 광야에서 멸망을 받았느니라
광야 이스라엘 사람들은 예수님을 믿고 숙곳에서 하나님의 자녀로 거듭나고 홍해 바다 건널 때 성령 충만 은사 충만 받았

습니다. 그랬는데도 사랑의 새 계명이 마음속에 없고, 행동(생활)으로 새 계명을 지키지 못 했습니다.

② 마르다의 신앙

●눅10:39-40 / 39 그에게 마리아라 하는 동생이 있어 주의 발 아래 앉아 그의 말씀을 듣더니 40 마르다는 준비하는 일이 많아 마음이 분주한지라 예수께 나아가 가로되 주여 내 동생이 나 혼자 일하게 두는 것을 생각지 아니하시나이까 저를 명하사 나를 도와 주라 하소서

마르다가 예수님 오시니 대접을 잘하기 위해서 부엌, 장독, 우물가로 바쁘게 다녔습니다. 그런데 마르다는 동생처럼 예수님 발 앞에서 말씀을 안 먹었습니다. 그러므로 마르다는 마리아처럼 300데나리온이나 되는 옥합을 깨뜨려 예수님께 드리지 못 했습니다. 마르다의 충성 봉사는 사랑의 새 계명의 마음을 가지고 했다고 볼 수 없습니다.

③ 에덴동산에서 선악과를 따 먹은 아담과 하와의 신앙

●창2:16-17 / 16 여호와 하나님이 그 사람에게 명하여 가라사대 동산 각종 나무의 실과는 네가 임의로 먹되 17 선악을 알게 하는 나무의 실과는 먹지 말라 네가 먹는 날에는 정녕 죽으리라 하시니라

에덴동산에 아담, 하와를 한 번 상고해 봅시다. 창세기 2장16절로 17절에 보면 에덴동산에는 먹기도 좋고 보기도 좋은 과일 나무들이 많이 있었는데 에덴동산 중앙에는 선악을 알게 하는

나무와 생명나무 두 종류만 있었습니다. 그런데 하나님께서는 "선악을 알게 하는 나무의 실과는 먹지 말라"고 하셨습니다.

만약에 "네가 먹는 날에는 정녕 죽으리라"고 하셨지요. 영어 성경에는 "You will surely die"라고 되어 있습니다. '반드시 죽는다, 확실히 죽는다'고 그랬습니다.

●창3:4-6 / 4 뱀이 여자에게 이르되 너희가 결코 죽지 아니하리라 5 너희가 그것을 먹는 날에는 너희 눈이 밝아 하나님과 같이 되어 선악을 알 줄을 하나님이 아심이니라 6 여자가 그 나무를 본즉 먹음직도 하고 보암직도 하고 지혜롭게 할 만큼 탐스럽기도 한 나무인지라 여자가 그 실과를 따먹고 자기와 함께한 남편에게도 주매 그도 먹은지라

창세기 3장 4절로 6절에 뱀이 와서 선악과 따먹어도 결코 안 죽는다고 합니다. 영어성경에는 "you will not surely die"라고 했습니다.

에덴동산은 교회의 그림자요, 모형이요, 상징입니다. 거기서 교회생활을 하고 있는 아담과 하와가 선악을 알게 하는 나무의 실과만은 따먹지 말라는 말씀을 어기고 그걸 따먹었습니다. 그러니 하나님께서 저주를 하시고 에덴동산에서 쫓아냈습니다.

에덴동산은 교회의 그림자요, 모형이요, 상징도 되지만 천년세계와 하늘나라의 그림자요, 모형도 됩니다. 그래서 따먹지 말라는 선악과를 따먹고 쫓겨났다는 것은 천년세계와 하늘나라에서 살지 못하고 저주받았다는 말씀으로 해석해서 알아야 합니다.

그러면 선악과를 따먹지 말라고 했는데 따먹었다는 말씀이 무

엇인가를 또 알아야 하겠습니다.

●요14:21 / 21 <u>나의 계명을 가지고</u> 지키는 자라야 나를 사랑하는 자니 나를 사랑하는 자는 내 아버지께 사랑을 받을 것이요 나도 그를 사랑하여 그에게 나를 나타내리라

요한복음 14장21절에 보면 나의 계명은 예수님의 계명 즉 새 계명입니다. 새 계명이 뭡니까? 마음 다하고, 뜻 다하고, 힘 다하고, 성품 다하고, 목숨까지 다해서 하나님 사랑하는 것이지요. 여기서는 이웃관계는 두고 하나님 관계만 가지고 얘기합시다. 여기서 말하는 "가진다"는 말은 "마음에 가진다"는 뜻도 됩니다. 그러니 마음에 새 계명을 가지란 말씀입니다. 즉, 마음속에 먼저 하나님을 제일로 사랑하는 그런 새 계명을 가지라는 뜻입니다. 나의 새 계명을 마음에 가지고 행위를 지키는 자는 곧 예수님을 사랑하는 자라는 뜻입니다.

●요14:23 / 23 예수께서 대답하여 가라사대 사람이 나를 사랑하면 <u>내 말을 지키리니</u> 내 아버지께서 저를 사랑하실 것이요 우리가 저에게 와서 거처를 저와 함께 하리라

요한복음 14장23절에서 사람이 나를 사랑하면 예수님을 사랑한다는 말은 새 계명을 지키는 사랑으로 예수님을 사랑하라는 뜻입니다. 하나님이나 예수님을 마음 다하고, 뜻 다하고, 힘 다하고, 성품 다하고 목숨까지 다해서 사랑하는 겁니다.

그것이 새 계명이란 말씀입니다. '예수님의 말씀을 지키리니'라는 말씀은 행동으로 지킨다는 뜻입니다. 그 예수님의 말씀이 하

나님의 말씀이고 하나님의 말씀이 예수님의 말씀입니다.

에덴동산에서 하나님이 선악과를 따먹지 말라고 하신 것은 예수님이 선악과를 따먹지 말라고 한 것과도 같습니다. 그런데 하와가 따먹어버렸다는 것은 예수님을 마음 다하고, 뜻 다하고, 힘 다하고, 성품까지 다해서 사랑하는 자가 아니란 말씀입니다. 에덴동산에서 따먹지 말라는 선악과를 아담과 하와가 따먹은 것은 '하나님의 말씀을 어겼다'입니다. 거역 또는 불순종했다고도 하지만 사랑의 새 계명을 지키지 않았다는 말씀도 됩니다.

●고후11:3 / 3 뱀이 그 간계로 이와를 미혹케 한 것같이 너희 마음이 그리스도를 향하는 진실함과 깨끗함에서 떠나 부패할까 두려워하노라

이 말씀은 바울사도가 에덴동산에서 하와가 선악과를 따먹은 것에 대해 기록한 것으로, 하나님께서 "따먹으면 정녕 죽으리라"고 한 선악과를 하와가 따먹은 것은 하나님을 사랑하는 진실한 마음, 깨끗한 마음이 변한 것이고 부패한 것입니다. 즉 하와가 음녀신앙이 되었다는 말씀입니다.

하와가 뱀의 꾐에 넘어가서 뱀에게 마음을 빼앗기고 뱀의 말을 듣고 뱀을 사랑하게 되어 뱀의 말대로 행한 자가 된 것은 바로 하나님을 마음 다하고 뜻을 다하고 힘을 다하고 성품을 다하고 목숨까지 다해 사랑하라는 사랑의 새 계명을 지키지 못한 것입니다. 그러니까 에덴동산에서 저주받아 쫓겨났습니다.

④ 노아시대 하나님의 아들들의 신앙

●창6:2-3 / 2 하나님의 아들들이 사람의 딸들의 아름다움을 보고 자기들의 좋아하는 모든 자로 아내를 삼는지라 3 여호와께서 가라사대 나의 신이 영원히 사람과 함께 하지 아니하리니 이는 그들이 육체가 됨이라 그러나 그들의 날은 일백이십 년이 되리라 하시니라

위 말씀에서 보면 노아시대에 하나님의 아들들은 하나님을 믿고 성령도 받아서 신앙생활을 하고 있는 그런 신앙의 사람들이었습니다. 우리 마음속에는 생각이 있고 감정이 있고 의지가 있습니다.

처음에 사람의 딸들이 예쁘다고 생각을 했다는 겁니다. 다음에는 좋아졌다는 겁니다. 좋아졌다는 것은 우리 속에 희로애락 감정이 발동했다는 뜻입니다. 그런 마음을 가지니까 생각과 감정에 의해서 의지가 속에서 발동한 것입니다. 그래서 사귀어서 결혼까지 하는 행동까지 했다는 것인데 사람의 딸들과 결혼하지 말라는 하나님의 말씀을 어기고 자기가 좋아하는 대로 결혼까지 했으니 하나님을 마음 다하고, 뜻 다하고, 힘 다하고, 성품 다하고, 목숨까지 다해서 사랑하는 하나님만 제일 사랑하는 마음이 변했다는 것입니다.

⑤ 롯의 때에 소돔 고모라 성 사람들의 신앙
●창19:3-7 / 3 롯이 간청하매 그제야 돌이켜서 그 집으로 들어오는지라 롯이 그들을 위하여 식탁을 베풀고 무교병을 구우니 그들이 먹으니라 4 그들의 눕기 전에 그 성 사람 곧 소돔 백성들이 무론 노소하고 사방에서 다 모여 그 집을 에워싸고 5 롯을 부르

고 그에게 이르되 이 저녁에 네게 온 사람이 어디 있느냐 이끌어 내라 우리가 그들을 상관하리라 6 롯이 문 밖의 무리에게로 나가서 뒤로 문을 닫고 7 이르되 청하노니 <u>내 형제들아</u> 이런 악을 행치 말라

창세기 19장 3절 이하에 보면 롯의 집에 두 천사가 찾아왔습니다. 그래서 롯이 집으로 간청해서 식사까지 대접을 하고 누워 쉬려고 하는 직전에 백성들이 몰려와서 두 천사를 내놓으라고 했습니다. 그러니까 롯이 "내 형제들아 이런 악을 행치 말라"라고 말한 것으로 보아, 천사하고 오늘 밤에 즐기려고 한 이 자들은 롯의 형제들이니 믿는 자, 즉 신자들이란 겁니다. 롯의 시대에 벌써 믿는 자들이 천사하고 즐기려하는 것은 하나님을 마음 다하고, 뜻 다하고, 힘 다하고, 성품 다하고, 목숨까지 다해서 사랑하는 사랑의 새 계명을 지키는 신앙생활을 하지 못했으므로 불심판을 받았습니다.

●창19:14 / 14 롯이 나가서 그 딸들과 정혼한 사위들에게 고하여 이르되 여호와께서 이 성을 멸하실 터이니 너희는 일어나 이 곳에서 떠나라 하되 <u>그 사위들이 농담으로 여겼더라</u>

소돔 고모라 성에 롯의 사위들도 있었는데, "내일 날이 밝기 전에 이 성을 떠나서 저 예비처인 소알성으로 가야지 안 그러면 불 심판 받아서 멸망을 당한다"고 하나님의 말씀을 전파한 롯의 말을 사위들이 농담으로 여기고 안 나갔다는 겁니다.

두 사위가 롯의 말을 안 들은 것은 하나님의 말씀을 안 들을

것입니다. 하나님의 말씀을 안 듣는 자는 하나님을 마음 다하고 뜻 다하고 힘 다하고 성품 다하고 목숨까지 다해서 사랑하는 자가 아닙니다. 그래서 롯의 두 사위는 구원을 못 받고 유황불로 심판을 받았습니다. 그래서 이 말씀만 보더라도 우리가 새 계명까지 지켜야함을 가르치고 있습니다.

●창19:26 / 26 롯의 아내는 뒤를 돌아본 고로 소금 기둥이 되었더라

롯의 아내를 살펴봅시다.

롯은 하나님께서 천사를 통해 말씀하신대로 아내에게 절대 뒤를 돌아보지 말고 소알을 향해서 앞만 보고 달려가야 된다고 전했습니다. 그런데 롯의 처가 뒤를 돌아봤습니다.

롯의 처가 뒤돌아 봤다는 것은 롯의 말을 듣지 않은 것이고 하나님의 말씀을 듣지 않은 것입니다. 하나님 말씀을 듣지 않았으니까 하나님을 사랑하지 않은 것입니다. 곧 하나님을 사랑하지 아니한 것이니까 새 계명을 못 지켰다는 겁니다.

롯의 처가 소금기둥이 되었다는 뜻은 사랑의 새 계명을 지키지 못했다는 말씀입니다.

3) 적극적인 면, 긍정적인 면

이제까지 소극적이며 부정적인 면에 대해 말씀드렸고 여기서는 적극적이며 긍정적인 면에 대해서 알아보겠습니다.

긍정적으로, 적극적으로 사랑에 새 계명의 마음을 가지고 지

켜서 행함으로 영생의 복을 받고, 범사가 잘 되고, 강건의 복을
받은 성경 말씀이 여기 저기 많이 있는데 특별히 마가복음 5장
25절~34절까지의 말씀으로 오늘 은혜를 받겠습니다.

① 열두 해 혈루증을 고침 받은 여자

●막5:25-34 / 25 열두 해를 혈루증으로 앓는 한 여자가 있어
26 많은 의원에게 많은 괴로움을 받았고 있던 것도 다 허비하였
으되 아무 효험이 없고 도리어 더 중하여졌던 차에 27 예수의 소
문을 듣고 무리 가운데 섞여 뒤로 와서 그의 옷에 손을 대니 28
이는 내가 그의 옷에만 손을 대어도 구원을 얻으리라 함일러라
29 이에 그의 혈루 근원이 곧 마르매 병이 나은 줄을 몸에 깨달으
니라 30 예수께서 그 능력이 자기에게서 나간 줄을 곧 스스로 아
시고 무리 가운데서 돌이켜 말씀하시되 누가 내 옷에 손을 대었
느냐 하시니 31 제자들이 여짜오되 무리가 에워싸 미는 것을 보
시며 누가 내게 손을 대었느냐 물으시나이까 하되 32 예수께서
이 일 행한 여자를 보려고 둘러보시니 33 여자가 제게 이루어진
일을 알고 두려워하여 떨며 와서 그 앞에 엎드려 모든 사실을 여
짜온대 34 예수께서 가라사대 딸아 네 믿음이 너를 구원하였으
니 평안히 가라 네 병에서 놓여 건강할지어다

이 말씀은 마태복음 9장 20절~22절에도 기록돼있고, 누가복
음 8장 42절 중반 절에서 48절까지 이렇게 마태, 마가, 누가 세
분들이 기록해놓은 말씀입니다. 이렇게 세 군데 기록돼있는 말
씀은 특히 중요한 말씀입니다.

계란의 구조가 껍데기, 흰자, 노른자로 되어 있는데 껍데기는 겉으로 드러난 부분이기에 누구나 쉽게 알 수 있습니다. 그러나 흰자, 노른자는 껍데기 속에 들어있으므로 보이지 않습니다. 우리가 먹어야 되고 영양이 되는 부분은 계란의 속 부분인 흰자와 노른자입니다. 계란의 흰자와 노른자 같이 마가복음 5장 25절에서 34절까지 '혈루증을 고친 여자'에서도 계란 껍데기와 같이 문자적으로 기록된 말씀 속에 감추어진 말씀 즉 밥의 말씀으로 해석하겠습니다.

혈루증(血漏症 : Flow of blood)은 부인병, 만성자궁 출혈증으로 피를 쏟는 병입니다. 성경에서 피는 생명을 말합니다. 레위기 17장 11절 상반절에 "육체의 생명은 피에 있음이라" 기록돼 있고 레위기 17장 14절 하반 절에도 "모든 육체의 생명은 그 피인즉"에서 모든 육체의 생명이 바로 그 피라고 그랬습니다. 요한복음 6장 54절 "내 살을 먹고 내 피를 마시는 자는 영생을 가졌고"라고 했습니다.

피가 생명이라는 것은 예수님의 피가 영생의 생명이라는 뜻입니다. 영생의 생명이라 함은 곧 영생을 얻을 수 있는 믿음을 말합니다. 열두 해 혈루증을 앓는 여자는 영생의 생명인 피를 자꾸 쏟으니까 영생을 얻을 수 있는 믿음을 갖지 못한 성도입니다. 영생 얻는 믿음의 본체이신 예수님께 잘 배워 영생 얻는 믿음을 갖고 가르친 열두 사도의 믿음을 간직하지 못했다고 해석하는 것이 옳습니다.

26절 상반 절에 "많은 의원에게 많은 괴로움을 받았고"는 혈루증을 고치려고 많은 의원을 찾아 다녔지만 오히려 많은 의원에게 괴로움을 받았다고 했습니다. 많은 의원에게 괴로움을 받았다는 것은 많은 주의 종들에게 괴로움을 받고 피 쏟는 병을 고치지 못했다는 뜻입니다. 성경에 기록된 의원에 대해 알아봅시다.

마태복음 9장 12절~13절이나 마가복음 2장 17절, 누가복음 5장 31절에 "예수께서 들으시고 저희에게 이르시되 건강한 자에게는 의원이 쓸데없고 병든 자에게라야 쓸데 있느니라 내가 의인을 부르러 온 것이 아니요 죄인을 부르러 왔노라 하시니라 또는 죄인을 불러 구원시키러 왔노라."

예수님은 죄의 병을 고쳐주시는, 영생을 얻을 수 없는 우리 인간들 또는 성도들의 신앙의 병을 고쳐서 영생을 얻게 만들어 주시는 의사이신데, 그 예수님은 가시고 안 계십니다. 가신 뒤에는 누구보고 대신하라고 했습니까? 사도들을 위시해서 하나님의 참된 주의 종들에게 그 사명을 감당하라고 하셨습니다. 그러니까 참된 주의 종들은 죄의 병을 고치는, 곧 영생을 얻을 수 없는 신앙을 가진 자를 영생을 얻게 인도하는 의사도 됩니다.

열두 해 동안 혈루병을 앓고 있는 이 여자가 고쳐보려고 많은 의사들에게 쫓아다녀 봤지만 괴로움만 당하고 고침을 못 받았다는 것은 예수 그리스도를 바르게 믿고 알게 해서 영생을 얻을 수 있도록 가르쳐주고 양육해주는 주의 종을 만나지 못했기 때문에 고생만 실컷 했다는 뜻입니다.

그런가하면 26절 중반에 "있던 것도 다 허비하였으되 아무 효용도 없고 도리어 더 중하여졌던 차에"라고 되어 있습니다.

그럼 있던 것은 무엇일까요? 시간, 정성, 몸, 물질....... 이런 것들을 열심을 바치면서 주의 종에게 배우기도 하고 안수를 받기도 했는데 결국엔 시간만 낭비하고 아무 효험도 없고 도리어 병이 더 악화된 것입니다. 영생 얻는 믿음을 가지지 못 하게 되었다는 뜻입니다.

그런데 27절에 "예수의 소문을 듣고 무리 가운데 섞여 뒤로 와서 그의 옷에 손을 대니"라고 기록돼 있습니다.

이 말은 무슨 뜻이겠습니까? 예수님께서 무리가운데 섞여 가신다는 소문을 들었다는 겁니다. 그 말은 마음 다하고, 뜻 다하고, 성품 다하고, 목숨 다해서 하나님을 사랑하는 마음을 가지시고 또 이 땅위에서 이웃을 사랑하는 삶을 사신 그 예수님의 소문을 들었다는 겁니다. 그 예수님을 알되 병이나 고쳐주고, 오병이어나 행해주고, 기적, 이적 행해주는 그런 예수님으로만 아는 것이 아니고 사랑의 새 계명을 마음에 가지고 살기까지 하신 예수님에 대해서 알았다는 겁니다. 그게 예수의 소문을 듣고 아무도 모르게 예수님의 겉옷에 손을 대고 만진 것을 말하는 겁니다.

그 여자가 예수님 옷을 만질 때 마태복음 9장 21절에 "이는 제 마음에 그 겉옷만 만져도 구원을 받겠다 함이라"로 돼있습니다. 이 여자의 마음속에 '예수님의 겉옷만 만져도 내 병이 낫겠다, 내가 구원을 얻겠다'는 믿음이 생겼고 새 계명을 지킬 마음을 가졌다는 뜻입니다.

예수의 겉옷자락만 만져도 내 병이 고쳐질 줄 알고 가서 만졌습니다. 그러니까 마음에 옷자락만 만져도 고쳐질 줄 알았다는 것은 새 계명의 마음을 가졌다는 겁니다. 그러고 나서 옷자락을 만졌다는 것은 새 계명을 지켜 행하는 그런 신앙의 사람까지 되었다는 것입니다. 그것은 사랑의 새 계명의 실천자요 본체이신 예수님께서 여자의 혈루병을 완전히 고쳐 주셨다는 말씀입니다.

사랑의 새 계명을 마음에 가지고 지키려 해도 그건 내 힘으로, 능력으로 된 것도 아니고 다른 어디 가서 되는 것이 아니고 방법은 오직 예수님께로만 되는 겁니다. 예수님이 주셔야만 되는 겁니다.

32절, 33절에 "예수께서 이 일 행한 여자를 보려고 둘러 보시니 여자가 제게 이루어진 일을 알고 두려워하여 떨며 와서 그 앞에 엎드려 모든 사실을 여짜온대"는 예수님 앞에 두려워하여 떨면서 엎드렸다는 말이 무슨 뜻이겠습니까?

빌립보서 2장 12절에 보시면 "두렵고 떨림으로 너희 구원을 이루라"하십니다.

개인 종말이 온다든지 또는 주 예수의 재림으로 말미암아 우주의 종말, 인류의 종말이라고 하는 그 종말의 때가 와서 신랑 예수 맞이할 때까지 우리는 계속해서 새 계명의 사랑의 마음을 가지고 실천하는 신앙생활을 하되 두렵고 떨림으로 해야 합니다. 그것은 항상 겸손 하라는 뜻입니다. 이 여자는 그런 신앙생활을 하는 성도가 되었다는 겁니다. 오늘날에도 우리에게 이런 성도처럼 되라는 말씀입니다.

"예수께서 가라사대 딸아 네 믿음이 너를 구원하였으니"(34절)

25절~34절에 여자란 말이 3번 나옵니다. 그런데 여기서 난데 없이 "딸아"라고 말씀하셨습니다. 마태복음 9장 20절~22절에 말씀 속에도 "여자, 여자" 하다가 나중에 "딸아". 그 다음에 또 누가복음 8장에도 기록이 있는데, 거기서도 "여자, 여자" 하다가 "딸아"라고 말씀하셨습니다.

이 여자는 성도 또는 교회라고 했습니다. 이 여자 곧 성도와 교회는 사랑의 새 계명의 마음을 가지고 새 계명을 지켜 신앙생활을 하는데 두렵고 떨림으로 겸손하게 신앙생활을 하라는 말씀입니다. 그런 자는 예수님 앞에 여자가 아니고 구원 곧 영생의 복을 받을 "시온의 딸이 예루살렘의 딸"이 됩니다.

● 슥9:9 / 9 시온의 딸아 크게 기뻐할지어다 예루살렘의 딸아 즐거이 부를지어다 보라 네 왕이 네게 임하나니 그는 공의로우며 구원을 베풀며 겸손하여서 나귀를 타나니 나귀의 작은 것 곧 나귀 새끼니라

● 마21:5 / 5 시온 딸에게 이르기를 네 왕이 네게 임하나니 그는 겸손하여 나귀, 곧 멍에 메는 짐승의 새끼를 탔도다 하라 하였느니라

병 고침 받은 여자의 결과가 얼마나 좋은지 보겠습니다.

"딸아 네 믿음이 너를 구원하였으니 평안히 가라."

그러니까 이 여자한테는 "이제 평안히 가라"고 했으니까 영혼이 잘 된 복입니다. 그 다음에는 "네 병에서 건강하게 됐느니라"고 했으니 네 영혼이 잘 됨같이 범사가 잘 되고 강건의 복을 받

았습니다. 이래서 우리가 사랑의 새 계명을 지키는 마음을 가지고 실천하는 신앙생활을 꾸준히 잘 해나가면 영생 곧 구원을 얻는다고 했습니다. 그리고 의인의 형통의 복도 예수님께서 책임져 주신 줄로 믿으십시오.

이 여자가 고침 받은 이런 말씀을 보더라도, 여호수아와 갈렙이 강하고 담대해가지고 새 계명을 지키므로 가나안 땅에 들어가고 형통하게 된 것처럼. 우리도 사랑의 새 계명의 마음을 가지고 지켜 행하면 영생도 얻고 의인의 형통의 복도 하나님께로부터 가장 좋은 때 부족함 없이 그릇에 따라서 부어주시는 그런 복된 자가 되는 줄 알고 우리도 여호수아와 갈렙마냥 사랑의 새 계명의 마음을 가지고 생활까지 잘 하시길 주의 이름으로 축원합니다.

② 고침 받은 한 문둥이의 신앙

●눅17:11-19 / 11 예수께서 예루살렘으로 가실 때에 사마리아와 갈릴리 사이로 지나가시다가 12 한 촌에 들어가시니 문둥병자 열 명이 예수를 만나 멀리 서서 13 소리를 높여 가로되 예수 선생님이여 우리를 긍휼히 여기소서 하거늘 14 보시고 가라사대 가서 제사장들에게 너희 몸을 보이라 하셨더니 저희가 가다가 깨끗함을 받은지라 15 그 중에 하나가 자기의 나은 것을 보고 큰 소리로 하나님께 영광을 돌리며 돌아와 16 예수의 발 아래 엎드리어 사례하니 저는 사마리아인이라 17 예수께서 대답하여 가라사대 열 사람이 다 깨끗함을 받지 아니하였느냐 그 아홉은 어디 있느

나 18 이 이방인 외에는 하나님께 영광을 돌리러 돌아온 자가 없느냐 하시고 19 그에게 이르시되 일어나 가라 네 믿음이 너를 구원하였느니라 하시더라

누가복음 17장 11~19절에 문둥병을 고침 받은 한 문둥병자가 예수님의 발 앞에 엎드려 사례한 것을 보니 새 계명까지 마음 다해서 지켜 행해야만 영생을 얻는다는 진리를 우리가 알 수 있게 됩니다.

예수님께서 열 명의 문둥병자를 고쳐주셨습니다.
레위기 14장 13절에는 '속죄제와 번제'를 드리라고 했습니다. 그런가하면 레위기 14장 17절에는 '속건제를 드리라'고 합니다. 그 다음 19절에도 '속죄제를 드리라'고 했습니다. 그리고 계속 읽어보면 '속죄제를 드리라', '속건제를 드리라' 이렇게 되어있습니다. 두 가지를 드리라고 되어있습니다. 그러면 속죄제와 속건제는 뭐겠습니까?
속죄제는 자아를 죽여주신 예수님을 말하는 것입니다. 문둥병자가 고침 받았는데 속죄제를 드리라고 한 것은 자아를 처리해주신 하나님께로부터 자아 처리를 받았으니 감사함으로 드리는 예물이고 속건제는 욕심을 처리해주시는 예수님께 곧 욕심을 처리시켜 주신 것에 감사함으로 예물을 드리라는 말씀입니다. 그렇기 때문에 성경에서 문둥병은 자아와 욕심이 처리되지 못 한 성도를 말하는 것입니다.

고침 받은 한 문둥이는 제사장에게 몸을 보이러 가다가 문둥

병이 깨끗함을 받은 줄 알고 돌아와 '예수님의 발아래 엎드렸습니다.' 이 발아래 엎드렸다는 것이 바로 자아가 처리 되었다는 것입니다. 그리고 "사례했다"는 것은 "욕심이 처리되었다"는 말씀입니다. 그런 그에게 예수님께서 "일어나 가라 네 믿음이 너를 구원하였느니라" 말씀하셨습니다. 이 한 명처럼 자아와 욕심까지 처리된 그런 신앙의 사람이라야 구원과 영생을 얻습니다.

그러나 문둥병을 고쳐 주셨으나 사례는커녕 찾아오지도 않는 아홉 명은 그 후 어떻게 되었을까요? 자아와 욕심이 처리되지 않아서 사랑의 새 계명을 지키지 못했으니 구원과 영생의 복은 꿈도 꾸지 말아야 되겠지요?

●눅5:12-13 / 12 예수께서 한 동네에 계실 때에 온 몸에 문둥병 들린 사람이 있어 <u>예수를 보고 엎드려</u> 구하여 가로되 주여 원하시면 나를 깨끗케 하실 수 있나이다 하니 13 예수께서 손을 내밀어 저에게 대시며 가라사대 내가 원하노니 깨끗함을 받으라 하신대 문둥병이 곧 떠나니라

여기 문둥병자도 곧 예수님이 "깨끗함을 받으라"고 하니까 문둥병이 떠나버렸습니다. 이 문둥병자는 예수님을 보고 엎드려 구했습니다. 엎드렸다는 것은 자아가 처리된 자라는 뜻입니다. 그래서 문둥병이 고침을 받았고 영생을 얻는 자가 되었습니다.

③ 마리아의 엎드린 신앙
●요11:32 / 32 마리아가 예수 계신 곳에 와서 <u>보이고 그 발 앞에 엎드리어</u> 가로되 주께서 여기 계셨더면 내 오라비가 죽지 아니

하였겠나이다 하더라

나사로가 죽어서 무덤에 장사를 지낸 후에 예수님이 뒤늦게 오셨습니다. 언니인 마르다가 먼저 동네 어귀까지 나가서 예수님을 맞이합니다만 예수님 발 앞에 엎드리지 않고 그냥 맞이했습니다. 마리아도 언니가 맞이한 똑같은 장소에서 예수님을 맞이합니다. 그런데 마리아는 예수님 발 앞에 '엎드려서' 예수님을 맞이합니다. 마리아는 자아가 처리된 성도를 말합니다. 반면 엎드리지 아니한 마르다는 자아가 처리가 안 된자입니다.

④ 세 번째 오십 부장의 꿇어 엎드린 신앙
● 왕하1:13 / 13 왕이 세 번째 오십부장과 그 오십 인을 보낸지라 세째 오십부장이 올라가서 엘리야의 앞에 이르러 꿇어 엎드려 간구하여 가로되 하나님의 사람이여 원컨대 나의 생명과 당신의 종인 이 오십 인의 생명을 당신은 귀히 보소서

처음에 아하시야 왕이 오십부장과 오십 명을 보내어 엘리야를 오라고 하니까 엘리야가 하늘의 불을 내려서 오십부장과 오십 명을 죽였습니다. 또 다시 엘리야한테 아하시야 왕이 오십부장, 오십 명을 보내어 오라고 했습니다. 그러니까 엘리야가 또 불을 내려서 다 죽였습니다. 그것은 다 지옥 갔다는 겁니다. 주 예수의 재림 때 심판받아 유황불 못 지옥 간다는 뜻입니다.

아하시야 왕이 세 번째로 보낸 오십부장이 엘리야 앞에 간 내용입니다.

오십부장은 죽지 않았습니다. 엘리야 앞에 가서 꿇어 엎드렸

기 때문입니다. 자아가 처리 되었다는 말씀입니다. 엘리야는 하나님의 참된 종입니다. 하나님의 참된 종은 예수님의 대리자로 엘리야에게 꿇어 엎드린 것은 예수님께 꿇어 엎드린 것과 마찬가지입니다. 그러니까 불이 안 내려와서 죽지 않고 산 것입니다. 그것은 주 예수의 재림 심판을 안 받고 신랑 예수 맞이해서 하늘나라 갔다는 겁니다. 이와 같이 자아가 처리되고 욕심이 처리되는 신앙의 사람이 돼야만 새 계명을 지킬 수 있고 영생을 얻을 수 있습니다.

4) 율법(사랑의 새계명)을 지켜야 영생을 얻습니다.

광야교회의 소수인 여호수아와 갈렙처럼 마음속에 사랑의 새 계명을 가지고 신앙 생활까지 해서 영생도 얻고 범사가 잘 되고 강건의 복도 부족함 없이 받아 누리게 되기를 주의 이름으로 부탁하며 축원합니다.

요14:6 / 6 예수께서 가라사대 내가 곧 길이요 진리요 생명이니 나로 말미암지 않고는 아버지께로 올 자가 없느니라

● 행4:12 / 12 다른 이로서는 구원을 얻을 수 없나니 천하 인간에 구원을 얻을 만한 다른 이름을 우리에게 주신 일이 없음이니라 하였더라

● 마5:17 / 17 내가 율법이나 선지자나 폐하러 온 줄로 생각지 말라 폐하러 온 것이 아니요 완전케 하려 함이로다

● 롬13:10 / 10 사랑은 이웃에게 악을 행치 아니하나니 그러므로 사랑은 율법의 완성이니라

예수께서 십자가에 죽으심으로 사랑의 새 계명을 실천하신 것에 대하여 말씀드리겠습니다.

길이요 진리요 생명이신 예수님, 천하 인간에 구원 얻을만한 다른 이름을 주시지 않고 오직 우리를 유일하게 구원 얻게 하시는 예수님께서 십자가에 죽으심으로 구약의 율법을 완성하셨습니다.

예수님이 십자가에 죽으신 것은 그 마음속에 하나님을 이 세상에 그 무엇보다 더 사랑하되 자신의 목숨보다 더 사랑하였다는 말씀입니다. 죽기까지 하나님을 제일 사랑한 예수님은 새 계명을 지킨 것입니다. 그런 예수님께서는 부활 승천해서 하늘나라에서 영생을 누리고 계십니다. 이 말씀은 매우 중요한 말씀입니다. 우리도 예수님께서 행하신대로 사랑의 새 계명을 지키는 신앙생활까지 해야합니다.

그 다음에 우리가 또 사랑의 새 계명까지 지켜야 함을 누가복음 10장 25절에서 37절에 보면 알 수 있습니다. 우리 예수님께서 질문하는 율법사에게 친히 말씀 하셨습니다.

●눅10:25-37 / 25 어떤 율법사가 일어나 예수를 시험하여 가로되 선생님 내가 무엇을 하여야 영생을 얻으리이까 26 예수께서 이르시되 율법에 무엇이라 기록되었으며 네가 어떻게 읽느냐 27 대답하여 가로되 네 마음을 다하며 목숨을 다하며 힘을 다하며 뜻을 다하여 주 너의 하나님을 사랑하고 또한 네 이웃을 네 몸과 같이 사랑하라 하였나이다 28 예수께서 이르시되 네 대답이 옳도다 이를 행하라 그러면 살리라 하시니

어느 날 예수님께 어떤 율법사가 오늘날로 말하면 신학교의 율법학 교수가 찾아와서 "내가 어떻게 하면 영생을 얻겠습니까?" 라고 물었습니다. "예수께서 이르시되 율법에 무엇이라 기록되었으며 네가 어떻게 읽느냐" 하고 반문을 하셨습니다. 그러니까 율법사가 대답하였습니다. "네 마음을 다하며 목숨을 다하며 힘을 다하며 뜻을 다하여 주 너의 하나님을 사랑하고 네 이웃을 네 몸과 같이 사랑하라 하였나이다."

하나님께서 모세에게 율법을 주신 것은 문자적으로만 알지 말고 해석해서 알라고 주신 것입니다. 그런데 이 율법사는 율법을 해석하여 알고 있었고 율법의 핵심을 예수님께 대답하였습니다.

"예수께서 이르되 '네 대답이 옳도다.' 이를 행하라 그러면 살리라"

여기서 살리라는 말씀은 영원히 살리라는 말씀입니다.

우리가 신앙 생활을 하면서 이 새 계명을 반드시 지켜야 된다는 말씀입니다. 즉 예수님을 믿되 하나님의 자녀로도 거듭나고 성령 충만 받고 방언은사를 위시하여 갖가지 은사도 받고 하나님의 말씀도 알고 찬송도 부르고 기도도 하고 충성도 봉사도 하고 그럼과 동시에 마음 다하고 뜻 다하고 힘 다하고 성품 다하고 지혜 다하고 목숨까지 다 해서 하나님을 사랑하되 세상의 부모 형제 아내 남편 자녀보다도 세상의 돈 명예 권세 직장 가정보다도 하나님을 제일 귀중한 분으로 알고 신앙생활을 해야 된다는 겁니다.

오늘날 기독교가 책망만 있는 라오디게아(계3:14-22)시대의 못된 교회시대가 되어가지고 성령 충만, 은사 충만 받으면 천국에 간다고 그러질 않나. 율법은 구약시대 것이고 신약시대는 예수님을 믿기만 하면 되고 성령 충만, 은사 충만, 기도 많이 하고 찬송 많이 부르고 충성 봉사하면 천국에 간다고 잘못 가르치고 있습니다. 예수님께서는 분명히 예수 믿고 사랑의 새 계명을 지키기를 원하십니다.

●암8:11 / 11 주 여호와께서 가라사대 보라 날이 이를지라 내가 기근을 땅에 보내리니 양식이 없어 주림이 아니며 물이 없어 갈함이 아니요 여호와의 말씀을 듣지 못한 기갈이라

아모스서 8잘 11절에 예언해 놓으셨습니다. "때가 이르리니 먹을 것이 없어, 마실 것이 없어 주리고 갈한 것이 아니라 여호와의 말씀을 듣지 못한 기갈"이라고 했습니다. TV설교, 라디오 설교, 부흥회 설교, 세미나 설교, 신학교수들의 강해....... 홍수 때 장마 물 쏟아지듯이 많지만 영생 얻을 수 있는 말씀은 아주 귀하고 귀할 때입니다.

요한계시록을 보시겠습니다.

● 계14:9-12 / 9 또 다른 천사 곧 세째가 그 뒤를 따라 큰 음성으로 가로되 만일 누구든지 짐승과 그의 우상에게 경배하고 이마에나 손에 표를 받으면 10 그도 하나님의 진노의 포도주를 마시리니 그 진노의 잔에 섞인 것이 없이 부은 포도주라 거룩한 천사들 앞과 어린 양 앞에서 불과 유황으로 고난을 받으리니 11 그 고난의 연기가 세세토록 올라가리로다 짐승과 그의 우상에게 경배

하고 그 이름의 표를 받는 자는 누구든지 밤낮 쉼을 얻지 못하리라 하더라 12 성도들의 인내가 여기 있나니 저희는 하나님의 계명과 예수 믿음을 지키는 자니라

이제 7년 환난시대가 곧 다가오는데 환난시대 중간쯤 가면 적그리스도의 우상을 만들고 적그리스도와 그 우상에게 경배를 하라고 합니다. 경배를 하면 이마와 손에 표를 찍어줍니다. 그 표가 어디 가서든지 쓸 수 있는 화폐입니다. 지금 있는 신용카드, 돈, 수표가 다 없어집니다. 그 표를 안 받으면 살 수가 없는 시대가 곧 옵니다.

그런데 적그리스도와 우상에게 경배하고 이마와 손에 그 표를 받으면 그 인간은 누구든지 영생을 못 얻습니다. 그런데 그 때 경배하지 않고 이마와 손에 짐승의 표 666표를 안 받으려면 어떻게 하는 지가 12절에 나와 있습니다.
"성도들의 인내가 여기 있나니 저희는 하나님의 계명과 예수 믿음을 지키는 자니라."
그때 짐승과 우상에 경배하지 않고 이마와 손에 표를 안 받은 성도가 되어서 영생의 복을 받으려면… 이라는 말씀입니다. "성도들의 인내가 여기 있나니, 성도들이 그때 인내하는 믿음을 가져야 한다"는 겁니다.

이때는 굉장한 인내가 필요하게 될 것입니다. 인류역사상에 최고의 인내를 해야 하는 시대가 될 것입니다. 왜냐하면 인류역사

상에 없었던 가장 큰 환난의 때이기 때문입니다. "성도들의 인내가 여기 있나니 저희는"에서 저희는 인내하는 성도들을 뜻합니다.

"저희는 하나님의 계명과 예수믿음을 지키는 자니라."

여기 하나님의 계명을 지키는, 인내하는 성도가 되어야 합니다.

예수님께서 활동하시던 성자 시대에도 "내가 어떻게 하면 영생을 얻을까" 하고 물어보는 그 율법사에게 "네가 새 계명을 지켜야 한다"고 하셨는데 마찬가지로 앞으로 다가올 인류역사 마지막 환난시대인 "말세의 마지막 때"에도 사랑의 새 계명까지 지키는 그런 신앙의 사람이 되어야 합니다. 그런 사람들이 적그리스도의 우상에게 경배하지 않고 이마와 손에 표를 받지 않고 영생을 얻습니다.

(2) 요단을 건넌 신앙

●수4:19-24 / 19 정월 십일에 백성이 요단에서 올라와서 여리고 동편 지경 길갈에 진치매 20 여호수아가 그 요단에서 가져온 열두 돌을 길갈에 세우고 21 이스라엘 자손들에게 일러 가로되 후일에 너희 자손이 그 아비에게 묻기를 이 돌은 무슨 뜻이냐 하거든 22 너희는 자손에게 알게 하여 이르기를 이스라엘이 마른 땅을 밟고 이 요단을 건넜음이라 23 너희 하나님 여호와께서 요단 물을 너희 앞에 마르게 하사 너희로 건너게 하신 것이 너희 하

나님 여호와께서 우리 앞에 홍해를 말리시고 우리로 건너게 하심과 같았나니 24 이는 땅의 모든 백성으로 여호와의 손이 능하심을 알게 하며 너희로 너희 하나님 여호와를 영원토록 경외하게 하려 하심이라 하라

오늘날 신약시대의 말세를 만난 성도들 중에서 이 땅 위에서 범사가 잘되고, 강건의 복을 받고, 신랑 예수 만나서 하늘나라에 들어가서 영생의 복을 누릴 사람은 심히 적습니다. 그러므로 여호수아와 갈렙의 신앙 중에서 요단강을 건너는 신앙을 살펴보면서 우리의 신앙을 점검하는 시간을 갖겠습니다.

1) 여호수아 갈렙은 홍해 바다를 건널 때 성령 충만을 받았습니다.

●출14:10-11 / 10 바로가 가까와 올 때에 이스라엘 자손이 눈을 들어 본즉 애굽 사람들이 자기 뒤에 미친지라 이스라엘 자손이 심히 두려워하여 여호와께 부르짖고 11 그들이 또 모세에게 이르되 애굽에 매장지가 없으므로 당신이 우리를 이끌어 내어 이 광야에서 죽게 하느뇨 어찌하여 당신이 우리를 애굽에서 이끌어 내어 이같이 우리에게 하느뇨

이스라엘 백성이 모세의 인도로 애굽에서 나왔을 때 마음이 바뀐 바로가 군대를 이끌고 바짝 쫓아오고 있었습니다. 그리고 앞에는 홍해가 가로막혀 있어서 오도 가도 못할 지경에 이르렀습니다. 이때 이스라엘 백성은 모세를 향하여 "애굽에는 묘 자리가 없어서 우리를 이 광야에다 끌어내어 죽이려는 것이냐?" 하면서 원망했습니다. 모세가 하나님께 부르짖으며 기도하니 하나

님께서 모세에게 지팡이를 들고 바다 위로 팔을 내밀라고 하셨고, 동풍이 불어와 바닷물이 갈라지게 하셨습니다.

"모세가 바다 위로 손을 내어민대 여호와께서 큰 동풍으로 밤새도록 바닷물을 물러가게 하시니 물이 갈라져 바다가 마른 땅이 된지라"(출 14:21)

이스라엘 백성이 바다 한가운데에 난 마른 땅을 밟으며 지나갈 때에 애굽 군사가 그들의 뒤를 추격하여 바다 가운데로 들어왔습니다. 이때 하나님께서 애굽 군사의 병거 바퀴를 벗기셔서 전진하기 어렵게 만드셨고 모세에게 손을 바다 위로 내밀어 다시 물이 흐르게 하라고 하셨습니다. 모세가 하나님의 명령에 순종하여 손을 바다 위로 내미니 바닷물이 다시 합쳐졌습니다. 이스라엘 백성은 하나님의 보호하심을 따라 낙오자 없이 홍해를 건넜지만 바로의 군대는 하나도 살아남지 못하였습니다.

홍해를 건넌 사건에 대하여 바울 사도가 고린도전서 10장 2절에 기록했습니다.

"모세에게 속하여 다 구름과 바다에서 세례를 받고."

모세가 지팡이를 바다로 내밀어 동풍이 불어 바다가 갈라져 홍해를 건널 때에 이스라엘 백성이 성령세례를 받았다고 바울사도가 기록했습니다.

모세의 지팡이는 애굽의 바로 왕에게 열 가지 재앙을 내렸던 권능의 지팡이입니다. 모세는 하나님의 종이고, 이스라엘 백성은 하나님의 성도들입니다. 성령의 권능을 받은 주의 종으로 말미암아 기도하고, 그러는 중에 주의 종을 통해서도 성도들과 교회는 성령세례를 받습니다. 우리가 성령세례를 받을 때에 혼자 기도해도 받을 수도 있지만 성령 충만 받은 주의 종들이 부흥회를 하거나 설교를 할 때에, 또 안수기도를 해 줄 때에 성령세례를 받습니다.

그리고 출애굽한 여호수아와 갈렙과 2세들이 요단강을 건넙니다. 홍해 바다를 건널 때 성령 충만 받은 여호수아와 갈렙이 요단강을 건널 때에는 사랑의 새 계명까지 실천하는 법궤신앙의 소유자였습니다. 요단강을 건넌 하나님의 말씀은 여호수아서 4장 19-24절에 기록되어 있습니다. 그런데 그 앞에 기록된 말씀을 알아야 이 말씀을 제대로 알 수 있습니다.

●수3:14-17 / 14 백성이 요단을 건너려고 자기들의 장막을 떠날 때에 제사장들은 언약궤를 메고 백성 앞에서 행하니라 15 (요단이 모맥 거두는 시기에는 항상 언덕에 넘치더라) 궤를 멘 자들이 요단에 이르며 궤를 멘 제사장들의 발이 물가에 잠기자 16 곧 위에서부터 흘러내리던 물이 그쳐서 심히 멀리 사르단에 가까운 아담 읍 변방에 일어나 쌓이고 아라바의 바다 염해로 향하여 흘러가는 물은 온전히 끊어지매 백성이 여리고 앞으로 바로 건널새 17 여호와의 언약궤를 멘 제사장들은 요단 가운데 마른 땅에 굳게 섰고 온 이스라엘 백성은 마른 땅으로 행하여 요단을 건너니라

이스라엘 백성이 요단강을 건널 때에 제사장들이 언약궤를 메고 백성들의 선두에 섰습니다. 그런데 마침 추수기간이어서 제방까지 물이 가득 차올랐습니다. 지금은 요단강을 강이라고 하

기에는 너무 초라해서 개울 같지만 지금으로부터 3500년 전의 요단강은 폭이 넓고 수심이 깊은 강이었습니다. 더구나 그 시기는 연중 수위가 가장 높은 때였습니다. 북방 헬몬산의 눈이 서서히 녹아내리면서 갈릴리 호수로 유입되고, 이 호수가 범람하면서 요단강으로 흘러넘치기 때문에 이 무렵의 요단강은 수위가 아주 높았습니다. 그런데 하나님의 법궤를 멘 제사장들이 요단강에 발을 들여놓으니까 위에서부터 흘러내리던 물이 멈추었습니다.

이스라엘 백성이 홍해를 건널 때에는 모세가 능력의 지팡이를 들고 바다 위로 팔을 내밀었습니다. 모세의 능력의 지팡이가 아주 중요한 일을 한 것입니다. 이것은 하나님의 종으로서 모세가 성령 충만 받고 성도들에게 성령을 받게 한 것입니다. 그런데 요단강을 건널 때에는 제사장들이 핵심적인 역할을 했습니다. 이때 제사장들이 만일 법궤를 메지 않았다면 요단강이 멈추지 않았을 것입니다. 제사장도 중요하지만 제사장들이 메고 간 법궤가 아주 중요합니다.

●히9:3-5 / 3 또 둘째 휘장 뒤에 있는 장막을 지성소라 일컫나니 4 금향로와 사면을 금으로 싼 언약궤가 있고 그 안에 만나를 담은 금항아리와 아론의 싹난 지팡이와 언약의 비석들이 있고 5 그 위에 속죄소를 덮는 영광의 그룹들이 있으니 이것들에 관하여는 이제 낱낱이 말할 수 없노라

그러면 법궤가 무엇입니까?
법궤는 언약궤라고도 합니다. 이 언약궤가 지성소 안에 있다

는 말입니다. 성소 안쪽에 휘장이 있는데 그 휘장 뒤쪽, 즉 지성소에 언약궤가 있었다는 것입니다. 그 법궤 속에는 만나 항아리와 아론의 싹 난 지팡이와 십계명 돌비가 있었습니다. 우리는 이러한 사실을 알아야 이스라엘 백성이 요단강을 건넌 사건이 어떻게 해서 영생을 얻는 진리로 설명 되는지를 알 수 있습니다.

이스라엘 백성이 요단강을 건널 때에 먼저 제사장들이 법궤를 메고 요단 강물에 발을 디뎠습니다. 그리고 온 백성이 모두 요단강을 건널 때 하나님께서 각 지파마다 한 사람씩 열두 사람을 뽑아 세우고 요단강 가운데서 돌 열두 개를 가져다가 이스라엘 백성이 머무를 곳에 두라고 하였습니다. 이것은 대대로 하나님의 은혜를 잊어버리지 않도록 기념하고 교육하게 하신 것입니다 (수4:20-24)

그리고 여호수아는 요단강 가운데, 언약궤를 메었던 제사장들의 발이 머물렀던 곳에도 열두 개의 돌을 세웠습니다. 요단강 바닥에 열두 돌을 모아서 기념비를 세우는 것을 영어 성경에서는 "사인"(sign)이라고 했습니다. 이것은 표증입니다. 그 목적은 이스라엘 자손이 하나님 여호와의 능력이 얼마나 강하신가를 알게 하고 영원토록 하나님을 경외하게 하려 하신 것이라고 했습니다. 이 말씀은 '여호와를 경외해서 영생의 복'을 받게 하신다는 뜻입니다.

● 창22:12 / 12 사자가 가라사대 그 아이에게 네 손을 대지 말라 아무 일도 그에게 하지 말라 네가 네 아들 네 독자라도 내게

아끼지 아니하였으니 내가 이제야 네가 하나님을 경외하는 줄을 아노라

하나님을 경외하는 신앙은 아브라함에게서 찾을 수 있습니다. 하나님께서 아브라함이 백세에 낳은 아들인 이삭을 모리아산에서 바치라고 했을 때 아브라함은 하나님의 말씀에 순종하여 번제에 쓸 장작을 아들인 이삭에게 지우고 모리아산으로 향하였습니다. 그리고 이삭을 묶어서 제단 장작 위에 올려놓고 칼을 들고서 아들을 잡으려고 하였습니다. 이때 하나님께서 모세에게 "내가 이제야 네가 하나님을 경외하는 줄을 아노라"라고 하신 것입니다. 이 신앙이 여호와 하나님을 경외하는 신앙입니다. 자기의 목숨과 같은 외아들 이삭을 바치려 한 것은 자아와 욕심이 처리된 신앙인 것입니다.

●전12:13 / 13 일의 결국을 다 들었으니 하나님을 경외하고 그
명령을 지킬지어다 이것이 사람의 본분이니라

솔로몬은 전도서 12장에서 '사람의 본분이 하나님을 경외하고 그 명령을 지키는 것'이라고 하였습니다. 책은 아무리 써도 끝이 없고, 공부만 많이 하는 것은 몸을 피곤하게 한다고 했습니다. 그 당시는 책을 많이 쓰고 공부를 많이 하는 것이 최고의 축복이었습니다. 그러나 아무리 이 땅 위에서 축복을 많이 받아 봐야 만족이 없고 오히려 피곤하다는 것입니다. 그리고 이 땅 위에서 영원히 살지 못한다는 것입니다.

인간이 이 땅 위에서 복되고 지혜롭게 사는 길은 여호와를 경외하는 길뿐입니다. 하나님을 믿되 경외하는 신앙을 가져야 합

니다. 하나님을 경외하는 신앙은 자아와 욕심이 처리된 신앙입니다. 하나님이 이스라엘 백성에게 요단강에서 가져온 돌로 기념비를 쌓으라고 하신 것은 이스라엘의 후손들로 하여금 하나님을 영원히 경외하라고 하신 것입니다. 즉 자아와 욕심이 처리된 신앙생활을 해서 영생의 복을 누리라고 이스라엘 자손들에게 표징으로 주셨습니다.

위에서 언급한 것처럼 '홍해를 건너는 신앙'은 성령의 권능을 받은 주의 종을 통해서 성령을 받는 신앙을 의미합니다. 그리고 '요단강을 건너는 신앙'은 자아와 욕심이 처리된 신앙을 말합니다. 하나님께서는 요단강 바닥에도 열두 돌을 세우라고 하셨고, 요단강을 다 건넌 후에 강바닥에서 가지고 나온 돌들로 길갈에 기념비를 세우라고 하셨습니다. 여기서 "요단강 바닥에 기념비"를 세우는 것은 내적 자아와 욕심을 처리하는 것을 뜻합니다. 요단강을 건너고 나서 물이 차 버리면 기념비가 보이지 않는 것처럼 우리 마음속에도 자아와 욕심이 있는데 이 '마음속의 자아와 욕심을 처리'하라는 뜻입니다. 그리고 '길갈에 세운 기념비'는 요단강 물이 합해졌어도 항상 보입니다. 그것은 평소에 자신의 생각, 자신의 감정, 자신의 의지인 자아와 자신의 욕심을 버리는 '생활'을 하라는 것입니다.

하나님께서 "요단강 가운데 기념비"를 세우라고 하신 것은 "길갈에 세운 기념비"도 중요하지만 더욱 중요한 것은 제사장이 법궤를 메고 요단강에 들어갔다는 것입니다. 만약 법궤를 메고 제사장이 요단강에 들어가지 않았다면 요단강이 갈라지지도 않았고 기념비도 세울 수 없었을 것입니다. 법궤를 멘 제사장들을 통해서 결과적으로 이스라엘 백성들은 외적 자아와 내적 자아를 처리하는 믿음의 사람이 되어서 여호수아와 갈렙처럼 요단강을 건너 가나안 땅에 들어가는 영생을 얻게 되었습니다.

여기서 법궤를 멘 제사장들은 누구입니까? 주의 종입니다. 그러면 법궤는 무엇입니까? 법궤는 예수님을 말합니다. 이 법궤 안에는 만나 항아리와 아론의 싹 나고 열매 맺는 지팡이가 있고, 십계명 돌비가 들어 있습니다.

첫째 법궤 속에 들어있는 만나 항아리는 은혜와 진리가 충만하신 성경 66권 영생의 말씀되신 예수님을 말합니다(신8:3).

둘째 법궤 속에 싹이 나고 열매 맺는 아론의 지팡이는 성령 충만 받고 성령의 열매를 맺으신 예수님을 말합니다(갈5:22-23).

셋째 마지막으로 돌비에 대하여 살펴보겠습니다. 법궤 속에 있는 십계명이 새겨진 돌비는 모세가 시내산에서 하나님께 받아 온 것입니다. 돌비는 사랑의 새계명을 행하신 예수님을 의미합니다(출20:1-17).

'제사장이 법궤를 메었다'는 것은 십계명 돌비와 아론의 싹이 나고 열매 맺는 지팡이와 만나 항아리 이 세 가지가 들어 있는 법궤 신앙을 가진 주의 종을 의미합니다. 이스라엘 백성은 법궤를 메고 요단강에 발을 디딘 제사장들을 따라 요단강을 건넜습니다. 요단강을 건넌 것은 내적 자아가 처리 된 신앙을 말합니다.

(3) 여리고성을 함락한 신앙

●수6:20 / 20 이에 백성은 외치고 제사장들은 나팔을 불매 백성이 나팔 소리를 듣는 동시에 크게 소리질러 외치니 성벽이 무너져 내린지라 백성이 각기 앞으로 나아가 성에 들어가서 그 성을 취하고

여호수아와 갈렙의 신앙이 구체적으로 어떠한 신앙이었기에 하나님의 복을 받았는지를 살펴보겠습니다.

여호수아 6장 20절에 기록되어 있는 대로 여호수아와 갈렙의 신앙은 여리고 성을 무너뜨리는 신앙이었습니다. 여리고 성을 무너뜨리는 일은 하나님이 하셨지만 여호수아와 갈렙이 지도자로서 하나님의 약속과 능력을 믿었기 때문에 여리고 성을 무너뜨릴 수 있었습니다. 만약 여호수아와 갈렙이 여리고 성을 무너뜨리지 못했다면 이스라엘 백성은 가나안에 들어가지 못했을 것입니다. 이것은 영생을 얻지 못했을 것이라는 말씀입니다.

그러면 여리고 성은 어떻게 무너뜨렸습니까? 여리고 성을 무너뜨린 그 말씀을 구체적으로 이해하고 영의 양식으로 공급받기 위해서는 먼저 여호수아 6장 12-13절을 알아야 합니다.

●수6:12-13 / 12 여호수아가 아침에 일찌기 일어나니라 제사장들이 여호와의 궤를 메고 13 일곱 제사장은 일곱 양각나팔을 잡고 여호와의 궤 앞에서 계속 진행하며 나팔을 불고 무장한 자들은 그 앞에 행하며 후군은 여호와의 궤 뒤에 행하고 제사장들은 나팔을 불며 행하니라

이 말씀은 일곱째 나팔 재앙 때 하늘에 있는 군대들과 "말세의 심판의 때"에 재림하시는 예수님을 말하는 것입니다(계11:15).

●계19:14-16 / 14 하늘에 있는 군대들이 희고 깨끗한 세마포를 입고 백마를 타고 그를 따르더라 15 그의 입에서 이한 검이 나오니 그것으로 만국을 치겠고 친히 저희를 철장으로 다스리며 또 친히 하나님 곧 전능하신 이의 맹렬한 진노의 포도주 틀을 밟겠고 16 그 옷과 그 다리에 이름 쓴 것이 있으니 만왕의 왕이요 만주의 주라 하였더라

요한계시록 19장에서 예수님께서 지상 재림하시는 모습을 요한 사도가 기록한 것입니다. 예수님이 재림하실 때는 혼자 재림하시지 않고 하늘에 있는 군대가 희고 깨끗한 세마포 옷을 입고 백마를 탄 예수님의 뒤를 따른다고 하였습니다.

여호수아 6장 12절의 '법궤'는 재림하실 예수님을 말합니다. 예수님이 재림하실 때처럼 법궤를 가운데에 놓고 행진하는 것입니다. 예수님이 재림하실 때는 일곱째 천사가 나팔을 불 때입니다. 요한계시록 19장에는 예수님이 일곱째 천사가 나팔 불 때 재림

하신다는 구체적인 말씀이 없습니다.

그러나 여호수아 6장에는 일곱 나팔 재앙이 구체적으로 기록되어 있습니다. 여호수아서 6장 13절에 "일곱 제사장은 일곱 양각 나팔을 잡고 여호와의 궤 앞에서 계속 진행하며 나팔을 불고 무장한 자들은 그 앞에 행하며 후군은 여호와의 궤 뒤에 행하고 제사장들은 나팔을 불며 행하니라"라고 하였습니다. 위에 언급한 대로 제사장들이 언약궤를 메고 특별히 일곱 제사장은 양각 나팔을 불면서 앞에서 진행하고, 무장한 자들은 뒤에서 따라옵니다. 이것은 재림하시는 예수님에 대한 광경입니다.

여호수아 6장 3절에 여리고 성을 도는데 하루에 한 바퀴씩 6일 동안 돌라고 했습니다. 이 말씀은 요한계시록 8장과 9장의 여섯 나팔 재앙이 행해질 것을 말합니다. 요한계시록 8장에 보면 '네 개의 나팔 재앙'이 나오고, 9장에 보면 '두 개의 나팔 재앙'이 나옵니다. 이 여섯 개의 나팔 재앙과 여호수아서에서 이스라엘 백성이 아침마다 한 바퀴씩 엿새 동안 나팔을 불면서 돈 것은 재림 예수님 때에 되어 질 사건입니다.

첫째 날, ●(계8:7) 첫째 천사가 나팔을 부니까 피 섞인 우박과 불이 땅에 쏟아져서 땅의 3분의 1이 타 버리고, 나무의 3분의 1이 타 버리고, 푸른 풀이 다 타버렸습니다. 이것은 이스라엘 백성이 첫째 날 여리고 성을 한 바퀴 돈 것을 말합니다.

둘째 날, ●(계8:8-9) 둘째 천사가 나팔을 부니까 불타는 큰 산과 같은 것이 바다에 던져졌습니다. 그래서 바다의 3분의 1이 피가 되고, 바다에 사는, 생명이 있는 피조물의 3분의 1이 죽고, 배들의 3분의 1이 부서졌습니다. 이것은 이스라엘 백성이 둘째 날 여리고 성을 한 바퀴 돈 것을 말합니다.

셋째 날, ●(계8:10-11) 셋째 천사가 나팔을 부니까 큰 별 하나가 횃불처럼 타면서 하늘에서 떨어져서 강들의 3분의 1과 여러 샘물에 떨어졌습니다. 그 별의 이름을 쑥이라고 하였습니다. 그래서 물의 3분의 1이 쑥이 되고, 많은 사람이 그 물을 마시고 죽었습니다. 그 물이 쓴 물로 변했기 때문입니다. 이것은 이스라엘 백성이 셋째 날 여리고 성을 한 바퀴 돈 것을 말합니다. 이렇게 세 번째 나팔을 불 때까지 예수님은 이 세상에 재림하지 않으셨습니다. 여리고 성도 무너지지 않았습니다.

넷째 날, ●(계8:12) 넷째 천사가 나팔을 부니 해 3분의 1과 달 3분의 1과 별들의 3분의 1이 타격을 입어서 그것들의 3분의 1이 어두워지고, 낮의 3분의 1이 빛을 잃고, 밤도 역시 그렇게 되었습니다. 이것은 이스라엘 백성이 넷째 날 여리고 성을 한 바퀴 돈 것을 말합니다. 그래도 여리고 성은 무너지지 않았습니다. 예수님도 재림하지 않으셨습니다.

다섯째 날, 요한 계시록 9장 1-12절에서 다섯째 천사가 나팔을 부니까 하늘에서 땅에 떨어진 별 하나가 있는데 그가 무저갱 열쇠를 가지고 무저갱을 여니까 거기서 황충이 올라와서 다섯 달 동안 이마에 하나님의 인침을 받지 아니한 사람들을 괴롭게 합니다. 그것들이 주는 고통은 마치 전갈이 사람을 쏠 때와 같은 고통이었습니다. 그 다섯 달 동안에는 그 사람들이 아무리 죽으려고 애를 써도 죽을 수가 없고, 죽기를 바라더라도 죽음이 그들을 피하였습니다. 이것은 이스라엘 백성이 다섯째 날 여리고 성을 한 바퀴 돈 것을 말합니다.

그리고 여섯째 날, 요한계시록 9장 13-21절에 보면 여섯째 천사가 나팔을 부니까 하나님 앞에 있는 금단 네 뿔에서 한 음성이 나서 나팔을 가진 여섯째 천사에게 큰 강 유브라데에 매여 있는 네 천사를 놓아 주라고 합니다. 그래서 그 네 천사가 풀려 났는데 이 네 천사들은 불과 연기와 유황, 이 세 가지 재앙으로 사람의 3분의 1을 죽입니다. 이것은 이스라엘 백성이 여리고 성을 여섯 번째로 돈 것을 의미합니다. 예수님 역시 재림하지 않으셨습니다.

그리고 이제 여호수아 6장 15-26절에서 이스라엘 백성이 여리고 성을 무너뜨립니다. 먼저 15-16절입니다.

"제 칠일 새벽에 그들이 일찍이 일어나서 여전한 방식으로 성을 일곱 번 도니 성을 일곱 번 돌기는 그날뿐이었더라 일곱 번째에 제사장들이 나팔을 불 때에 여호수아가 백성에게 이르되 외치라 여호와께서 너희에게 이 성을 주셨느니라."

그리고 20-21절에 "이에 백성은 외치고 제사장들은 나팔을 불매 백성이 나팔 소리를 듣는 동시에 크게 소리 질러 외치니 성벽이 무너져 내린지라 백성이 각기 앞으로 나아가 성에 들어가서 그 성을 취하고 성 중에 있는 것을 다 멸하되 남녀 노유와 우양과 나귀를 칼날로 멸하니라"라고 하였습니다.

드디어 일곱째 날이 되었습니다. 6일 동안 하루에 한 바퀴씩 돌았는데도 여리고 성이 무너지지 않았습니다. 요한계시록에서도 여섯 개의 나팔 재앙이 임했지만 아직 예수님이 재림하지 않으셨습니다.

이제 마지막 날이 되었습니다. 마지막 날인 일곱째 날 곧 "말세의 심판의 때"에는 일곱 바퀴를 돌았습니다. 그전에는 하루에 한 바퀴씩만 돌았는데, 일곱째 날에는 일곱 바퀴를 돌았습니다. 제사장들의 나팔 소리를 듣고서 백성이 일제히 큰 소리로 외치니 성벽이 무너져 내렸습니다. 이스라엘 백성은 여리고 성을 점령했습니다.

우리는 이 여호수아 6장 말씀이 무엇을 의미하는 말씀인지 이 말씀을 통해서 하나님께서 우리에게 전하시는 메시지가 무엇인지 알아야 여호수아와 갈렙처럼 가나안 땅에 들어가서 영생의 복을 누릴 수 있습니다.

여호수아 6장의 '여리고 성'이 무너지는 말씀은 요한계시록 16장의 '큰 성 바벨론'이 무너지는 것을 의미합니다. 마지막 일곱째 천사가 그 대접을 공기 중에 쏟으니 번개와 음성들과 뇌성이 있고 일찍이 없었던 큰 지진이 일어나면서 '큰 성 바벨론'이 무너졌습니다.

그러면 여기서 일곱째 나팔 재앙을 구체적으로 살펴보겠습니다. 요한계시록 16장으로 갑시다.

2절에 "첫째가 가서 그 대접을 땅에 쏟으매 악하고 독한 헌데가 짐승의 표를 받은 사람들과 그 우상에게 경배하는 자들에게 나더라."

첫째 천사가 대접을 땅에 쏟으니 짐승의 표를 받은 자들과 그 짐승 우상에게 절하는 자들에게 나쁜 종기가 생겼습니다. 이것은 이스라엘 백성이 일곱째 날에 여리고 성을 한 바퀴 돈 것을 말합니다.

그리고 3절에 "둘째가 그 대접을 바다에 쏟으매 바다가 곧 죽은 자의 피같이 되니 바다 가운데 모든 생물이 죽더라"라고 하였습니다. 이것은 이스라엘 백성이 일곱째 날에 여리고 성을 두 바퀴째 돈 것을 말합니다. 그래도 여리고 성은 안 무너졌고 예수님도 아직 오시지 않습니다.

4-5절에는 "셋째가 그 대접을 강과 물 근원에 쏟으매 피가 되더라… 저희가 성도들과 선지자들의 피를 흘렸으므로 저희로 피를 마시게 하신 것이 합당하니이다 하더라"라고 하였습니다. 셋째 천사가 그 대접을 강과 샘에 쏟으니 물이 피가 되었고, 사람들이 성도들과 선지자들의 피를 흘리게 하였으므로 그들로 하여금 피를 마시게 하신 것입니다. 이것은 이스라엘 백성이 여리고 성을 일곱째 날에 세 번째로 돈 것을 의미합니다. 그래도 여리고 성은 아직 무너지지 않았고, 예수님도 아직 이 땅 위에 오시지 않았습니다.

8절에서는 넷째 천사가 그 대접을 해에 쏟습니다.
"넷째가 그 대접을 해에 쏟으매 해가 권세를 받아 불로 사람들을 태우니."
그 결과 해는 불로 사람들을 태우는 권한을 받았습니다. 그래서 오존층을 뚫고 쏟아지는 열기가 사람들과 짐승들을 태웠습니다. 그러나 그들은 이 재앙을 지배하는 권세를 가지신 하나님의 이름을 모독했고, 회개하지 아니하였으며, 하나님께 영광을 돌리지 않았습니다. 그러나 아직도 예수님은 오시지 않았습니다.

10-11절에서는 다섯째 천사가 그 대접을 짐승의 보좌에 쏟습니다.

"또 다섯째가 그 대접을 짐승의 보좌에 쏟으니 그 나라가 곧 어두워지며 사람들이 아파서 자기 혀를 깨물고 아픈 것과 종기로 인하여 하늘의 하나님을 훼방하고 저희 행위를 회개치 아니하더라."

다섯째 재앙은 짐승의 보좌가 있는 장소를 어둠의 세계로 만드는 재앙입니다. 이것은 문자 그대로 해가 어두워지는 것을 말할 수도 있지만 적그리스도가 다스리는 인간 세계의 정치와 윤리, 도덕 등 모든 면에서 혼란한 상태를 말하기도 합니다. 그래서 모두가 그 속에서 고통을 당합니다. 이때까지도 예수님은 오시지 않았습니다.

그리고 12-16절에서는 여섯째 천사가 그 대접을 큰 강 유브라데에 쏟습니다. 12절에 "또 여섯째가 그 대접을 큰 강 유브라데에 쏟으매 강물이 말라서 동방에서 오는 왕들의 길이 예비되더라"라고 한 것입니다. 그리고 용의 입과 짐승의 입과 거짓 선지자의 입에서 개구리와 같이 생긴 더러운 영 셋이 나왔는데 그들은 귀신의 영으로서 이적을 행하면서 온 세계의 왕들을 찾아 돌아다니는데 그것은 전능하신 하나님의 큰 날에 일어날 전쟁에 대비하려고 왕들을 모으려는 것입니다.

그런데 이렇듯 세계 최초의 문명의 발상지 중에 하나인 메소포타미아 문명의 모태가 된 유프라테스 강이 요즘 타들어가고 있습니다. 최근 몇 년간 수량이 급감해 강폭이 절반으로 줄었습니다. "큰 강 유부리데 강물이 말리서"라는 본문의 말씀대로 되어가는 것입니다.

아마겟돈 전쟁은 이스라엘에서 일어납니다. 인류역사 마지막 전쟁입니다. 이 여섯 번째 재앙은 이스라엘 백성이 여리고 성을 여섯 번째로 돌 때와 연관이 있는 말씀입니다. "내가 도적같이 오리니 누구든지 깨어 자기 옷을 지켜 벌거벗고 다니지 아니하며 자기의 부끄러움을 보이지 아니하는 자가 복이 있도다"(계 16:15)라고 하였습니다.

여섯째 대접 재앙 때 예수님께서 공중에 재림하십니다. 그러나 예수님께서 공중 재림 하실 때에 여리고 성은 무너지지 않습니다. 예수님이 지상에 재림하셔야 여리고 성이 무너집니다.

17절에 보면 이제 일곱째 천사가 그 대접을 쏟습니다.
"일곱째가 그 대접을 공기 가운데 쏟으매 큰 음성이 성전에서 보좌로부터 나서 가로되 되었다 하니."
이스라엘 백성이 일곱째 날에 여리고 성을 일곱 바퀴 돌 때 이때 예수님이 지상 재림하셔서 이 세상을 무너뜨리십니다. 일곱째 천사가 그 대접을 공기 가운데 쏟으니 공중에서 "되었다" 하는 큰 소리가 나면서 하나님의 맹렬한 진노가 온 지구촌에 쏟아져 내립니다. 번개가 치고 천둥이 울리고, 음성들이 나고, 큰 지진이 일어납니다.

큰 성이 세 갈래로 갈라지고 세계 모든 나라의 성읍들도 무너집니다. 모든 섬들이 사라지고 산들이 자취를 감춥니다. 그 뿐 아니라 무게가 한 달란트나 되는 큰 우박이 하늘로부터 사람들 위에 떨어지니 사람들은 우박의 재앙이 너무도 심해서 하나님을 모독합니다. 이 일곱 번째 재앙에서 많은 사람들이 죽습니다.

여기의 '큰 성 바벨론'은 '여리고 성'을 말합니다. 지상에서는 이런 일이 벌어지고, 하늘에서는 공중 재림 하시는 예수님이 호령과 천사장의 소리와 하나님의 나팔 소리와 함께 친히 하늘에서 내려오실 것이니, 구약시대부터 신앙생활을 잘 하고 죽은 분들 먼저 일어나고, 그다음에 살아남아 있는 우리가 그들과 함께 구름 속으로 이끌려 올라가서 공중에서 주님을 영접할 것입니다. 그리하여 우리는 항상 주님과 함께 있을 것입니다.

"주께서 호령과 천사장의 소리와 하나님의 나팔 소리로 친히 하늘로부터 강림하시리니 그리스도 안에서 죽은 자들이 먼저 일어나고 그 후에 우리 살아 남은 자들도 그들과 함께 구름 속으로 끌어 올려 공중에서 주를 영접하게 하시리니 그리하여 우리가 항상 주와 함께 있으리라"(살전4:16-17)

이 말씀은 여호수아 6장에서 일곱 제사장이 여호와의 궤 앞에서 행진하며 나팔을 불면, 정예부대가 그들 앞에 서서 행군하고, 후위부대는 여호와의 궤 뒤를 따르면서 행군하는 것을 말합니다.

법궤는 성막 뜰을 지나 성소 안쪽의 휘장 뒤에 있는 지성소에 놓여 있습니다. 그 안에는 아론의 싹 난 지팡이와 만나 항아리와 십계명 돌비가 있습니다. 법궤 자체도 예수님을 의미하지만 법궤 안에 들어 있는 이 세 가지도 예수님을 의미합니다. 하늘나라 지성소에 계시는 예수님을 의미합니다. 예수님은 부활 승천하셔서 보좌에 앉아 우리를 위해 중보기도하고 계십니다. 그러므로 이스라엘 백성이 법궤를 메고 요단강을 건너고 여리고성을 돌았다는 것은 이 세상을 심판하실 재림 예수님을 말하는 것입니다. 지성소에 계신 예수님, 즉 하늘나라의 보좌에 계신 예수님이 지상에 재림하시는 것입니다.

그런데 예수님이 재림하실 때에는 혼자 오시는 것이 아닙니다. 구약시대에 잘 믿다가 죽은 성도들과 예수님시대, 성령시대, 환난시대에 예수님을 잘 믿고 죽은 성도들이 먼저 부활하여 휴거하고 살아남은 신부 성도들도 변화하여 휴거하여 구름타고 공중 재림 하시는 예수님을 영접합니다. 예수님께서는 백마를 타고 온 세상을 심판 하시려고 지상으로 재림 하시는데 휴거한 성도들이 하나님의 군대가 되어 예수님을 뒤 따릅니다. 휴거한 사람들 중에는 제사장도 있고, 목사도 있고 장로, 권사, 집사, 성도……도 있습니다.

아마겟돈 전쟁은 예수 그리스도께서 적그리스도, 즉 사탄과 그를 추종하는 악의 세력을 완전히 진멸시키고 승리하는 최후의 전쟁입니다. 그 후에 이 땅위에 천년세계가 이뤄집니다.

여호수아와 갈렙은 이스라엘 백성의 지도자로서 여리고 성을 무너뜨리고 함락했습니다. 가나안에 들어간 것입니다. 모세는 광야교회의 지도자요 목사였습니다. 광야교회의 이스라엘 백성 중에서 여호수아와 갈렙을 위시해 소수를 제외한 출애굽 1세대들의 다수는 모세를 원망, 불평, 대적하다가 모두 광야에서 죽었습니다. 가나안 땅이 바라다 보이는 요단강을 건너지 못한 것입니다.

반면에 출애굽 2세대들은 모세에게 절대로 순종한 여호수아와 갈렙의 신앙을 이어받은 자들로서 가나안 땅에 들어가는 복을 받았습니다.

그리고 여호수아는 여리고 성에 두 정탐꾼을 보냈습니다(수2:1-25).

모세가 바란 광야에서 가나안 땅에 12명의 정탐꾼을 보낸 것처럼 여호수아도 여리고 성에 정탐꾼을 보냈습니다. 두 정탐꾼은 기생 라합의 집에 들어가 거기서 유숙했습니다. 정탐꾼이 왔다는 소식은 여리고 왕의 귀에 들어갔습니다. 왕은 라합에게 사람을 보내어 정탐하러 온 그 사람들을 끌어내라고 했습니다. 그러나 라합은 두 정탐꾼을 지붕의 삼대 속에 숨겨 놓고 그 사람들이 오기는 했지만 어디서 왔는지, 그리고 어디로 갔는지 모른다고 했습니다. 선한 거짓말을 한 것입니다.

군인들이 떠나고 난 뒤에 라합은 정탐꾼들에게 가서 여리고 군인들이 간 곳과 반대쪽으로 도망가라고 했습니다. 정탐꾼들은 라합의 집을 떠나 산에서 사흘 동안 머물러 있었고, 그들을 뒤쫓던 사람들은 되돌아갔습니다.

라합은 하나님을 경외하여 두 정탐꾼을 살려 주었기 때문에 나중에 이스라엘 백성이 가나안 땅을 정복할 때 살아날 수 있었습니다. 두 정탐꾼이 약속한 것을 믿고 라합은 그의 온 가족을 자기 집으로 모으고 붉은 줄을 창문에 달아 그와 온 가족이 살아날 수 있었던 것입니다. 라합은 두 정탐꾼을 고발하여 큰 상을 받을 수도 있었습니다. 그러나 라합은 자기의 부와 영광보다 하나님을 경외하였습니다. 그 결과 라합은 예수님의 족보에 오를 수 있었습니다. (마1:5)라합의 신앙은 여호수아와 갈렙의 신앙과 닮았습니다.

라합의 신앙의 결과로 이스라엘 지도자였던 여호수아와 갈렙은 여리고 성을 무너뜨리고 정복하여 가나안 땅에서 라합과 그 가족들, 이스라엘 백성들과 영생의 복을 누렸습니다. 그러므로 누구든지 여호수아와 갈렙 같은 신앙을 가져야 합니다. 그래야 여리고 성을 무너뜨리고 정복해서 영생을 누릴 수 있습니다.

(4) 아이성을 함락한 신앙

●수8:24-29 / 24 이스라엘이 자기를 광야로 따르던 아이 모든 거민을 들에서 죽이되 그들을 다 칼날에 엎드러지게 하여 진멸하기를 마치고 온 이스라엘이 아이로 돌아와서 칼날로 죽이매 25

그 날에 아이 사람의 전부가 죽었으니 남녀가 일만 이천이라 26 아이 거민을 진멸하기까지 여호수아가 단창을 잡아 든 손을 거두지 아니하였고 27 오직 그 성읍의 가축과 노략한 것은 여호와께서 여호수아에게 명하신 대로 이스라엘이 탈취하였더라 28 이에 여호수아가 아이를 불살라 그것으로 영원한 무더기를 만들었더니 오늘까지 황폐하였으며 29 그가 또 아이 왕을 저녁때까지 나무에 달았다가 해질 때에 명하여 그 시체를 나무에서 내려 그 성문 어귀에 던지고 그 위에 돌로 큰 무더기를 쌓았더니 그것이 오늘까지 있더라

이제 성경에서 욕심을 부리다가 멸망한 사람들에 대하여 살펴보겠습니다.

여호수아 6장에서 여호수아와 갈렙은 여리고 성을 함락시켰습니다. 그리고 7장에서 아이 성에 보낸 정탐꾼들의 말만 믿고 백성들 중 약 3천 명만 보냈다가 패하고 맙니다. 여리고 성에 비하면 아주 작은 성이었기 때문에 자신만만해진 이스라엘은 3천 명을 보냈다가 36명이 죽고 나머지도 패하여 도망쳐 옵니다. 그 이유는 이스라엘 백성이 여리고 성을 점령할 때 하나님께서 그 성읍에 있는 것은 모두 내 것이니 손을 대지 말라 하신 명령을 어겼기 때문입니다.

유다 지파 세라 족속의 아간이라는 자가 전리품 중에서 시날산의 아름다운 외투 한 벌과 은 이백 세겔과 오십 세겔이나 되는 금덩이를 탐내어 장막 안 땅 속에 감춰두었던 것입니다. 아간의 욕심 때문에 아이 성 전투에서 패한 것입니다.

여호수아는 결국 아간과 그의 가족과 가축과 훔친 전리품을

모두 이끌고 아골 골짜기로 가서 그와 그의 가족을 돌로 쳐 죽이고 훔친 전리품들은 모두 태워 버렸습니다. 그리고 그 위에 돌무더기를 쌓고 그곳을 '괴로움'을 뜻하는 '아골' 골짜기라고 불렀습니다. 그제야 하나님께서는 맹렬한 진노를 거두시고 앞의 본문(수8:24~29)대로 이스라엘로 하여금 2차 전투에서 승리하게 하셨습니다. 이스라엘은 아간의 욕심 때문에 아이 성 싸움에서 실패했고, 욕심을 해결한 후에야 아이 성을 함락할 수 있었습니다.

여호수아의 군대가 욕심의 성인 아이 성을 멸하고 가나안 땅에 들어가서 사는 것은 우리가 천년세계 하늘나라에서 영생의 복을 누리고 이 땅 위에서 강건의 복, 형통의 복을 누리는 것과 같습니다. 그러므로 우리는 여호수아가 아간의 욕심을 제거하듯 우리 신앙생활에서 욕심을 제거해야 합니다. 성경에는 욕심을 버린 신앙생활을 해야만 영생의 복을 받고 그렇지 않을 때는 영벌을 받는다는 말씀이 여러 곳에 기록되어 있습니다.

●삼상15:3-9 / 3 지금 가서 아말렉을 쳐서 그들의 모든 소유를 남기지 말고 진멸하되 남녀와 소아와 젖 먹는 아이와 우양과 약대와 나귀를 죽이라 하셨나이다 4 사울이 백성을 소집하고 그들을 들라임에서 계수하니 보병이 이십 만이요 유다 사람이 일 만이라 5 사울이 아말렉 성에 이르러 골짜기에 복병하니라 6 사울이 겐 사람에게 이르되 아말렉 사람 중에서 떠나 내려가라 그들과 함께 너희를 멸하게 될까 하노라 이스라엘 모든 자손이 애굽에서 올라올 때에 너희가 그들을 선대하였느니라 이에 겐 사람이 아말렉 사람 중에서 떠나니라 7 사울이 하윌라에서부터 애굽 앞 술에 이르

기까지 아말렉 사람을 치고 8 아말렉 사람의 왕 아각을 사로잡고 칼날로 그 모든 백성을 진멸하였으되 9 사울과 백성이 아각과 그 양과 소의 가장 좋은 것 또는 기름진 것과 어린 양과 모든 좋은 것을 남기고 진멸키를 즐겨 아니하고 가치 없고 낮은 것은 진멸하니라

● 삼상15:20-21 / 20 사울이 사무엘에게 이르되 나는 실로 여호와의 목소리를 청종하여 여호와께서 보내신 길로 가서 아말렉 왕 아각을 끌어왔고 아말렉 사람을 진멸하였으나 21 다만 백성이 그 마땅히 멸할 것 중에서 가장 좋은 것으로 길갈에서 당신의 하나님 여호와께 제사하려고 양과 소를 취하였나이다

우선 사무엘상 15장 3절부터 보면 사무엘이 사울에게 아말렉을 쳐서 행할 일들을 이르신 여호와의 말씀을 전합니다. 그러나 사울은 아말렉과의 전쟁에서 승리한 후 전리품 중에 가장 좋은 것은 남기고 가치가 없는 것은 진멸합니다.

하나님께서는 사무엘을 통해서 사울 왕에게 이스라엘이 애굽에서 나올 때에 아말렉이 이스라엘의 앞길을 막고 대적한 일로 인하여 아말렉을 벌하겠다고 하셨습니다. 그러면서 사울에게 군사들을 데리고 가서 아말렉을 치고 그들에게 딸린 것은 모두 전멸시키라고 하셨습니다. 그래서 사울은 그 말씀에 순종해서 군사를 이끌고 가서 하윌라에서부터 애굽 앞 술에 이르기까지 아말렉 사람들을 쳐서 죽이고 그 성을 함락했습니다.

그러나 사울은 아말렉의 소유를 진멸하라는 하나님의 명령을 어기고 아말렉 왕 아각의 전리품 중 좋은 것을 하나님께 드린다

는 명목으로 없애지 않고 남겨두었습니다. 그리고 사울은 사무엘이 책임을 묻자 백성들이 원해서 어쩔 수가 없었다고 하면서 욕심을 포장한 핑계를 댔습니다(삼상 15:21). 그 결과 사울은 하나님께 저주받고 버림받은 인생으로 살다가 결국 신접한 여인을 만나 사탄의 도구로 전락하고, 왕권은 다윗에게 넘어갑니다.

사울은 욕심 때문에 많은 전리품 중에 값있고 좋은 것을 취했습니다. 백성들의 요구를 뿌리치지 못하고 욕심을 부린 것입니다. 사울의 신앙은 위에서 언급한 아간의 신앙이었습니다. 이렇듯 우리도 타의에 의해서 욕심을 버리지 못하는 신앙생활을 할 수 있습니다. 나는 제대로 신앙생활을 하려고 하는데 주위에서 욕심을 부추기는 것입니다. 나는 욕심을 버리고 신앙생활을 해서 천국에도 가고 이 땅에서 의인의 형통한 복도 받고 싶은데 주위에서 내버려두지 않는 것입니다.

●민11:1-6 / 1 백성이 여호와의 들으시기에 악한 말로 원망하매 여호와께서 들으시고 진노하사 여호와의 불로 그들 중에 붙어서 진 끝을 사르게 하시매 2 백성이 모세에게 부르짖으므로 모세가 여호와께 기도하니 불이 꺼졌더라 3 그 곳 이름을 다베라라 칭하였으니 이는 여호와의 불이 그들 중에 붙은 연고였더라 4 이스라엘 중에 섞여 사는 무리가 탐욕을 품으매 이스라엘 자손도 다시 울며 가로되 누가 우리에게 고기를 주어 먹게 할꼬 5 우리가 애굽에 있을 때에는 값없이 생선과 외와 수박과 부추와 파와 마늘들을 먹은 것이 생각나거늘 6 이제는 우리 정력이 쇠약하되 이 만나

외에는 보이는 것이 아무것도 없도다 하니

이스라엘 백성들은 광야에서 물이 없다, 생선과 오이와 수박과 부추와 파와 마늘이 눈에 선하다, 고기가 먹고 싶다고 하면서 틈만 나면 불평하고 원망했습니다. 욕심을 부린 것입니다. 하나님은 모세를 통해서 광야교회 성도들에게 욕심 부리지 말고 가나안에 들어가야 한다고 가르치셨는데 이스라엘 백성은 물이 없다, 고기가 먹고 싶다고 하면서 욕심을 부렸습니다.

이스라엘 백성들이 애굽에서 나올 때에 잡족들이 그들을 따라나섰습니다. 그런데 그들이 이스라엘 백성 가운데 섞여 살면서 먹을 것 때문에 탐욕을 품으니 이스라엘 백성도 누가 우리에게 고기를 먹여 줄까, 애굽에 있을 때는 값없이 생선과 오이와 참외와 부추와 파와 마늘을 먹었는데 이제 우리에게는 만나밖에 없으니 입맛마저 떨어졌다면서 불평을 한 것입니다. 잡족 때문에 이스라엘 백성이 욕심을 가지게 되었고 불평과 불만을 늘어놓게 된 것입니다. 그 결과 이스라엘은 가나안 땅에 들어가지 못하고 광야에서 멸망했습니다.

이처럼 사울 왕도 하나님께서 아말렉 족속과 그 소유를 하나도 남기지 말고 진멸하라 명령하셨음에도 백성들이 부추기니 욕심이 순종을 가로막았던 것입니다. 사울은 하나님보다 백성을 더 두려워했습니다. 그 결과 사울은 점점 타락하여 하나님을 의지하기보다는 신접한 여인을 찾아 도움을 요청합니다.

이 말씀은 오늘을 살아가는 우리에게 경계가 되는 말씀입니다. 오늘날에도 아간이나 사울과 같은 신앙생활을 하는 성도들이 있는 것입니다. 나는 욕심을 버리고 신앙생활을 잘 하려고 하는데 잡족들이, 즉 주위 사람들이 훼방하는 것입니다. 그러므로 우리는 욕심을 버리고 이러한 사람들에게 미혹되지 말고 신앙생활을 잘 해서 영생을 얻고 범사도 잘되는 복을 받아야 합니다.

(5) 가나안 족속을 멸한 신앙

●수11:23 / 23 이와 같이 여호수아가 여호와께서 모세에게 이르신 말씀대로 그 온 땅을 취하여 이스라엘 지파의 구별을 따라 기업으로 주었더라 그 땅에 전쟁이 그쳤더라

여호수아는 주께서 모세에게 말씀하신 대로 가나안 전 지역을 정복하고 그 땅을 이스라엘 지파의 구분을 따라 나누어 주었습니다. 이로써 그 땅에서 전쟁이 그치고, 사람들은 평화를 누리게 되었습니다.

그런데 성경에 보면 가나안 족속들에 대한 언급이 다섯 족속(출13:5, 민13:29), 여섯 족속(출3:8,17, 출23:23, 느9:8, 삿3:5), 일곱 족속(신7:1, 수3:10, 행13:19), 여덟 족속(스9:1, 수24:11), 열 족속(창15:19-21)에 이르기까지 다양합니다.

성경 말씀은 천지는 변해도 일점일획도 변치 않는 진리의 말씀이며, 성경 66권은 우리에게 영생을 얻을 수 있는 믿음이 생기는 영의 양식입니다. 그런데 성경 여러 곳에서 가나안 족속을

다섯, 여섯, 일곱, 여덟, 열, 열둘이라고 기록해 놓은 것은 이 말씀을 통해서 영생을 얻을 수 있는 믿음을 가지라는 것입니다.

그러면 가나안 족속을 여섯 족속이라고 언급한 것에 대해서 살펴보겠습니다.

출애굽기 3장 8절입니다.

"내가 내려와서 그들을 애굽인의 손에서 건져내고 그들을 그 땅에서 인도하여 아름답고 광대한 땅, 젖과 꿀이 흐르는 땅 곧 가나안 족속, 헷 족속, 아모리 족속, 브리스 족속, 히위 족속, 여부스 족속의 지방에 이르려 하노라." 그리고 출애굽기 3장 17절, 23장 23절, 느헤미야 9장 8절, 사사기 3장 5절에도 가나안 족속 가운데 여섯 족속이 기록되어 있습니다. 위 구절들에서 가나안 족속을 여섯 족속이라고 한 것은 짐승의 표인 666, 즉 적그리스도의 표를 받게 한다는 뜻입니다. 짐승의 표를 받으면 가나안 땅, 즉 천년세계와 하늘나라에서 영생의 복을 받지 못한다는 진리를 보여 주는 것입니다.

●계14:9-12 / 9 또 다른 천사 곧 세째가 그 뒤를 따라 큰 음성으로 가로되 만일 누구든지 짐승과 그의 우상에게 경배하고 이마에나 손에 표를 받으면 10 그도 하나님의 진노의 포도주를 마시리니 그 진노의 잔에 섞인 것이 없이 부은 포도주라 거룩한 천사들 앞과 어린 양 앞에서 불과 유황으로 고난을 받으리니 11 그 고난의 연기가 세세토록 올라가리로다 짐승과 그의 우상에게 경배하고 그 이름의 표를 받는 자는 누구든지 밤낮 쉼을 얻지 못하리

라 하더라 12 성도들의 인내가 여기 있나니 저희는 하나님의 계명과 예수 믿음을 지키는 자니라

요한계시록 14장 9-12절 말씀은 짐승과 그 짐승 우상에게 절하고 이마나 손에 표를 받는 사람은 누구든지 하나님의 진노의 포도주를 마실 것인데 그런 자는 거룩한 천사들과 어린 양 앞에서 불과 유황으로 고통을 받을 것이므로 하나님의 계명과 예수를 믿는 믿음을 지키는 성도들에게는 인내가 필요하다는 뜻입니다.

여호수아와 갈렙의 신앙은 가나안 족속을 멸한 신앙이었기 때문에 가나안 땅에 들어가서 영생의 복을 받아 누렸습니다. 우리도 여호수아와 갈렙처럼 가나안 족속을 멸할 수 있는 신앙을 가지면 영생의 복 의인의 형통의 복을 다 받을 수 있습니다.

(6) 가나안 땅에 들어가 거한 신앙

●수14:13-15 / 13 여호수아가 여분네의 아들 갈렙을 위하여 축복하고 헤브론을 그에게 주어 기업을 삼게 하매 14 헤브론이 그니스 사람 여분네의 아들 갈렙의 기업이 되어 오늘날까지 이르렀으니 이는 그가 이스라엘의 하나님 여호와를 온전히 좇았음이며 15 헤브론의 옛 이름은 기럇 아르바라 아르바는 아낙 사람 가운데 가장 큰 사람이었더라 그 땅에 전쟁이 그쳤더라

여호수아와 갈렙의 신앙에 대해서 상고하면서 우리도 여호수

아와 갈렙처럼 가나안 땅에 들어가서 영생의 복을 받아 누리는 복된 삶이되기를 주의 이름으로 축원합니다.

여호수아 14장 13-15을 보면 마지막에 "그 땅에 전쟁이 그쳤더라"라고 하였습니다. 여호수아가 이끄는 이스라엘의 군대가 가나안 족속들, 즉 성경에 다섯 족속, 여섯 족속, 일곱 족속, 나아가서 열 족속이라고 언급된 가나안 족속들과 전쟁을 해서 마침내 그들을 쳐부수면서 전쟁이 끝났다는 것입니다.

특히 여호수아 12장 24절에 보면 여호수아가 정복한 왕들이 도합 31명이라고 하였습니다. 살육이 많이 자행되었던 이 전쟁은 요한계시록 16장 12-16절이나 19장 11-16절에 기록되어 있는 전쟁의 그림자요 상징이요 예표입니다.

●계16:12-16 / 12 또 여섯째가 그 대접을 큰 강 유브라데에 쏟으매 강물이 말라서 동방에서 오는 왕들의 길이 예비되더라 13 또 내가 보매 개구리 같은 세 더러운 영이 용의 입과 짐승의 입과 거짓 선지자의 입에서 나오니 14 저희는 귀신의 영이라 이적을 행하여 온 천하 임금들에게 가서 하나님 곧 전능하신 이의 큰 날에 전쟁을 위하여 그들을 모으더라 15 보라 내가 도적같이 오리니 누구든지 깨어 자기 옷을 지켜 벌거벗고 다니지 아니하며 자기의 부끄러움을 보이지 아니하는 자가 복이 있도다 16 세 영이 히브리 음으로 아마겟돈이라 하는 곳으로 왕들을 모으더라

먼저 요한계시록 16장 12-16절을 보겠습니다.

여기에 보면 여섯째 대접 재앙 때 예수님께서 공중에 재림하시고 신부들을 맞이하고 계시는데 동방의 군사들이 아마겟돈, 즉 므깃도 골짜기로 몰려가고 있습니다. 히브리어 '므깃도 골짜

기'는 헬라어로 '아마겟돈'입니다. 그런데 동방의 군사들이 므깃도 골짜기로 몰려간 이유는 재림하신 예수님과 최후의 전쟁을 하기 위해서입니다. 이스라엘의 므깃도 골짜기에서 적그리스도 세력을 비롯한 이 지상의 모든 군대들이 모여서 공중에 재림하신 예수님과 마지막 인류 역사의 대전쟁을 벌이는 것입니다. 이것이 아마겟돈 전쟁입니다.

●계19:11-16 / 11 또 내가 하늘이 열린 것을 보니 보라 백마와 탄 자가 있으니 그 이름은 충신과 진실이라 그가 공의로 심판하며 싸우더라 12 그 눈이 불꽃 같고 그 머리에 많은 면류관이 있고 또 이름 쓴 것이 하나가 있으니 자기밖에 아는 자가 없고 13 또 그가 피 뿌린 옷을 입었는데 그 이름은 하나님의 말씀이라 칭하더라 14 하늘에 있는 군대들이 희고 깨끗한 세마포를 입고 백마를 타고 그를 따르더라 15 그의 입에서 이한 검이 나오니 그것으로 만국을 치겠고 친히 저희를 철장으로 다스리며 또 친히 하나님 곧 전능하신 이의 맹렬한 진노의 포도주 틀을 밟겠고 16 그 옷과 그 다리에 이름 쓴 것이 있으니 만왕의 왕이요 만주의 주라 하였더라

요한계시록 19장 11-16절 말씀처럼 재림하신 예수님과 적그리스도 군사들의 전쟁이 벌어지는데 이때 예수님 뒤에 흰옷 입은 군사들의 대표자가 여호수아와 갈렙이라고 여호수아서에 언급되어 있습니다. 여호수아와 갈렙과 같이 신앙생활을 잘 하던 분들이 예수님께서 공중재림하실 때 휴거해서 올라간 것입니다. 그들이 예수님과 함께 적그리스도 세력을 상대로 아마겟돈 전쟁을 해서 지상의 적그리스도의 세력을 모두 멸합니다. 그리고 천년세

계로 들어가서 예수님과 함께 영생의 복락을 누립니다. 여호수아서 14장 등에서 가나안 족속들과 전쟁을 해서 여호수아의 군대가 그들을 쳐 죽인 결전장을 상징적으로 아마겟돈이라고 하는 것입니다.

여호수아가 이끄는 이스라엘 백성의 가나안 정복전쟁은 7년에 걸쳐 치러집니다. 오늘날도 성령시대 곧 "말세의 진행의 때"가 끝나가며, 인류 역사의 마지막 7년인 환난시대 곧 "말세 마지막 때"가 바로 우리 코앞에 다가오고 있습니다. 그리고 환난시대 끝 곧 "말세의 심판 때"에도 전쟁이 있습니다. 이 전쟁으로 가나안 족속들, 즉 적그리스도의 세력이 재림 예수께 들려올라간 성도들에 의해 모두 멸망당하고 천년세계가 도래합니다.

●계20:1-4 / 1 또 내가 보매 천사가 무저갱 열쇠와 큰 쇠사슬을 그 손에 가지고 하늘로서 내려와서 2 용을 잡으니 곧 옛 뱀이요 마귀요 사단이라 잡아 일천 년 동안 결박하여 3 무저갱에 던져 잠그고 그 위에 인봉하여 천 년이 차도록 다시는 만국을 미혹하지 못하게 하였다가 그 후에는 반드시 잠간 놓이리라 4 또 내가 보좌들을 보니 거기 앉은 자들이 있어 심판하는 권세를 받았더라 또 내가 보니 예수의 증거와 하나님의 말씀을 인하여 목 베임을 받은 자의 영혼들과 또 짐승과 그의 우상에게 경배 하지도 아니하고 이마와 손에 그의 표를 받지도 아니한 자들이 살아서 그리스도로 더불어 천년 동안 왕노릇하니

요한계시록 20장 1-4절에 천년왕국이 도래하면 하늘에서 내려온 천사가 옛 뱀, 용, 마귀, 사탄이라 불리는 자를 잡아 천년

동안 무저갱에 던져 넣습니다. 그리고 그동안 여호수아와 갈렙 같은 신앙을 가진 성도들은 적그리스도와 사탄이 없는 천년세계와 하늘나라에서 살게 됩니다.

천년세계는 지상에 이루진 천국입니다. 천년세계에는 지상 천국을 건설해 주겠으니 너희는 전부 나를 따르고 경배하라고 하며 성도들을 유혹하던 적그리스도가 없습니다. 우상 숭배를 강권하던 적그리스도가 없는 곳이 천년세계입니다. 그러나 적그리스도를 경배하고 표를 받은 사람들은 적그리스도와 함께 지옥으로 가게 됩니다.

그러면 이 천년세계는 어떤 곳입니까? 요한계시록 21장 4절 말씀입니다.

- 계21:4 / 4 모든 눈물을 그 눈에서 씻기시매 다시 사망이 없고 애통하는 것이나 곡하는 것이나 아픈 것이 다시 있지 아니하리니 처음 것들이 다 지나갔음이러라

천년세계는 처음 것, 즉 이전 것들이 다 지나간 곳입니다. 그렇기 때문에 천년세계와 하늘나라에는 죄와 죽음이 없기에 더 이상 눈물이 없고 애통이 없습니다. 슬픔도 없고 아픔도 없습니다.

모세는 시편 90편 10절에서 우리의 인생은 기껏해야 칠십, 건강해야 팔십인데 그나마 거의가 고생과 슬픔에 젖은 날이 많고 그것도 덧없이 빨리 사라진다는 것입니다.

- 시90:10 / 10 우리의 년수가 칠십이요 강건하면 팔십이라도 그 년수의 자랑은 수고와 슬픔뿐이요 신속히 가니 우리가 날아가나이다

(추가 말씀 : 욥5:7, 욥14:1)

모세는 구약의 이스라엘 백성 중에 누구보다도 하나님을 잘 믿었습니다. 여호수아와 갈렙도 모세의 제자입니다. 그런데 이렇게 신앙이 좋은 모세도 이 땅 위의 삶은 수고와 슬픔뿐이라고 했습니다. 욥기 5장 7절에 이 땅 위에 태어난 인간은 고생하지 않고는 살 수 없는 운명을 가지고 태어난 것입니다.

그리고 욥기 14장 1절에 이 땅 위의 모든 인간은 어머니에게서 태어났습니다. 여인에게서 태어난 사람들은 모두 사는 날이 짧은데다가 그 생애마저 괴로움으로 가득 차 있습니다.

괴로움, 수고, 눈물, 슬픔이 계속되는 삶을 우리는 흔히 '눈물의 골짜기'라고 말합니다. 그러나 천년세계에는 이러한 것들이 없습니다. 우리가 눈물 없는 곳에 가서 살기 위해서는 힘들고 어렵더라도 예수님을 끝까지 잘 믿어야 합니다. 적그리스도가 나타나서 내가 지상천국을 건설해서 잘살게 해줄 것이라고 하지만 적그리스도에게는 그러한 능력이 없습니다. 오직 예수님만이 괴로움과 눈물과 슬픔을 씻어 주십니다.

우리로 하여금 눈물을 흘리게 하는 근원은 마귀입니다. 아담이 선악과를 따 먹기 전에는 눈물이 없었지만 선악과를 따먹은 후에 눈물을 흘렸습니다. 선악과를 따 먹은 후부터 수고를 해야 소산을 얻을 수 있었기 때문에 삶이 고달파서 눈물을 흘리면서 살게 되었는데 선악과를 따 먹게 한 것이 사탄이었습니다. 적그리스도는 사탄의 화신입니다. 그래서 적그리스도는 우리를 눈물 흘리게 하고, 지옥으로 끌고 갑니다.

●수11:23 / 23 이와 같이 여호수아가 여호와께서 모세에게 이르신 말씀대로 그 온 땅을 취하여 이스라엘 지파의 구별을 따라 기업으로 주었더라 그 땅에 전쟁이 그쳤더라

이제 가난안 땅에 전쟁이 그쳤다고 했습니다. 가나안 땅은 천년세계를 상징합니다. 그러므로 천년세계에는 전쟁이 없습니다. 욥기 7장 1절에 "세상에 있는 인생에게 전쟁이 있지 아니하냐 그날이 품꾼의 날과 같지 아니하냐"라고 하였고, 다니엘서 9장 26절에 "육십 이 이레 후에 기름 부음을 받은 자가 끊어져 없어질 것이며 장차 한 왕의 백성이 와서 그 성읍과 성소를 훼파하려니와 그의 종말은 홍수에 엄몰됨 같을 것이며 또 끝까지 전쟁이 있으리니 황폐할 것이 작정되었느니라"라고 하였습니다. 그리고 마태복음 24장 7절에 보면 전쟁은 하나님께서 주관하시는 것입니다. 그런 하나님이 다니엘서 9장 26절에 "끝까지 전쟁이 있으리니"라고 하신 것은 인류 역사 "말세의 마지막 때"가 오고, 이후 "말세 심판 때"에 예수님이 재림하심으로 전쟁이 끝난다는 것입니다.

뉴욕 동부를 여행할 때 일입니다.
워싱턴DC에 있는 백악관 앞에서 어떤 사람이 움막생활을 하며 반전 시위를 벌이고 있었습니다. 젊고 똑똑하게 생긴 그 여인은 전쟁을 없애달라고 하면서 5년 동안 1인 시위를 했다고 합니다. 그리고 20년 후인 3년 전에 다시 그곳을 여행하게 되었는데 그 여인이 그때까지도 시위를 하고 있었습니다. 그 옛날 젊고 아리따웠던 여인이 꼬부랑 할머니가 되어서 천막 안에 고양이처럼 쭈그리고 앉아 있었습니다. 그러나 이 여인처럼 오랫동안 시위를

한다고 해서 전쟁이 끝나는 것은 아닙니다. 하나님께서는 끝 날까지 전쟁이 있을 것이라는 사실을 예수님과 다니엘을 통해서 말씀하셨습니다. 천년세계에 들어가야 전쟁이 없습니다.

성경에서 전쟁이 끝난다는 말씀은 이사야서 2장 4절에도 나옵니다.

● "그가 열방 사이에 판단하시며 많은 백성을 판결하시리니 무리가 그 칼을 쳐서 보습을 만들고 그 창을 쳐서 낫을 만들 것이며 이 나라와 저 나라가 다시는 칼을 들고 서로 치지 아니하며 다시는 전쟁을 연습지 아니하리라."

이 말씀은 천년세계가 도래하면 전쟁이 없을 것이라는 말씀입니다. 그리고 미가서 4장 3절에도 "그가 많은 민족 중에 심판하시며 먼 곳 강한 이방을 판결하시리니 무리가 그 칼을 쳐서 보습을 만들고 창을 쳐서 낫을 만들 것이며 이 나라와 저 나라가 다시는 칼을 들고 서로 치지 아니하며 다시는 전쟁을 연습하지 아니하고"라고 하였습니다.

오늘날 세계 여러 국가에서 핵무기를 개발하여 평화를 위협하고 있습니다. 특히 북한의 핵개발은 2017년 세계 10대 위협 중 하나로 꼽히고 있습니다. 핵전쟁이 발발하면 단시간에 수많은 사람들이 멸망하게 됩니다. 평화를 외치는 자들은 이 전쟁을 없애야 한다고 말합니다. 그러나 하나님은 세상 끝 날까지 전쟁이 있다고 말씀하셨습니다.

그러면 천년세계에서는 어떤 삶을 삽니까? 이사야 65장 21절입니다.

"그들이 가옥을 건축하고 그것에 거하겠고 포도원을 재배하고 열매를 먹을 것이며."

백성들이 자기가 지은 집에 들어가 살 것이며, 포도나무를 심은 사람들이 자기가 기른 나무의 열매를 먹는다고 했습니다. 그리고 22절에서는 "그들의 건축한 데 타인이 거하지 아니할 것이며 그들의 재배한 것을 타인이 먹지 아니하리니 이는 내 백성의 수한이 나무의 수한과 같겠고 나의 택한 자가 그 손으로 일한 것을 길이 누릴 것임이며"라고 하였습니다. 자기가 지은 집에 타인이 들어가 살지 않는다는 것입니다.

또 신명기 15장 11절에 "땅에는 언제든지 가난한 자가 그치지 아니하겠으므로 내가 네게 명하여 이르노니 너는 반드시 네 경내 네 형제의 곤란한 자와 궁핍한 자에게 네 손을 펼지니라"라고 하였고, 마태복음 26장 11절에 "가난한 자들은 항상 너희와 함께 있거니와 나는 항상 함께 있지 아니하리라"라고 하였으며, 요한계시록 6장 5-6절에 "셋째 인을 떼실 때에 내가 들으니 셋째 생물이 말하되 오라 하기로 내가 보니 검은 말이 나오는데 그 탄 자가 손에 저울을 가졌더라 내가 네 생물 사이로서 나는 듯하는 음성을 들으니 가로되 한 데나리온에 밀 한 되요 한 데나리온에 보리 석되로다 또 감람유와 포도주는 해치 말라 하더라"라고 하였습니다.

이 말씀은 빈부귀천이 심하다는 것입니다. 구약시대와 마찬가지로 오늘날에도 가난한 자와 부자가 공존한다는 것입니다. 어느 시대를 막론하고 가난한 자가 늘 있었습니다. 하나님께서 그렇게 만드신 것입니다.

이 문제는 어느 누구도 해결하지 못합니다. 정치와 경제가 발전해도 이 문제를 해결할 수 없습니다. 천년왕국에 들어가야만 빈부귀천의 차이가 없어집니다. 모두가 잘 먹고 잘사는 나라, 그런 지구촌이 됩니다. 전쟁이 끝나고 예수님이 재림하신 후에 빈부귀천이 없는 세상이 됩니다.

그런데 적그리스도가 나타나서 빈부귀천을 없애겠다고 하는데 이들은 뱀의 혓바닥을 가진 거짓말쟁이입니다. 우리는 오직 예수님만 믿음으로 복을 받을 받아야 합니다. 하나님은 그 방법을 택하라는 것입니다.

이사야 30장 26절에 "여호와께서 그 백성의 상처를 싸매시며 그들의 맞은 자리를 고치시는 날에는 달빛은 햇빛 같겠고 햇빛은 칠 배가 되어 일곱 날의 빛과 같으리라"라고 하였습니다. 이 말씀은 천년세계에는 공해가 없다는 것입니다. 오늘날 공해로 인해 오존층이 파괴되고 새로운 질병도 생겨나고 있습니다. 그러나 천년세계는 공해가 없는 살기 좋은 곳입니다.

요한계시록 8장 12절에 "넷째 천사가 나팔을 부니 해 삼분의 일과 달 삼분의 일과 별들의 삼분의 일이 침을 받아 그 삼분의 일이 어두워지니 낮 삼분의 일은 비췸이 없고 밤도 그러하더라"라고 하였습니다. 이 말씀은 환난시대에 공해가 심해진다는 것입니다. 지금도 공해문제가 심각하지만 7년 환난시대가 되면 공해가 아주 심해진다는 것입니다. 그리고 16장 8-9절에 "넷째가 그 대접을 해에 쏟으매 해가 권세를 받아 불로 사람들을 태우니 사람들이 크게 태움에 태워진지라 이 재앙들을 행하는 권세를 가지신 하나님의 이름을 훼방하며 또 회개하여 영광을 주께 돌리지 아니하더라"라고 하였듯이 환난시대에 해가 권세를 받아서 사람을 태워 죽입니다.

요즘 전 세계가 지구온난화로 생태계가 변하고 기상이변으로 이상 징후들이 일어나고 있습니다. 바다의 물고기들이 떼죽음을 당하기도 하고, 극지방의 얼음과 빙하가 녹아 해수면이 높아지면서 해안 근처의 주민들이 위협을 당하고 있습니다. 그러나 이러한 현상은 "말세의 마지막 때"의 환난시대에 비하면 아무것도 아닙니다. "말세의 마지막 때"의 환난시대가 되면 해가 사람을 태워 죽입니다. 오직 예수님만 믿는 믿음을 가지고 그간 상고한 가감하지 않은 요한계시록 말씀을 의지해서 여호수아와 갈렙처럼 신앙생활을 잘 해야 합니다.

그리하여 "말세의 심판 때"에 심판 받지 말고 신랑 예수 맞이하여 천년세계와 천국에서 영생의 복과 의인의 형통의 복을 누리시기를 주님의 이름으로 축원합니다.

제4부 하나님이 기뻐하시는 소수의 신앙 요약정리

1. 하나님이 기뻐하시는 여호수아 갈렙의 신앙
   (1) 온전히 순종한 신앙 (민32:12, 14:24)
   (2) 안식일을 거룩히 지킨 신앙 (겔20:15-16) (출35:2-3)
   (3) 육체로 마치지 아니한 신앙 (시78:38-42) (갈3:1-4)
   (4) 보는 차원의 신앙(깨닫는 마음과 보는 눈과 듣는 귀) (신29:2-4)
       (사6:9-10)

2. 가나안 땅을 정복하고 큰 안식에 들어가서 거한 신앙

(1) 강하고 담대하며 율법을 지켜 행한 신앙 (수1:6-9)

1) 먼저 강하고 담대한 마음을 가져야 합니다 (수1:6-9) (요일4:18)
2) 율법을 지켜 행하는 신앙의 소극적, 부정적 측면
  ① 광야 이스라엘 백성 다수의 신앙 (고전10:1-5)
  ② 마르다 신앙 (눅10:39-40)
  ③ 에덴동산에서 선악과 따 먹은 아담과 하와의 신앙 (창2:16-17)
  ④ 노아시대 하나님의 아들들의 신앙 (창6:2-3)
  ⑤ 롯의 때에 소돔 고모라 성 사람들의 신앙 (창19:3-7)

3) 율법을 지켜 행하는 신앙의 적극적인 면, 긍정적인 면
  ① 열두 해 혈루증을 고침 받는 여자 (막5:25-34)
  ② 고침 받은 한 문둥이의 신앙 (눅17:11-19)
  ③ 마리아의 엎드린 신앙 (요11:32)
  ④ 세 번째 오십 부장의 꿇어 엎드린 신앙 (왕하1:13)

4) 율법(사랑의 새 계명)을 지켜 영생을 얻습니다. (눅10:25-37)

(2) 요단을 건넌 신앙 (수4:19-24)

1) 여호수아, 갈렙은 홍해바다를 건널 때 성령 충만을 받았습니다. (출 14:10-11)

(3) 여리고성을 함락한 신앙 (수6:20)

(4) 아이성을 함락한 신앙 (수8:24-25)

(5) 가나안 족속을 멸한 신앙 (수11:23)

(6) 가나안 땅에 들어가 거한 신앙 (수14:13-15)

망망한 바다 한가운데서 배 한 척이 침몰하게 되었습니다.
모두들 구명보트에 옮겨 탔지만 한 사람이 보이지 않았습니다.
절박한 표정으로 안절부절 못하던 성난 무리 앞에 급히 달려 나온 그 선원이
꼭 쥐고 있던 손바닥을 펴 보이며 말했습니다.
"모두들 나침반을 잊고 나왔기에 … "
분명, 나침반이 없었다면 그들은 끝없이 바다 위를 표류할 수 밖에 없을 것입니다.

우리는 삶의 바다를 항해하는 모든 이들을 위하여
그 나침반의 역할을 하고 싶습니다.
우리를 구원하신 위대한 주 예수 그리스도를 널리 전하고 싶습니다.

"하나님은 모든 사람이 구원을 받으며
진리를 아는 데에 이르기를 원하시느니라"
(디모데전서 2장 4절)

진리로 경계하라

지은이 | 최모세 목사
발행인 | 김용호
발행처 | 나침반출판사

제1판 발행 | 2018년 3월 15일

등   록 | 1980년 3월 18일 / 제 2-32호
주   소 | 07547 서울특별시 강서구 양천로 583
         블루나인 비즈니스센터 B동 1607호
전   화 | 본사 (02) 2279-6321 / 영업부 (031) 932-3205
팩   스 | 본사 (02) 2275-6003 / 영업부 (031) 932-3207
홈   피 | www.nabook.net
이 메 일 | nabook@korea.com

ISBN   978-89-318-1557-3
책번호 나-2030
값은 뒷표지에 있습니다.